»Schatz, ich habe den Index geschlagen!«

Christian Thiel lebt als Single- und Paarberater und Buchautor mit seiner Frau und seinen zwei Kindern in Berlin. Er beschäftigt sich seit 18 Jahren mit der Börse. Über seine Leidenschaft für die Welt der Geldanlage schrieb er bislang auf seinem Blog »Großmutters Sparstrumpf«, der auf der Shortlist für den comdirect finanzblog award 2016 stand.

Christian Thiel

»SCHATZ, ICH HABE DEN INDEX GESCHLAGEN!«

Wie ich auszog, die besten Aktien
der Welt zu kaufen

Campus Verlag
Frankfurt/New York

ISBN 978-3-593-50658-6 Print
ISBN 978-3-593-43588-6 E-Book (PDF)
ISBN 978-3-593-43607-4 E-Book (EPUB)

Copyright © 2017 Campus Verlag GmbH, Frankfurt am Main
Umschlaggestaltung: Guido Klütsch, Köln
Umschlagmotiv: © Shutterstock/Kongpop & Popova_Irina
Innengestaltung und Satz: Oliver Schmitt, Mainz
Gesetzt aus: Scala und Titillium
Druck und Bindung: Beltz Bad Langensalza GmbH
Printed in Germany

www.campus.de

Inhalt

I

Never lose money
Wieso Aktien als langfristige Anlage unerreicht sind

Das Jahr 2015 ist ein gutes Jahr für Aktien. Zwar geht es im Jahresverlauf nach einem starken Anstieg auch schnell wieder bergab. Trotzdem steht am Ende ein klares Plus. Der Dax ist um knapp 10 Prozent gestiegen. Zeit für einen Blick auf mein eigenes Depot. Wie haben die Unternehmen abgeschnitten, die ich mit viel Mühe ausgesucht habe? Was also ist aus Apple, Eventim, Facebook, Mastercard, Novo Nordisk, JinkoSolar, Verbio und all den anderen Aktien geworden? Haben sie besser abgeschnitten als der Dax? Oder gar schlechter? Habe ich etwa Geld verloren und damit Regel Nummer eins von Starinvestor Warren Buffett verletzt? Die lautet: *Never lose money*. Ein spannender Augenblick.

Meine Bank macht mir die Abrechnung leicht. Ich muss nur auf »Vermögensaufstellung« klicken und dann noch einmal auf »Performance« – schon ist das Ergebnis für das Jahr 2015 da. Überraschung! Das Depot hat in diesem Jahr mehr als 20 Prozent Zuwachs. Das ist das Doppelte des Dax. Sagenhaft! Ich habe viel mehr Gewinn gemacht als der deutsche Leitindex. Kaum zu glauben – ich habe den Index geschlagen!

Es ist, rechnet man genau, sogar deutlich mehr als das Doppelte. Nach langen Zahlenkolonnen, die mir Auskunft geben über »Einlagen«, »Dividenden« und »Währungsgewinne« (habe ich etwa in Fremdwährungen spekuliert wie der ehemalige Präsident von Bayern München, Uli Hoeneß?) kommt ganz unten die alles entscheidende Zahl. Vom 31. Dezember 2014 bis zum 31. Dezember 2015 hatte mein Depot eine Performance von 22,7 Prozent. Der Dax hat in dieser Zeit genau 9,6 Prozent Plus erbracht. In den USA lief es hingegen nicht so gut. Der amerikanische Index Dow Jones ist um 2,2 Prozent gefallen. Warren Buffett hat 2015 sogar ein Minus von 3,7 Prozent eingefahren.

Mit 22,7 Prozent hat mein Depot sie alle hinter sich gelassen. Es hat tatsächlich 140 Prozent mehr Gewinn gemacht als der Dax. Erstaunlich. Wie ist es nur dazu gekommen?

Wie haben sich meine besten Aktien geschlagen?

Ich bin ausgezogen, um nur die besten Aktien zu kaufen. Und offensichtlich ist mir genau das auch geglückt. Noch ein Blick auf den Bildschirm: Da steht es schwarz auf weiß. 22,7 Prozent – ich freue mich riesig. Das muss ich meiner Frau erzählen. Ich stürme ins Wohnzimmer: »Schatz, ich habe den Index geschlagen.« Sie schaut mich an, neugierig und auch ein wenig belustigt. Meine Frau lebt jetzt schon eine ganze Weile mit meinem Faible für Geldanlagen im Allgemeinen und für Aktien im Besonderen. Mit einem Lächeln sagt sie: »Ach, wirklich?«

Ja. Wirklich. Die besten Aktien, die ich ausgesucht habe, sind viel besser als der Dax. Sie sind besser als der Dow Jones. Und sie sind auch besser als das Ergebnis von Warren Buffett, der mit einem geschätzten Vermögen von 60 Milliarden Dollar der reichste Investor der Welt ist. Ich habe den berühmtesten aller Investoren geschlagen! Meine Frau lächelt mich immer noch erwartungsvoll an.

»Wie viel ist es denn?«, will sie wissen.

»22,7 Prozent«, sage ich stolz.

»Toll«, meint sie und wartet, dass ich zu den wirklich wichtigen Dingen komme – und sie küsse. Und das mache ich dann auch.

Warum Aktien?

Wie es dazu kam? In Zeiten von Niedrigzinsen um die 0,25 Prozent war ich auf der Suche nach einer Alternative für die Familienfinanzen; 10 000 Euro wollten wir zurücklegen. Auf dem Festgeldkonto würde diese Summe stolze 25 Euro im Jahr einbringen – gerade so ausreichend für ein bescheidenes Abendessen im chinesischen Restaurant vorne an der Breiten Straße. Aber leider nur für uns beide, die Kinder müssten wir zu Hause lassen. Doch wo bekommen wir mehr als 0,25 Prozent? Ich frage das Internet. Auf Seiten wie *zendepot.de*, *finanzwesir.com* und *finanzdurchblick.net* finde ich die Antwort. Sie lautete: mit Aktien. Der Dax steigt durchschnittlich um 8 Prozent im Jahr. Der S&P 500 bringt es sogar auf rund 10 Prozent. »S&P« steht für die amerikanische Kreditratingagentur Standard and Poor's Corporation, die den Index entwickelt hat. Er enthält die 500 größten amerikanischen Unternehmen.

Das klingt gut. Deutlich mehr als die 0,25 Prozent, die meine Bank mir anbietet. So schwer kann das doch nicht sein, denke ich. Wenn so viele andere das schaffen – warum sollte es mir nicht auch gelingen? Vielleicht schaffe ich 5 Prozent mit den Aktien, die ich kaufe, und wir leisten uns davon ein Wochenende in einem Wellnesshotel. Das wäre doch super.

Aktien eignen sich zur langfristigen Anlage

Aber ist das nicht riskant, sein Geld in Aktien anzulegen? Kurzfristig, so lerne ich, sind Aktien in der Tat eine sehr riskante Geldanlage. An einem einzigen Tag ist die Wahrscheinlichkeit, dass eine Aktie steigt, ziemlich genau 50 Prozent. Oder anders herum ausgedrückt: An einem einzigen Tag ist die Wahrscheinlichkeit, dass eine Aktie fällt, ebenfalls ziemlich genau 50 Prozent. Man könnte genauso gut eine Münze werfen. Ganz anders ist das Bild auf lange Sicht. Oder gar auf sehr lange Sicht. Der S&P 500 zum Beispiel hat in den vergangenen 100 Jahren stolze 1,8 Millionen Prozent zugelegt. Aus einem Dollar wurden also im Laufe der Zeit 18 000 Dollar. Inklusive Dividenden.

Das klingt wie ein Lügenmärchen des bekannten Barons von Münchhausen, zumindest für all jene, die fest davon ausgehen, dass Aktien mal steigen und mal fallen, aber nicht dauerhaft zulegen. »Was steigt, muss wieder fallen«, sagt der Volksmund. Er irrt. Und wer es nicht glauben kann, braucht sich nur die Grafik

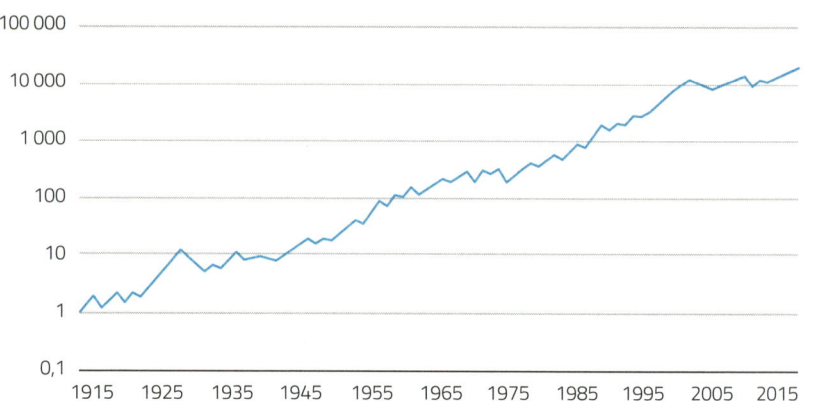

Gipfelstürmer für mein Geld: Trotz zeitweiliger Auf und Abs hat ein im Jahr 1915 in den S&P 500 angelegter Dollar sich am Ende zu 18.000 Dollar vermehrt – inklusive Dividenden. *Quelle: fool.com.*

zur Entwicklung eines Dollars angelegt in den S&P 500 anzuschauen, dort ist von einem ständigen Rauf und Runter nämlich nicht viel zu sehen. Die schlimme Weltwirtschaftskrise von 1929 bis 1932 (The Great Depression) ist in der Darstellung gut zu erkennen. Auch der Crash der Technologieaktien Anfang des neuen Jahrtausends sowie die schwere Rezession von 2008/09 haben sichtlich Spuren hinterlassen. Viele andere »Krisen« aus den letzten Jahrzehnten (Russlandkrise, Asienschock oder das Atomdesaster in Fukushima) aber schon nicht mehr.

Warum Aktien auf lange Sicht steigen

Warum steigt der S&P 500 seit hundert Jahren um durchschnittlich 10 Prozent im Jahr? Warum also sind Aktien eine so ertragreiche Anlageform für langfristig orientierte Anleger? Diese Frage ist sehr wichtig, um zu verstehen, wieso Aktien in der Tat auf lange Sicht alles andere als riskant sind. Und diese Frage ist zum Glück leicht zu beantworten: Der S&P 500 ist in den vergangenen hundert Jahren so stark gestiegen, weil die amerikanische Volkswirtschaft, wie viele Volkswirtschaften anderer Länder auch, in dieser Zeit sehr stark gewachsen ist. Oder präziser ausgedrückt: Weil die Umsätze und die Gewinne der Unternehmen, die die fünfhundert größten der USA sind und die den S&P 500 bilden, im Laufe der Zeit um durchschnittlich 10 Prozent im Jahr gestiegen sind. Und mit ihnen der Wert der Aktien. Denn Aktien sind eine Unternehmensbeteiligung.

Das Risiko bei Festgeld und Staatsanleihen

Aktien sind eine Unternehmensbeteiligung. Ich warne schon mal vor: Dieser Satz wird in diesem Buch noch öfter stehen. Und eben weil Aktien eine Unternehmensbeteiligung sind, bieten sie ganz andere Chancen – und ganz andere Risiken – als ein Sparbuch, eine Festgeldanlage oder eine Staatsanleihe. Übrigens bedeutet es im Umkehrschluss nicht, dass diese chancen»armen« Anlageformen dafür wenigstens risikofrei wären. Das Gegenteil ist der Fall. Die größte Gefahr bei diesen angeblich sicheren Anlageformen ist das Risiko des Vermögensverfalls. Bei Festgeldzinsen von 0,25 Prozent und einer Inflationsrate von 0,75 Prozent schrumpft mein reales Geldvermögen jedes Jahr um 0,5 Prozent. Bleibt das so, sind nach zehn Jahren inflationsbereinigt bereits 5 Prozent meines Vermögens einfach weg. Verschwunden. Noch weitaus schlimmer sieht es derzeit bei deutschen Staatsanleihen aus. Sie bringen überhaupt keine Zinsen mehr. Einerlei ob Sparbuch, Festgeld oder Staatsanleihe – sie alle verletzen derzeit ganz klar die Regel Nummer eins: Never lose money.

Aktien haben von allen Anlageformen historisch die höchste reale Rendite. Reale Rendite – das ist das Ergebnis einer Anlage, nachdem die Inflation herausgerechnet wurde. Deshalb führt an Aktien kein Weg vorbei, wenn ich einen nachhaltigen Vermögensaufbau erreichen will.

Warum Aktien steigen

Zu keiner Zeit in der menschlichen Geschichte sind der Reichtum der Welt und der Lebensstandard eines großen Teils der

Weltbevölkerung so stark gewachsen wie im 20. Jahrhundert. Zwei Weltkriege, der Korea- wie der Vietnamkrieg und zwei kostspielige Kriege mit dem Irak haben nicht verhindern können, dass die USA, aber auch Europa ebenso wie Japan, Russland und auch China zum Ende des 20. Jahrhunderts einen Wohlstand vorweisen können, der noch drei, vier Generationen zuvor unvorstellbar gewesen wäre. Im Jahr 1900 war für den durchschnittlichen US-Amerikaner ein Auto so weit außerhalb seiner finanziellen Möglichkeiten, dass er keinen Gedanken daran verschwendet hätte, wie lange er wohl sparen müsste, um sich so ein Gefährt zu kaufen. Auch über fließend warmes Wasser in ihren Wohnungen und über Innentoiletten machte sich die große Mehrheit der Amerikaner und Europäer bis zur Mitte des Jahrhunderts keine Gedanken.

Die Grafik der Entwicklung des S&P 500 über die letzten hundert Jahre zeigt also vor allem eines: Das Wachstum und den zunehmenden Wohlstand einer ganzen Nation. Aktienbesitzer hatten in dieser Zeit Anteil an diesem wachsenden Wohlstand. Weil Aktien eine Unternehmensbeteiligung sind.

Welche Aktie ist die richtige?

Mag ja sein, dass ein Index auf lange Sicht steigt, kann man an dieser Stelle einwenden. Aber wie sieht es mit einzelnen Aktien aus? Steigen die auf lange Sicht auch? Die Antwort auf diese Fragen lautet: Es kommt drauf an. Manche Aktien steigen und fallen tatsächlich unablässig, ganz so, wie der Volksmund es sieht. Die Aktien dieser Unternehmen haben keine erkennbare Richtung.

Nehmen wir als Beispiel ein Unternehmen A. Es ist ein Unternehmen aus dem deutschen Leitindex Dax, der die 30 größten (börsennotierten) deutschen Unternehmen enthält. Eine Grafik, in der sich die Entwicklung dieses Unternehmens in den letzten 20 Jahren zeigt, gibt Aufschluss über den Kurs. Oder besser gesagt, keinen Aufschluss. Denn eine klare Richtung ist in der Langzeitbetrachtung nicht ersichtlich. Bestenfalls ließe sich von dem Unternehmen sagen, dass die Aktie pendelt. Sie hat eine Untergrenze (etwa 20 bis 35 Euro). Und sie hat eine Obergrenze (zwischen 80 und 100 Euro). Zwischen diesen beiden Bereichen bewegt sich der Kurs des Unternehmens stets hin und her. Für Aktionäre ist das ein echtes Trauerspiel, keine Frage. Und eine extreme Achterbahnfahrt noch dazu.

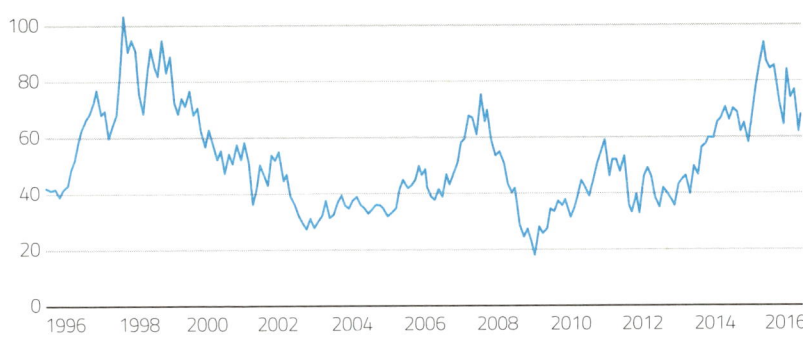

»Und vor, und zurück, und vor, und zurück ...«: Unternehmen A konnte seinen Kurs über die Distanz von 20 Jahren nicht wesentlich steigern. *Quelle:* Generiert auf Basis der Daten von *finanzen.net*.

Eine Wachstumsaktie zum Vergleich

Zweites Beispiel – ein anderes Unternehmen. Es ist der Sportartikelhersteller Nike, der im amerikanischen Index Dow Jones sowie im S&P 500 gelistet ist. Er bietet über den Zeitraum von zwanzig Jahren ein ganz anderes Chartbild. Und einen erstaunlichen Unterschied zu unserem Unternehmen A! Auch dieser Chart hat Dellen, keine Frage. Auch diese Aktie hatte im Verlauf von zwei Jahrzehnten Schwächephasen, vor allem die letzte große Rezession hat deutliche Spuren hinterlassen. Aber über die Jahre geht der Kurs von Nike klar nach oben – nach Norden, wie viele Anleger dazu sagen.

Warum ist das so? Weil Nike in dieser Zeit sehr stark gewachsen ist. Die Firma wuchs beim Umsatz. Die Gewinne ebenso.

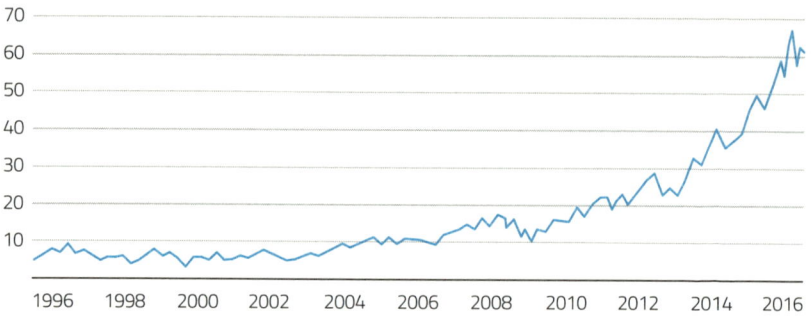

Auf dem Weg nach Norden: Nikes Kurs über die letzten zwanzig Jahre zeigt eindeutig die stetige Umsatz- und damit Wertsteigerung des Unternehmens. *Quelle:* Generiert auf Basis der Daten von *finanzen.net.*

Und auch die Dividende des Unternehmens stieg von Jahr zu Jahr. Nike ist ein klarer Anwärter für meine besten Aktien.

Was wird die Zukunft bringen?

Von heute aus betrachtet ist es ganz leicht zu erkennen, dass Unternehmen A für seine Aktionäre ein schlechtes Investment war, Nike hingegen ein sehr, sehr gutes. Aber wie hilfreich ist ein Blick in den Rückspiegel, wenn es ums Geradeausfahren geht? Aktionären geht es um die zukünftige Entwicklung. Sie beteiligen sich nicht an der Vergangenheit einer Firma – so glorreich sie vielleicht auch war –, auch die Gegenwart eines Unternehmens ist für eine langfristige Geldanlage in eine Aktie unerheblich. Denn eine glänzende Entwicklung in der Vergangenheit ist für eine Aktie nun mal keine Garantie für ebensolchen – oder größeren – Erfolg in der Zukunft.

Die Firma Nokia ist hierfür ein gutes Beispiel. Noch im Jahr 2005 war das finnische Unternehmen eine der wertvollsten Firmen Europas, doch davon ist nicht mehr viel übrig. Mit einem Börsenwert von rund 30 Milliarden ist Nokia, der einstmals führende Handyhersteller der Welt, heute gerade noch so viel wert wie die Telecom Italia und etwas weniger als der schwedische Automobilhersteller Volvo.

Vergangenheit wie Gegenwart eines Unternehmens zählen also wenig bei einer Aktienanlage. Denn mit ihr verknüpft der Anleger sein Schicksal mit der Zukunft des Unternehmens. Wie aber kann er diese voraussehen?

Gesucht wird: eine Frontscheibe

Ein Auto hat neben mehreren Rückspiegeln und Seitenscheiben vor allem eine große Frontscheibe. Durch sie kann der Fahrer erkennen, was vor seinem Fahrzeug passiert. Und er kann das Fahrzeug auf diese Weise sicher steuern. Eine Frontscheibe für Aktien und Unternehmen – so etwas gibt es nicht. Über die Zukunft können wir zwar Annahmen bilden, zutreffende Annahmen und nicht zutreffende. Wir können gut begründete Annahmen bilden oder Entscheidungen über die Zukunft von Unternehmen aus dem Bauch heraus treffen. Aber das eine ist ebenso wenig eine Garantie für unseren Erfolg wie das andere, denn sehen können wir die Zukunft nicht. Deshalb bleibt jede Anlage in Aktien mit einer Unsicherheit behaftet.

Glücklicherweise bleiben aber viele gute Unternehmen wie Nike, Disney oder Apple über sehr lange Zeit in der Spur. Das hält die Unsicherheit über ihre Zukunft für Investoren in engen Grenzen. Manche Firmen, wie etwa Coca-Cola, wachsen jetzt schon seit vielen Jahrzehnten. Das hat Coca-Cola zu einer der Lieblingsaktien vieler Investoren gemacht. Einer dieser Investoren ist Warren Buffett, der Mann, der sich wie kaum ein anderer vor einem Investment fragt: Ist dies eine gute Aktie? Bevor er 1988 in Coca-Cola investierte, hatte er drei Jahre lang keine einzige Aktie gekauft – so wählerisch ist er.

Woran erkennt man eine gute Aktie?

Warren Buffett macht sich kundig über die Unternehmen, in die er investiert. Er liest unendlich viel, vor allem Geschäftsberichte sowie das von ihm heiß geliebte *Wall Street Journal*.

Nachrichten aus der Welt der Wirtschaft sind das Lebenselixier des mittlerweile 86-jährigen Investors aus Omaha in Nebraska. Warren Buffett ist ein überzeugter Anhänger des sogenannten *Buy-and-hold*. Das bedeutet: Einmal kaufen, für immer behalten. »Unser angestrebter Zeitraum, für die wir Aktien halten, ist – für immer«, hat er einmal gesagt.[1] Buy and hold – mit einer Aktie wie Coca-Cola oder Nike ist das in der Vergangenheit eine sehr gute Strategie gewesen. Und möglicherweise ist das auch in der Zukunft so. Möglicherweise. Aber wie sicher ist das?

Vor seinem Einstieg bei Coca-Cola beschäftigte sich Warren Buffett intensiv mit all diesen Fragen. Im Zentrum seiner Überlegungen stand damals: Wie gut waren die Chancen von Coca-Cola, durch eine verstärkte internationale Expansion Umsatz und Gewinn nachhaltig zu steigern? Wer das wirklich beurteilen will, der braucht, wie Warren Buffett, ein Mindestmaß an Wissen über das Unternehmen seiner Wahl. Warum wächst es so stark? Wie gut ist sein Management? Welche Trends könnten den Unternehmenserfolg beflügeln oder bremsen? Was spricht dafür, dass das Unternehmen auch in den kommenden zehn oder zwanzig Jahren nachhaltig wächst? Was spricht dagegen? Wer die Antworten auf all diese Fragen weiß, der kann einschätzen, ob Coca-Cola, ob Mastercard oder Nike eine Chance haben, auch in Zukunft Jahr für Jahr zuverlässig die Umsätze, die Gewinne wie die Dividende zu erhöhen. Und besser abzuschneiden als der Index.

Privatanleger verdienen an der Börse halb so viel wie der Index

Den Index schlagen, genau das gelingt den wenigsten Anlegern. Viele Aktionäre beschäftigen sich Stunden und Tage mit der Frage, welche Aktien denn nun am besten sind – um am Ende des Jahres mit weit weniger dazustehen, als der Index selber eingebracht hat. Das ist leider kein seltenes Phänomen. Sehr vielen Privatanlegern passiert das, wie wissenschaftliche Studien belegen. Sie verdienen mit viel Mühe und lang überdachten Entscheidungen gerade einmal halb so viel wie der Index. Der Dax macht also 8 Prozent – der durchschnittliche Privatanleger aber nur 4 Prozent. Inflationsbereinigt sieht das alles noch viel schlimmer aus. Bei einer durchschnittlichen Inflation von 2 Prozent bleiben Privatanlegern gerade noch 2 Prozent Rendite übrig – während der Index 6 Prozent einbringt. Sie schaffen also gerade einmal ein Drittel des Gewinns, den ihnen eine Anlage in den Index einbringen würde. Ein Drittel.

Lassen wir diese Information mal kurz ein wenig sacken. Wie kann es sein, dass intelligente Menschen, die bei einem Sonderangebot sofort die Chance ergreifen, etwas für 10 Prozent oder 20 Prozent billiger zu bekommen als üblich, sich bei der Anlage in Aktien mit gerade einmal einem Drittel der möglichen Gewinne zufrieden geben? Nur ein Drittel der Gewinne des Indexes zu machen, das widerspricht streng genommen sogar der Regel Nummer eins: Never lose money.

Oft wissen die Betreffenden nicht einmal, wie schlecht sie abschneiden. Die wenigsten von ihnen führen überhaupt Buch über ihre Anlageerfolge. Und noch viel weniger machen eine echte Jahresbilanz, bei der sie auch die angefallenen Kosten für den Kauf und Verkauf von Aktien, Fonds oder ETFs (Exchange Traded Funds) berücksichtigen.

Wissen ist Macht

Da Aktien Unternehmensbeteiligungen sind, ist es also äußerst hilfreich, die Unternehmen, in die man investiert, gut zu kennen. Das habe ich bei meiner Suche nach den besten Aktien schnell akzeptiert. Wissen ist Macht. Wer mehr weiß über Geldanlagen, der trifft die besseren Entscheidungen – davon bin ich schon bald überzeugt. Ich will es so machen wie Warren Buffett.

Ich werde Mitglied in der größten Aktiencommunity der Welt, *The Motley Fool*[2]. Deren Slogan *Helping the world invest – better* spricht mich an. Ein wenig Hilfe in Sachen Aktien und

Anlage in Aktien kann ich wirklich brauchen. Geldanlage ist schließlich nicht mein Beruf. Ich bin Single- und Paarberater. Mein Metier ist die Psychologie – nicht die Unternehmensanalyse. In meinem beruflichen Alltag geht es zum Beispiel um die Frage, wie *er* dazu zu bewegen ist, sich mehr an der Hausarbeit zu beteiligen. Oder es geht darum, warum *sie* neuerdings mit dem netten Arbeitskollegen Tag für Tag rund dreißig Nachrichten über WhatsApp austauscht. Oder überhaupt erst um die Frage, wie *er* oder *sie* im scheinbar unendlichen Meer von Singles den oder die Richtige finden kann.

Soll ich mein Geld Experten anvertrauen?

Sollte ein psychologischer Berater sich selber mit der Anlage seines Geldes beschäftigen? Oder wäre es nicht besser, das alles Profis zu überlassen, Bankberatern zum Beispiel? Leider ist die mangelnde Qualität der Beratung von Banken bestens dokumentiert. Deren Problem ist: Sie wollen nicht möglichst gewinnbringende Produkte verkaufen, sondern Produkte möglichst gewinnbringend verkaufen. Fonds zum Beispiel, die ihnen hohe Provisionen einbringen. Als langjähriger Berater und Buchautor habe ich ihnen gegenüber gleich drei Vorteile:

1 Ich bin unabhängig. Fonds mit ihren horrenden Kosten muss ich nicht mögen.
2 Da ich seit vielen Jahren die wissenschaftlichen Diskussionen in der Psychologie verfolge, kenne ich auch viele der einschlägigen Forschungen, die sich mit dem Thema Geld beschäftigen. In meinem Regal stehen nicht nur Bücher über den Zusammenhang von Geld und Glück, sondern auch viele in der Wirtschaftstheorie einflussreiche Werke, zum Beispiel die des Psychologen und Nobelpreisträgers Prof. Daniel Kahneman. Seinen Nobelpreis hat Kahneman übrigens für die Wirtschaftswissenschaften erhalten, einen für Psychologen gibt es nämlich nicht.

3 Mein Interesse für Zukunftstrends. Bereits als Jugendlicher habe ich mich leidenschaftlich für die Zukunftsforschung begeistert. Schon seit den neunziger Jahren weiß ich, dass der berühmte Computer HAL aus dem Science-Fiction-Film *2001 – Odyssee im Weltraum* von Regisseur Stanley Kubrick alles andere als Fiktion bleiben wird. Wir werden uns eines Tages mit persönlichen Assistenten unterhalten, werden ihnen Aufträge erteilen, die sie dann eigenständig für uns erledigen. Das Auftauchen von Siri, Apples persönlicher, sprachgesteuerter Assistentin, hat mich also nicht überrascht. Ich habe vielmehr jahrelang auf sie gewartet.

Selbstverantwortung ist gefragt

Ich will keinem Bankberater vertrauen und keinem Fondsexperten. Sie alle wollen vor allem eines – mein Geld. Ich will mir selber ein Bild machen von den Trends der Zukunft und von den Unternehmen, die davon profitieren werden. Selbstverantwortung ist gefragt, auch in Sachen Geld. Also heißt es Ärmel hochkrempeln und lesen. Was macht die Firma Apple so besonders? Hat ihr Geschäft – *Consumer-Devices* – noch eine große Zukunft vor sich? Oder hat die größte Technologiefirma der Welt den Zenit bereits überschritten und wird in den kommenden Jahren das nächste Nokia? Ist Facebook die kommende Medienmacht Nummer eins in der Welt? Oder ist Mark Zuckerbergs Unternehmen schon wieder out, weil Jugendliche es neuerdings uncool finden und lieber auf anderen Plattformen posten? Was ist schließlich mit den Börsenstars des Dax, mit VW, Deutsche Bank oder E.ON? Lohnt ein Investment in deutsche Autokonzerne, weil Fahrzeuge ein riesiger Markt sind, der in Zukunft noch viel stärker wachsen wird? Oder sind diese Unternehmen möglicherweise sogar zum Untergang verurteilt, weil das Auto der Zukunft von Google gebaut werden wird, von Apple oder dem Elektroautopionier Tesla – weil das Auto der Zukunft in Wahrheit gar kein Auto mehr ist, sondern ein von Sensoren und Software gesteuerter Roboter?

Wer baut das Auto der Zukunft?

Ein solcher Fahrroboter wird mich in einigen Jahren völlig selbstständig zu Verabredungen ins Café Zimt und Zucker in die Berliner Mitte fahren. Dort treffe ich mich regelmäßig mit anderen Anlegern, die wie ich Mitglied in verschiedenen Facebook-Gruppen sind, in denen es um Aktien geht. Nachdem ich aus meinem Fahrroboter ausgestiegen bin, wird er sich eigenständig zur nächsten Ladestation in eine Tiefgarage begeben, wo er per Induktion seine Lithium-Ionen-Akkus wieder auflädt. Wenn ich dann wieder aufbrechen will, wird er, gesteuert von einer App auf meinem Smartphone, automatisch wieder vor dem Café vorfahren.

Wer aber wird dieses Auto der Zukunft bauen? Spannende Frage! Jeden Tag suche ich jetzt eine Stunde lang im Internet oder in Büchern nach Antworten. Ich lese oft und viel – zumeist am iPad. Wie bequem so ein Tablet aber auch ist! Gut, dass das schon lange erfunden wurde und keine Zukunftsmusik mehr ist. Am Bildschirm meines Computers lese ich nur sehr ungern. Mit dem iPad ist das ganz anders. Und das bequemste: Weiß ich mal ein englisches Fachwort nicht, kann ich es gleich im Internet recherchieren.

Mein Blog *grossmutters-sparstrumpf.de* entsteht

Fast alles, was ich lese, finde ich auf amerikanischen Webseiten und in amerikanischen Büchern. Deutsche Texte zu Apple, Facebook, Google oder Amazon dagegen sind oft von sehr zweifelhafter Qualität. Warum ist das so? Apple, Facebook, Google und Amazon teilen schon seit Jahren einen großen Teil der Zukunft und des Internets unter sich auf. Deutschland schaut dabei nur zu – und deutsche Berichterstatter haben sich angewöhnt, über diese Firmen in der Regel sehr nachlässig zu berichten.

Ich werde schnell ungehalten angesichts der mangelnden Qualität in der deutschen Presse. Die Idee zu einem eigenen

Blog entsteht. Immerhin bin ich seit 35 Jahren Autor. Das Schreiben ist mein Metier. Was also spricht dagegen, all das Gelesene über die besten Aktien der Welt in eigene Analysen und Aktienempfehlungen einfließen zu lassen?

Alles, was es zu einem Blog braucht, ist ein interessanter Name sowie einen Spezialisten für das Technische, jemanden, der mir die Texte zusammen mit Fotos auf die Seiten meines Blogs setzt. Den Techniker finde ich schnell – mein älterer Sohn hat gerade einen Kurs in Wordpress an seiner Schule gemacht. Wordpress ist das bekannteste Programm, mit dem Blogs gestaltet und ans Laufen gebracht werden. Er wird der technische Leiter des Blogs sein.

Die Aktien meiner Großmutter

Fehlt noch ein guter Name für die Seite. Ich will über Geldanlage schreiben, über das Sparen fürs Alter und über eine möglichst sichere Anlage in Aktien. Ich bin kein Trader und kein Spekulant. Ich bin Anleger. Die optimale Haltedauer für Aktien ist – für immer. Schon meine Großmutter hatte auch Aktien in ihrem Sparstrumpf. Sie besaß einige Aktien bekannter deutscher Unternehmen. Verkauft hat sie sie nie. Meine Großmutter war also eine richtige Buy-and-hold-Aktionärin. *Grossmutters Sparstrumpf* – das ist es! So soll mein Blog heißen!

Zu meinem Erstaunen lesen schon bald sehr viele Menschen, was ich auf meinem Blog über Aktien und Aktienanlagen schreibe. Nach etwas mehr als einem Jahr sind es schon 50 000 Seitenaufrufe jeden Monat, mehr als 500 000 im Jahr. Der Bedarf an Aufklärung über Geld und Geldanlage und über die besten Aktien ist offensichtlich groß.

Was erwartet dich in diesem Buch?

Nicht nur bei Ikea und auf Facebook, sondern auch unter Bloggern wird sich geduzt. So halte ich es auf meinem Blog *gross-*

mutters-sparstrumpf, und das Gleiche gilt für dieses Buch. Ich werde dir also nun erzählen, wie ich meine besten Aktien gefunden habe. Du wirst erfahren, welche Rolle Dividenden beim Anlegen in Aktien spielen und wie die Magie des Zinseszinses wirkt. Wie Privatanleger es schaffen, nur halb so viel zu verdienen wie der Index. Welche systematischen Fehler sie bei der Geldanlage machen und wie sich diese vermeiden lassen. Aktien sind eine Anlage in die Zukunft eines Unternehmens. Wir werden schauen, welche Trends die Zukunft von Unternehmen weltweit in den nächsten Jahrzehnten beeinflussen. Ganz nebenbei wirst du auch einige der berühmtesten Investoren der Welt treffen und ihre Herangehensweise an Geldanlagen.

Du wirst immer mal wieder von The Motley Fool hören, der größten Investmentgemeinschaft der Welt, die von den Brüdern David und Tom Gardner in den letzten zwei Jahrzehnten aufgebaut wurde.

Ich berichte von meinem Gespräch mit dem Anlage- und Finanzexperten Gerd Kommer über Immobilien und das Unvermögen von Investoren, den Index dauerhaft zu schlagen.

Ich frage den Arzt und Blogger Holger Grethe von *zendepot.de*, warum das alles für ihn völlig unwichtig ist. Wenn Aktien dem Anleger im langfristigen Mittel inflationsbereinigt 6 bis 8 Prozent einbringen, was bitte spricht dagegen, genau diese 6 bis 8 Prozent zu bekommen? Das ist viel mehr als die 0,25 Prozent, die meine Bank mir anbietet.

Ich spreche mit der reichen Erbin Barbara, die nicht weiß, was sie mit den Aktien machen soll, die ihr Vater ihr hinterlassen hat. Sie fallen schon lange, weil es die schlechtesten Dax-Unternehmen der letzten Jahre sind.

Wir beobachten den Regisseur und Hobby-Trader Alex dabei, wie er zum wiederholten Mal versucht, in diesem Jahr aber ganz bestimmt den Index zu schlagen.

Und der Trader Karsten Kagels erklärt uns, warum es eine gute Strategie ist, gute Aktien zu kaufen – und sie dann einfach liegen zu lassen.

Bei unserer Reise durch die verrückte Welt der Geldanlage werden uns eine Vielzahl von Irrtümern über das Thema Geld begegnen. Du wirst dabei um einige Illusionen ärmer und um zahlreiche Einsichten reicher werden.

Los geht's

Starten will ich unsere Reise durch die verrückte Welt der Geldanlage bei einem der ganz Großen. Er gehört zu den größten Legenden, die die Wall Street je hervorgebracht hat. *The Einstein of Money* nennt ihn eine seiner Biografien.[3] Geboren in London als Sohn eines jüdischen Kaufmanns und getauft auf den Namen Benjamin Grossbaum, lebte und arbeitete er die längste Zeit seines Lebens in New York und starb schließlich in Frankreich in den Armen seiner Geliebten. Zuvor dichtete er noch einige Verse über sein Leben, verfasste sich sozusagen selbst ein Totengedicht:

> »This man remembered what the rest forgot.
> Forgetting much that everyone recalled;
> He studied long, worked hard, and smiled a lot,
> By Beauty nourished and by Love enthralled.«[4]

»Dieser Mann erinnerte sich an das, was sonst alle vergaßen, und vergaß viel, an das sich jeder erinnerte. Er lernte lang, arbeitete hart und lächelte häufig, gestärkt von Schönheit und gefesselt von der Liebe.« Gefesselt von der Liebe, das hat er schön gesagt. Mich als Single- und Paarberater macht das neugierig. Wer war dieser Benjamin Grossbaum – und was hat er uns zu sagen?

II

The Einstein of Money
Warum eine der besten
Dividendenaktien der Welt
nur 1,5 Prozent einbringt

Im Frühjahr des Jahres 1972 sitzt ein Mann auf der Terrasse eines Hauses im südfranzösischen Aix-en-Provence und denkt nach. Der 77-Jährige schaut hinaus in den Garten, der von Malou, seiner langjährigen Geliebten, liebevoll gepflegt wird. Zu dieser Zeit blickt er bereits auf sechzig Jahre Erfahrung mit Aktien zurück. Er gilt vielen als die größte lebende Legende der Börse. Auch nach seinem Tod werden seine Bücher von ganzen Investorengenerationen wieder und wieder gelesen. Sie alle werden von ihm, dem Einstein of Money, und von seinen Einsichten in die Geldanlage lernen. Sein einflussreichstes Buch, *The Intelligent Investor*[1], steht auch bei mir im Regal, gleich neben der Biografie von Warren Buffett, dem bekanntesten seiner Schüler.

The Intelligent Investor

Benjamin Graham sitzt auf der Terrasse des Hauses, das er für sich und Malou gekauft hat, vor sich das Manuskript von *The Intelligent Investor*. Daneben liegt ein Stapel mit Anmerkungen zu dem Text, viele von ihnen sind von Warren Buffett, den er um Zuarbeit gebeten hat. Graham schaut in den Garten mit seiner vergänglichen Blütenpracht und auf das ferne Bergmassiv des Sainte-Victoire, und denkt an all die Dinge, die sich seit der ersten Ausgabe seines Buches im Jahr 1949 grundlegend geändert haben. Nie hat Graham sich auf Erfolgen oder Einsichten der Vergangenheit ausgeruht. Auch für die Neufassung von *The Intelligent Investor*, die 1973 erscheinen soll, will er wieder neue Ideen beisteuern. In kaum einem Kapitel seines Werkes wird er jetzt, im Jahr 1972, so gründlich streichen und Neues formulieren wie beim Thema Dividende. Als Graham jung war, galt die Regel: Schüttet ein Unternehmen eine hohe Dividende aus, dann ist es wirtschaftlich stark. Warum sonst sollte es eine so großzügige Dividende zahlen können? Unternehmen dagegen, für die es nicht gut läuft oder die zumindest nur ein geringes Wachstum haben, zahlen eine niedrige Dividende. Schließlich machen sie ja auch weniger Gewinn.

Hohe Gewinne, starkes Unternehmen, hohe Dividende – diese Regel hatte jahrzehntelang gegolten. Aber die Zeiten haben sich geändert. Die Jahre des starken Wachstums vieler amerikanischer Firmen nach dem Zweiten Weltkrieg haben ganz andere Regeln hervorgebracht. Die wirtschaftlichen Zusammenhänge in der Welt kennen keinen Stillstand. Eine zunehmende Globalisierung der Märkte setzt in der Zeit nach dem Krieg ein. Die großen kapitalistischen Wirtschaftsmächte rücken näher zusammen denn je. Das siegreiche Amerika bestimmt viele der Regeln.

Doch nicht nur der Handel nimmt zu. Amerikanische Unternehmen agieren jetzt anders als in der ersten Hälfte des Jahrhunderts. Wer bitte trank in den zwanziger Jahren in London, Paris oder Berlin Coca-Cola, rauchte Lucky Strike oder fuhr ein Auto von Ford? Das alles hat sich nach dem Krieg geändert. Grundlegend geändert. Die Pax Americana ist die neue, kapitalistische Weltordnung.

Hohe Dividende – schwaches Unternehmen

Auch ihre Dividendenpolitik haben die Unternehmen verändert. Wächst ein Unternehmen stark, macht es mehr Umsatz und mehr Gewinn, dann steckt es jetzt das reinkommende Geld lieber in die weitere Expansion. Es baut neue Fabriken. Es expandiert in andere Länder und auf andere Kontinente. Es entwickelt neue Produkte. Es kauft andere Firmen auf, um sich strategisch besser zu positionieren. Es bildet Rücklagen für schlechte Zeiten. Aber von den Gewinnen zahlt das wirtschaftlich starke Unternehmen, »prosperous« in Grahams Worten, nur eine moderate Dividende an seine Aktionäre.

Ganz anders aber verläuft die Entwicklung bei schlechteren Unternehmen oder Branchen. Hier schütten Firmen hohe Beträge für Dividenden aus – um die Aktionäre bei Laune zu halten. Benjamin Graham schreibt dazu: »There seems to be something paradoxical about requiring the companies showing slower growth to be more liberal with their cash dividends.«[2] So paradox es auf den ersten Blick auch erscheint – eine hohe Dividendenrendite verweist jetzt nicht mehr zwingend auf ein starkes Unternehmen, sondern legt nahe, dass es wirtschaftlich eher mittelmäßig dasteht. Oder gar schlecht.

Der unaufhaltbare Abstieg einer Familie

Eine Aktie ist eine Unternehmensbeteiligung. Unternehmen können sowohl gut als auch schlecht laufen. Niemandem war das so klar wie Benjamin Graham, geboren 1894 in London unter dem Namen Benjamin Grossbaum. Erst im Verlauf des Ersten Weltkrieges ändert die Familie den deutschen Namen Grossbaum in Graham. Sein Vater war im Porzellanhandel tätig und siedelte 1895 nach New York über, um dort eine Filiale zu eröffnen. Das Unternehmen lief gut, sehr gut sogar – die Grahams lebten das übliche Leben einer wohlhabenden New Yorker Familie dieser Zeit. Dazu gehörten ein Koch, ein Dienstmädchen und ein Kindermädchen sowie Sommerurlaube in exklusiven Badeorten.

Dann der Schock: Grahams Vater verstirbt früh, der Junge ist gerade einmal acht Jahre alt. Die Familie gerät schnell in Armut. Niemand ist in der Lage, den florierenden Handel mit Porzellanwaren weiterzuführen, den der Vater voller Tatkraft aufgebaut hatte. Die Einnahmen brechen weg, die Kosten der Firma aber bleiben. Schon nach einem Jahr muss das Unternehmen liquidiert werden. Von nun an lebt die Familie von der Substanz, vom Tafelsilber, vom Schmuck der Mutter und von den Möbeln. Hinzu kommen die Einnahmen, die Benjamin und seine Geschwister erzielen. Bereits mit neun Jahren verkauft Benjamin Zeitungen auf der Straße, die *Saturday Evening Post*, um zum Familienunterhalt beizutragen. Schließlich verliert Grahams Mutter ihr letztes Geld – bei einer Spekulation auf die Aktien von US Steel. Sie hatte sie zum Teil auf Kredit gekauft. Die Finanz- und Börsenkrise von 1907 besiegelt den finanziellen Ruin der Familie.

Safety of principal and a satisfactory return

Benjamin Graham sollte das alles nie vergessen. Der Unterschied zwischen einer riskanten Spekulation in Aktien und einem seriösen Investment in ein Unternehmen würde den Grundstein seiner Arbeit bilden. Bei Benjamin Grahams Geldanlagen geht es nicht um maximale Gewinne, die oft mit hohen Risiken einhergehen. Auch setzt er nie Geld ein, dass er zum Lebensunterhalt braucht. Es geht vielmehr um Sicherheit – die Sicherheit der einmal getätigten Anlage. Und um die Sicherheit des zu erzielenden Gewinns. Benjamin Graham: »An investment operation is one which, upon thorough analysis, promises safety of principal and a satisfactory return.«[3]

Safety of Principal – die Sicherheit des eingesetzten Geldes – stand für Benjamin Graham an erste Stelle. »Don't lose money«, würde Warren Buffett später dazu sagen. *Satisfactory Return* – ein zufriedenstellender Gewinn. Viele Anleger suchen den Gewinn heute durch Dividenden zu erreichen. An dieser Stelle kommt Benjamin Grahams Einsicht über Dividenden aus den siebziger Jahren ins Spiel. Viele Dividendenblogs im Internet und auch manche Finanzzeitschriften empfehlen ihren Leserinnen und Lesern Aktien, die eine möglichst hohe Dividendenrendite aufweisen. Wozu das im Extremfall führen kann, wollen wir uns mal an einem Beispiel anschauen.

Hohe Dividende – schlechtes Unternehmen

Seit ich selbst einen Blog schreibe, schaue ich immer öfter bei anderen Bloggern vorbei. So treffe ich auch auf eine Seite, die ich hier *dividendenstaubsauger.de* nennen will (den Blog gibt es wirklich, allerdings unter einem anderen Namen. Die hier genannten Zahlen sind echt und stammen zum einen von der Webseite des betreffenden Bloggers und zum anderen aus einer persönlichen Korrespondenz). Dieser *dividendenstaubsauger* schreibt in seinem Blog, dass er in einem Jahr 7,5 Prozent an Dividenden eingenommen habe. Dividenden gelten vielen Anlegern als die neuen Zinsen. Auch der *dividendenstaubsauger* verfährt nach der Devise: Je höher die aktuelle Dividendenrendite, desto besser. Das Problem dabei: Kaum ein seriöses und gut geführtes Unternehmen zahlt eine Dividende von 7,5 Prozent. Das tun im realen Wirtschaftsleben vor allem schlecht laufende Firmen – und absolute Pleitekandidaten. Aktien mit einer hohen Dividende werden auch als High-Yield-Stocks bezeichnet. High Yield, das bedeutet bei Staatsanleihen wie auch bei Aktien immer auch ein beträchtliches Risiko. Staaten mit sehr hohen Zinsen auf ihre Anleihen, wie zum Beispiel Argentinien, werden möglicherweise zahlungsunfähig. Ähnlich unsicher ist die Lage bei vielen High-Yield-Stocks. Wer sie kauft, trägt in vielen Fällen ein hohes Risiko.

Die ganz praktische Folge: Die Aktien sinken im Jahresverlauf oft beträchtlich im Kurs. Den hohen Dividenden stehen also häufig starke Kursverluste gegenüber. Lohnt das? Auf Nachfrage gibt der *dividendenstaubsauger* zu, dass seine Aktien im Jahr 2015 immerhin 11 Prozent an Wert verloren haben. Aber da er sie ja nicht verkauft hat, ist nach seiner Auffassung für ihn kein Verlust entstanden.

Lieber *dividendenstaubsauger* – ich kann rechnen. Deine Bilanz für 2015 sieht so aus:

+	7,5 % Einnahmen aus Dividenden
−	11,0 % Kursverlust
−	3,5 % Saldo der Bilanz

In einem Jahr, in dem der Dax um 9,6 Prozent gestiegen ist, hat der *dividendenstaubsauger* also einen klaren Verlust eingefahren. Die Differenz zwischen 9,6 Prozent Plus für den Dax und

3,5 Prozent Minus liegt bei stolzen 13,1 Prozent. So groß ist seine Underperformance gegenüber dem Index. Es wäre gut, wenn er das auch auf seinen Internetseiten zugeben würde. Dort finden sich jedoch nur seine Einnahmen aus Dividendenzahlungen.

Was High-Yield-Aktien für mein Portfolio bedeuten

Das Ganze jetzt noch einmal in Heller und Pfennig ausgedrückt: Mit meinen 10 000 Euro hätte ich bei einer Anlage in den Index (mit einem Dax-ETF) 960 Euro Gewinn gemacht. Mein Vermögen würde jetzt 10 960 Euro betragen. Wäre ich aber ein Anhänger des *dividendenstaubsaugers,* dann säße ich jetzt auf 350 Euro Verlust. Ich hätte noch 9 650 Euro in der Bilanz stehen. Der Unterschied zwischen den beiden Vorgehensweisen: 1 310 Euro. Das ist eine Menge Geld. Und es ist deutlich mehr als das Wellnesswochenende, das meine Frau und ich uns von den Aktiengewinnen gönnen wollten.

Vorsicht ist also stets geboten bei Informationen im Internet, schließlich kann hier jeder schreiben und behaupten, was er will. Besonders vorsichtig bin ich, wenn auf einer Seite kein Vergleich mit einem Index vorgenommen wird. Hilfreich ist es auch, wenn eine Finanzseite ein eigenes Wikifolio hat. Ein Wikifolio ist ein öffentlich geführtes Depot, an dem sich jeder Anleger mit eigenem Geld beteiligen kann. Der Vorteil eines Wikis: So wird eine Anlagestrategie und ihr Erfolg leicht nachvollziehbar – und für jeden überprüfbar. Eine Irreführung wie beim *dividendenstaubsauger* ist mit einem Wiki nicht möglich.

Dividenden sind die neuen Zinsen

Ein hohe Dividendenrendite – das ist heute, in Zeiten von 0,25 Prozent auf Festgeld, zweifellos eine große Verlockung für Anleger. Es ist aber, folgen wir Benjamin Graham, nur auf den ersten Blick auch eine gute Idee. Die aktuelle Dividendenrendite eines Unternehmens als wichtigstes Entscheidungsmerkmal für ein Investment kann dich als Anleger auf dem direkten Weg zu einem Investment in eine schlechte Aktie führen. Das gilt nicht nur bei High-Yield-Aktien, sondern auch beim Dax. Die aktuelle Dividendenrendite führt bei den dreißig größten börsennotierten Unternehmen unweigerlich zu den langjährigen Verlierern. Zum Beispiel zur Aktie des Energieversorgers E.ON. Das Unternehmen hat seit Jahren große wirtschaftliche Probleme, zahlt aber eine gute Dividende, 4 bis 5 Prozent im Jahr. Die Firma folgt also Benjamin Grahams fast fünfzig Jahre alter Feststellung: Eine unterdurchschnittliche wirtschaftliche Entwicklung der Unternehmen führt oft zu hohen Dividenden. Werfen wir den Blick auf den Chart.

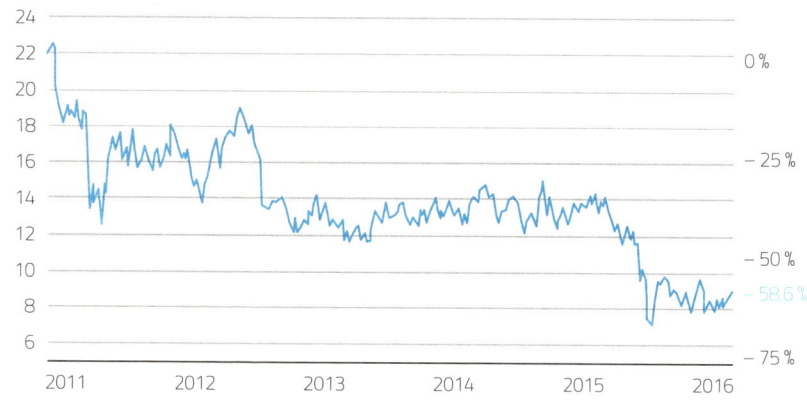

Ganz und gar nicht schön sieht die Entwicklung der E.ON-Aktie in den letzten fünf Jahren aus. Keine Dividende kann so hoch sein, um solche Verluste aufzufangen! *Quelle:* Generiert auf Basis der Daten von *finanzen.net*.

Oh weh! Stolze 58 Prozent Verlust in fünf Jahren. Das ist ein starkes Stück. Wenn du also E.ON-Aktien hattest, dann hattest du schlichtweg Jahr für Jahr weniger Geld im Portfolio, trotz der hohen Dividende. Von Gewinnen keine Spur. Pro Jahr ist E.ON im Durchschnitt um 16,2 Prozent gefallen. Von einer Safety of Principal kann bei E.ON keine Rede sein. Von einem Satisfactory Return schon gar nicht. Die Rechnung der Gewinne und Verluste ist ganz einfach: 16,2 Minus (Kursverlust) und 4,5 Prozent Plus (Dividende) ergeben zusammen ein jährliches Minus von 11,7 Prozent. Nach fünf Jahren sind so von 10000 Euro gerade noch 5368 Euro übrig. Die hohe Dividendenrendite von E.ON als alleiniges Entscheidungskriterium hätte dich also tatsächlich auf direktem Weg in die Arme einer Verlustaktie getrieben, zu einem Unternehmen, dessen Business schlecht läuft. Genau wie Benjamin Graham es bereits Anfang der siebziger Jahre erkannt hat.

Steigt die Dividende?

Weit wichtiger als die aktuelle Dividendenrendite einer Aktie ist also die Frage, ob das Business des Unternehmens gut ist. Ist es das, dann lohnt eine Anlage. Läuft es aber schlecht, dann hilft auch die scheinbar attraktivste Dividendenrendite nicht weiter. Benjamin Graham betonte wieder und wieder, dass Aktionäre ein Unternehmen und seine wirtschaftliche Situation sehr genau untersuchen sollten, gründlich und sorgfältig – upon thorough analysis. Ihn hätte die aktuelle Gewinnsituation des Unternehmens interessiert. Die Rücklagen und die Schulden, die es hat. Seine Aussichten auf beständige oder steigende Umsätze und Gewinne. Zudem blendet der Blick auf die aktuelle Dividendenrendite eine ganz entscheidende Frage aus, eine Frage, die auch Graham gestellt hätte und die für Warren Buffets Überlegungen absolut zentral sind. Diese Frage lautet: Steigt die Dividende im Laufe der Zeit an?

Nicht alleine die Höhe der aktuellen Dividende entscheidet nämlich darüber, ob ein Investment auf lange Sicht gut oder gar sehr gut ist. Eine Aktie ist eine Unternehmensbeteiligung. Wichtiger als die aktuelle Dividendenrendite ist für Langfristanleger deshalb die Frage, wie viel Raum für Wachstum das Unternehmen hat und ob es ihn auch zu nutzen weiß. Und ob das alles zu einer steigenden Dividende führt.

Dies ist eine Frage, die an der Börse nur im Rückspiegel klar und eindeutig beantwortet werden kann. Wir können schauen, welche Unternehmen so stark waren, dass sie in der Vergangenheit Jahr für Jahr mehr Dividende zahlen konnten. Eine Garantie für die Zukunft ist das nicht. Aber ein wichtiger Hinweis. Leider ist es jedoch nicht nur schwer, die Zukunft vorherzusagen. Zu unserem Unglück neigt unser Gehirn in Bezug auf den langfristigen Ertrag von Anlagen auch noch zu völlig falschen Schlüssen. Geht es um Relationen zwischen Zahlen und geht es um Statistiken, dann ist unsere Intuition oft ein jammervoll schlechter Ratgeber. Was ist nur los mit unserem Gehirn?

Thinking, fast and slow

Im Sommer des Jahres 2003 wird an der Universität von Princeton, einer der Eliteuniversitäten der USA, ein scheinbar einfaches Experiment durchgeführt. Es wird die Mehrheit der amerikanischen Studentinnen und Studenten wie Volltrottel aussehen lassen. Und es wird dem Urheber des Experiments, dem Psychologen Daniel Kahneman, einmal mehr zeigen, wie sehr die Intuition im Bereich von Zahlen und Statistiken Menschen in die Irre führt.

Die Aufgabe, die die Tester den Probanden stellen, ist auf den ersten Blick denkbar simpel: Ein Schläger und ein Ball kosten 1,10 Dollar. Der Schläger kostet einen Dollar mehr als der Ball. Wie viel kostet der Ball?

Die Aufgabe ist leicht – und sehr schwer zugleich. Das Tückische: Die beiden Zahlen in der Textaufgabe regen unser Gehirn zu einer – leicht zu lösenden – Subtraktion an. 1,10 Dollar minus ein Dollar – ergibt 10 Cent für den Ball. Ist doch ganz einfach! Und falsch. Genau zu diesem Schluss kommt ein sehr großer Teil der amerikanischen Studenten auch. Über 50 Prozent von ihnen schreiben das als Ergebnis. Obwohl 10 Cent plus 1,10 Dollar eindeutig 1,20 Dollar sind – und nicht 1,10 Dollar, wie in dem Text gefordert.

Ich habe diese Aufgabe meinem jüngeren Sohn (12) gestellt. Er wusste, dass es sich um eine Aufgabe handelte, die zu falschen Ergebnissen verführt. Das hat ihn wachsam gemacht. Schon in dem Moment, als er »10 Cent« sagen wollte, hielt er inne. Und er kam sehr schnell zu der richtigen Lösung. Es sind 5 Cent. Denn 5 Cent und 1,05 Dollar ergeben zusammen 1,10 Dollar. Ganz einfach.

Eine zweite Aufgabe, die unsere Intuition vor ein ähnliches Problem stellt, geht so: Fünf Maschinen fertigen fünf Fernseher in fünf Minuten. Hundert Maschinen fertigen hundert Fernseher in ... Minuten.

Natürlich wollen wir alle – ohne zu rechnen – spontan »hundert Minuten« antworten. Und natürlich liegen wir alle mit diesem Ergebnis unseres schnellen Denkens komplett falsch. Das richtige Ergebnis für diese Aufgabe werde ich jetzt nicht verraten. Nur eines: Ich habe mehrere Minuten gebraucht, um es zu finden. So sehr hat das spontane Ergebnis – hundert Minuten – mein Denken blockiert.

Halten wir fest

- Zahlen und die Relationen zwischen Zahlen stellen unser Gehirn vor ganz besondere Probleme.

- Unsere Intuition in Bezug auf Zahlen und in Bezug auf komplexe Verhältnisse zwischen Zahlen liegt häufig daneben. Die Folge: Wir müssen unsere Intuition überprüfen. Durch Rechnen.

Was bringt mehr ein – 1,5 Prozent oder 3 Prozent?

Eine ganz ähnliche Aufgabe wie die mit dem Ball und dem Schläger und den Maschinen, die Fernseher herstellen, will ich dir jetzt stellen: Du hast die Wahl zwischen zwei Aktien. Die erste bringt nach den Angaben eines Finanzportals im Internet 1,5 Prozent Dividendenrendite im Jahr ein. Die zweite Aktie hingegen 3 Prozent. Welche kaufst du?

Wenn du so denkst wie die meisten Menschen, dann wirst

du instinktiv zu der Aktie mit der höheren Dividendenrendite greifen. Warum? Das liegt an dem, was Nobelpreisträger Daniel Kahneman in seinem berühmten Buch »*Schnelles Denken, langsames Denken*« als das schnelle Denken bezeichnet.[4] Die beiden Zahlen im obigen Beispiel – 1,5 Prozent und 3 Prozent – signalisieren uns klar und deutlich, dass die zweite Aktie mehr einbringt als die erste. Zumindest geht unsere Intuition, unser schnelles Denken davon aus. Es hat sogar einen klaren Anhaltspunkt dafür, um wie viel höher der Gewinn bei der zweiten Aktie wohl ausfallen wird: doppelt so viel. Unser schnelles Denken signalisiert uns also, dass die Aktie mit 3 Prozent Rendite uns doppelt so viel einbringt als die mit 1,5 Prozent.

Ganz anders sieht es aus, wenn du auch das langsame Denken berücksichtigst, wenn du zum Beispiel Benjamin Grahams Hinweis auf wirtschaftlich starke Unternehmen im Hinterkopf hast, die eine niedrige Dividende zahlen. In dem Fall wirst du vielleicht genauer hinschauen wollen. Dabei wird sich möglicherweise herausstellen, dass die wirtschaftliche Situation der beiden Unternehmen sehr unterschiedlich ist. Und ihr langfristiger Ertrag für dich auch.

Warum 1,5 Prozent Dividende mehr bringen können

Unternehmen A zahlt eine gute Dividende. Es sind 3 Prozent. Du kennst Unternehmen A schon aus dem letzten Kapitel. Es ist ein Dax-Konzern, der über die letzten zwanzig Jahre tatsächlich in etwa 3 Prozent Dividende erbracht hat. In einigen Jahren mehr. In einigen weniger. Unternehmen B hingegen zahlt im Durchschnitt der Jahre nur 1,5 Prozent. Unternehmen B, das ist der dänische Weltmarktführer für Insulinprodukte Novo Nordisk.

Schauen wir einmal genau hin, was passiert, wenn du eine dieser beiden Aktien gekauft hast. Ich will mich zunächst einmal auf das erste Jahr konzentrieren, in dem du die Aktie besitzt. Danach schauen wir uns an, wie es über einen längeren Verlauf von zwanzig Jahren hinweg mit den beiden Unternehmen weitergeht. Angenommen, du hast deine Aktie zu Beginn des Jahres gekauft. Was passiert nun im Jahresverlauf? Im April kündigen beide Unternehmen an, wie es mit ihrer Dividende weitergeht. Unternehmen A wird auch im kommenden Jahr wieder die gleiche Dividende ausschütten. Novo Nordisk dagegen ist großzügig. Seine Dividende steigt von 1,00 Euro auf 1,25 Euro. Das sind starke 25 Prozent mehr.

Das Unternehmen hat deutlich mehr Umsatz gemacht und deutlich mehr Gewinn. Also wird es auch deutlich mehr Dividende bezahlen. Warum ist das so? Novo Nordisks Insulinprodukte sind führend in der Welt. Zudem steigt die Zahl der an Diabetes Erkrankten, zum Beispiel in China, ständig an. Ein Ende dieser Entwicklung ist – leider – nicht in Sicht. Und je reicher die Welt wird, desto mehr Menschen können und wollen sich die Medikamente leisten, die Novo Nordisk produziert. Oder ihre Krankenkasse bezahlt sie ihnen – auch das hat mit zunehmendem Reichtum zu tun. In bettelarmen Ländern gibt es keine Krankenkassen oder -versicherungen. Die Dividende von Novo Nordisk steigt also und diese Nachricht lässt den Aktienkurs des Unternehmens nicht unbeeindruckt. Am Ende des Jahres steht der Kurs 21,3 Prozent im Plus. Das war das durchschnittliche Kursplus von Novo Nordisk in den vergangenen zwanzig Jahren.

Die Bilanz des ersten Jahres

Wie sieht nun deine Bilanz aus, wenn du Unternehmen A im Depot hast und wie mit Novo Nordisk? Hast du 10 000 Euro in Unternehmen A angelegt, dann hast du am Jahresende 10 300 Euro – dank der Dividende. Leider ist die Aktie nicht nennenswert gestiegen. Bei Novo Nordisk dagegen sind aus deinen 10 000 Euro bereits 12 280 Euro geworden. Die starke Dividendensteigerung hat den Kurs nach oben getrieben und dir einen Kursgewinn von 2130 Euro beschert. Dazu kam die Dividende in Höhe von 150 Euro. Das Fazit: Novo Nordisk hat dir fast 20 Prozent mehr eingebracht als Unternehmen A. Im ersten Jahr! Obwohl es eine Dividendenrendite hat, die nur halb so hoch ist wie die von Unternehmen A. Schon nach einem Jahr hat sich also der Kauf des Unternehmens, das die niedrigere Dividendenrendite aufweist, für dich gelohnt. Erstaunlich. Ein Lob an dieser Stelle an das langsame Denken!

Die Bilanz nach zwanzig Jahren

Bei den Gewinnen des ersten Jahres bleibt es für mich als Anleger allerdings nicht. Als Langfristanleger bin ich über viele Jahre an der Entwicklung eines Unternehmens beteiligt. Der Abstand zwischen Unternehmen A und Unternehmen B wird sich im Laufe der Zeit, im Verlauf von zwanzig Jahren zum Beispiel, mehr und mehr vergrößern. Wie sehr? Das ist eine spannende Frage. Du wirst sehen, dass uns an dieser Stelle das schnelle Denken noch einmal einen Streich spielen wird.

Schauen wir zunächst einmal, was mir das schnelle Denken über die Gewinne mit Unternehmen A verrät. Es bringt mir verlässlich jedes Jahr 3 Prozent Dividende. Das ist eine feine Sache und macht mich in zwanzig Jahren um einiges reicher. Wie viel reicher? Das schnelle Denken multipliziert die 300 Euro Dividende einfach mit der Zahl der Jahre – und schon ist das Ergebnis da: Zusätzlich zu den eingesetzten 10 000 Euro sind jetzt 6 000 Euro Gewinn gekommen. Macht zusammen 16 000 Euro.

Bei dieser Rechnung hat das schnelle Denken die Zinsen auf die Zinsen beziehungsweise die Dividenden auf die Dividenden allerdings großzügigerweise unter den Tisch fallen lassen. Am Ende des ersten Jahres hatte ich ja bereits 10 300 Euro. Die 300 Euro konnte ich wieder in Aktien des Unternehmens anlegen. Dann bekomme ich im kommenden Jahr nicht 300 Euro Dividende, sondern bereits 309 Euro. Am Ende der insgesamt zwanzig Jahre werden es bereits mehr als 500 Euro sein, die ich Jahr für Jahr einnehme. Und statt nur 16 000 Euro lautet mein Gesamtbetrag nach zwanzig Jahren immerhin 18 061 Euro.

Halten wir fest

- Mein schnelles Denken kann in der Regel gut addieren, subtrahieren und multiplizieren.

- Es beherrscht definitiv nicht die Zinseszinsrechnung. Das kann nur mein Taschenrechner.

- Das ist im Fall von Unternehmen A auch nicht wirklich schlimm. Der Unterschied zwischen den beiden Ergebnissen, dem des schnellen Denkens (6 000 Euro Gewinn) und dem Ergebnis meines Taschenrechners (8 061 Euro Gewinn) ist nicht sehr groß. Es sind aber trotzdem 31 Prozent mehr, die in Wahrheit bei meiner Anlage herauskommen.

Wie viel bringt Novo Nordisk seinen Aktionären?

Das alles wird noch viel drastischer, wenn wir zu den Zahlen von Novo Nordisk kommen. Schauen wir zunächst einmal, was uns das schnelle Denken über die Entwicklung einer Anlage in das Unternehmen verrät. Novo Nordisk hat im ersten Jahr 2 280 Euro zugelegt. Macht es das zwanzig Jahre lang, dann kommt dabei die fantastische Summe von 45 600 Euro heraus. Das sagt zumindest das schnelle Denken. Es hat den Gewinn des ersten Jahres großzügigerweise einfach mit der Zahl der Jahre multipliziert. Auch das ist selbstverständlich falsch. Auch hier hat das schnelle Denken die Zinseszinsen einfach weggelassen. Was wäre mit deinem Geld nun wirklich passiert, wenn du dich, statt die 3 Prozent von Unternehmen A zu kassieren (Endstand: 23 061 Euro), mit den 1,5 Prozent von Novo Nordisk begnügt hättest?

Die Antwort mag dich überraschen – du hättest heute nicht etwa 45 600 Euro Gewinn, sondern deutlich mehr als

100 000 Euro! Ja, du hast dich nicht verlesen. 100 000 Euro. Viel besser. Wie viel Geld hat Novo Nordisk seinen Aktionären nun aber genau gebracht? Die Antwort erfährst du gleich. Jetzt will ich mit dir zuerst noch ein kleines Quiz machen. Vier Möglichkeiten stelle ich dir zur Auswahl. Aus 10 000 Euro wurden bei einer Anlage in Novo Nordisk in zwanzig Jahren:

a)   132 000 Euro
b)   256 000 Euro
c)   475 000 Euro
d)   1 090 000 Euro?

Ein Tipp von mir: Wie wäre es, wenn du, statt einfach nur zu raten, eine Recherche machen würdest? Du gehst ins Internet zu einem Finanzportal – zum Beispiel zu *finanzen.net*[5] – und suchst dort nach dem Aktienkurs von Novo Nordisk im Jahr 1998. Und dann nach dem von 2017. Am besten nimmst du in beiden Fällen den gleichen Tag aus dem gleichen Monat – so habe ich meine Recherche gemacht. Und anschließend rechnest du aus, was aus deinen 10 000 Euro im Verlauf von 19 Jahren durch Kurssteigerungen geworden ist. Ein Zeitraum von zwanzig Jahren wäre natürlich viel schöner, aber Finanzzahlen aus der Zeit vor 1998 sind im Internet (gratis) oft nur sehr schwer zu bekommen. Natürlich hast du damit erst einen Teil des Gewinns errechnet, die Dividende von Novo Nordisk kommt ja noch hinzu. Aber ich verspreche dir: Deine Zahl reicht völlig aus, um die richtige Antwort für dieses Quiz zu finden. Du kannst es dir natürlich auch leicht machen und einfach weiterlesen. Ist auch spannend, aber weniger lehrreich.

Die Dividendensteigerung bei Novo Nordisk

Ich werde jetzt mit den Dividenden anfangen, die dir Novo Nordisk in zwanzig Jahren eingebracht hat. Da wartet schon eine faustdicke Überraschung auf uns. Denn die Dividendenhistorie von Novo Nordisk ist phänomenal. Die Ausschüttung von Gewinnen an die Aktionäre ist bei dem Unternehmen in den letzten zwei Jahrzehnten von 0,01 (Euro) auf 0,86 (Euro) gestiegen. Das ist eine Steigerung um 8 600 Prozent (rund 25 Prozent pro Jahr). Atemberaubend.

Die Folge: Wenn du im Jahr 1997 für 10 000 Euro Aktien von Novo Nordisk gekauft hast, dann bekamst du damals eine sehr magere Dividende. Das Unternehmen überwies dir in dem Jahr nur 38,16 Euro. Das sind sogar nur 0,4 Prozent Dividendenrendite. Huch – ist das aber wenig! Erst in späteren Jahren kam Novo Nordisk in der Regel auf die 1,5 Prozent, die ich zu Anfang genannt habe.

1997	38,16	2007	343,44
1998	38,16	2008	456,77
1999	76,32	2009	610,56
2000	114,48	2010	763,20
2001	152,64	2011	1 015,05
2002	190,08	2012	1,450,08
2003	190,08	2013	1 831,68
2004	228,96	2014	2 289,60
2005	228,96	2015	2 556,72
2006	305,52	2016	3 281,76

Noch nicht überzeugt? Hier ist der Beweis – die Dividende von Novo von 1997 bis 2016. *Quelle:* Dividendendaten von *finanzen.net* und eigene Rechnung des Autors.

Was aber wurde aus deiner Dividende im Laufe der Zeit? Eine Steigerung um 8 600 Prozent, das ergibt die stolze Summe von rund 3 300 Euro. Klingt unglaubwürdig, ich weiß. Stimmt aber trotzdem. Du bekommst nach zwei Jahrzehnten für deine Aktien, für die du seinerzeit 10 000 Euro bezahlt hast, also bereits 3 300 Euro Dividende im Jahr überwiesen. Und das Jahr für

Jahr und in alle Zukunft. Wenn das Unternehmen weiterhin gut läuft. Steigt die Dividende von Novo Nordisk auch in Zukunft ähnlich stark an wie in der Vergangenheit, dann zahlt dir das Unternehmen bereits in fünf Jahren eine Dividende von mehr als 10 000 Euro. Du erhältst also Jahr für Jahr mehr an Gewinnausschüttung, als du seinerzeit für die Aktien von Novo Nordisk gezahlt hast. Wenn das Unternehmen weiterhin gut läuft.

Was hat dir Novo Nordisk in zwanzig Jahren gebracht?

Was wäre bei alledem nun genau aus deinen 10 000 Euro geworden, wenn du sie vor zwanzig Jahren in Novo Nordisk angelegt hättest, in die Aktie also, die im Durchschnitt der Jahre nur 1,5 Prozent Dividendenrendite bringt? Du hast zum einen im Laufe der Jahre mehr als 14 300 Euro an Dividenden bekommen. Wow! Ich will an dieser Stelle noch einmal kurz zurückschauen, zu der Aktie, die 3 Prozent im Jahr einbringt. Sie hat in zwei Jahrzehnten 8 061 Euro Gewinn gemacht. Die Dividende der Firma wurde leider nicht nachhaltig erhöht, sondern blieb über die Jahre hinweg mit einigen Schwankungen mehr oder weniger gleich. Der Kurs hat langfristig – beinahe – stagniert. Um ganz genau zu sein: Während ich diese Zeilen schreibe, steht Unternehmen A gerade mit rund 43,5 Prozent im Plus. Na immerhin! Das kann allerdings, wenn du das Buch liest, schon wieder völlig anders sein. Gut möglich, dass die Kursgewinne dann wieder bei null liegen. Du merkst: Ich traue Unternehmen A nicht viel zu. Somit kommen noch 4 350 Euro Kursgewinne hinzu – und wir sind bei 22 411 Euro. Zudem hat Unternehmen A seine Dividende nach einem hervorragenden Jahr gerade auf ein Rekordniveau angehoben. Es würde mir in diesem Jahr für meine Aktien 800 Euro Dividende überweisen. Bei Novo Nordisk wären es dagegen 3 300 Euro.

Kommen wir zu den Kursgewinnen. Auch der Aktienkurs von Novo Nordisk hat in zwei Jahrzehnten kräftig zugelegt. Kein

Wunder. Eine starke Wachstumsaktie wie Novo Nordisk, mit einer stets steigenden Dividende, führt für dich als Investor auch zu steigenden Kursen. Wie viel das ist? Wenn du nach dem Quiz tatsächlich im Internet nach den Zahlen gesucht hast, dann kennst du das erstaunliche Ergebnis bereits in etwa. Es sind stolze 4600 Prozent. Zu deinen 10000 Euro sind deshalb bis heute 460000 Euro dazugekommen. Höherer Aktienkurs plus erhaltene Dividenden, das macht zusammen 474300 Euro Gewinn. Plus dein Anfangskapital von 10000 Euro, macht 475300 Euro. Fast eine halbe Million. Uff.

Die richtige Antwort beim Quiz hätte also Antwort C sein können. Über 475300 Euro Gewinn in zwanzig Jahren – und das mit einer Aktie, die nur 1,5 Prozent Dividende einbringt. Mein Verstand weigert sich, das zu glauben – auch wenn die Zahlen noch so unbestechlich sind.

Es fehlen die Zinseszinsen!

Vielleicht hast du bemerkt, dass ich gerade bei Novo Nordisk nur die erhaltenen Dividenden als Gewinn eingesetzt habe. Den Kursgewinn habe ich dann dazu addiert. Was aber ist aus den Zinsenzinsen geworden? Jedes Jahr habe ich – wie bei Unternehmen A auch – die Möglichkeit, die erhaltene Dividende gleich wieder in Aktien des Unternehmens anzulegen. Das geht natürlich nur, wenn meine Frau und ich auf das geplante Wellnesswochenende verzichten und das reinkommende Geld stattdessen wieder investieren. Dieser Teil der Gewinne ist in der obigen Rechnung noch gar nicht enthalten. Sparen wir uns den Kurzurlaub und legen das Geld lieber wieder an, dann liegt der Gewinn noch deutlich höher als bislang gedacht.

Was passiert wirklich, wenn ich alle Dividenden von Novo Nordisk gleich wieder in neue Aktien gesteckt habe? Das könnte jetzt eine wirklich schwierige Rechnung für mich werden, all die Dividenden und Kurssteigerungen der vielen Jahre zu berechnen. Doch zu meinem großen Glück hat Novo Nordisk auf seinen Seiten ein sogenanntes Shareholder-Tool. Dort lassen sich die Zahlen für jedes Jahr deines Kaufes tagesgenau und mit der richtigen Anlagesumme eingeben – und schon steht da das Ergebnis. Das ist bei Unternehmen A übrigens auch so. Auch auf dessen Internetseiten kannst du genau ausrechnen, was im Laufe der Jahre mit deinem Geld passiert wäre.[6]

Das Shareholder-Tool von Novo Nordisk rechnet in Dänischen Kronen, immerhin ist Novo ein dänisches Unternehmen. Wegen des schwankenden Wechselkurses zwischen Euro und Dänischen Kronen kann es nicht zu exakt den gleichen Zahlen kommen, die ich gerade in Euro ausgerechnet habe. Aber die Zahlen liegen auch nicht weit von meinen entfernt. Jetzt aber kommt der Clou: Das Shareholder-Tool hat eine Funktion, mit der sich die Entwicklung deines Geldes berechnen lässt, wenn du die erhaltenen Dividenden wieder anlegst.

Das Ergebnis: Aus 10 000 Kronen wurden bei stetiger Wiederanlage der Dividende – 1 090 095,43 Kronen (Stichtag: 3.5.1996 bis 3.5.2016). Dein Geld, angelegt in Novo Nordisk, hätte sich also mehr als verhundertfacht. Novo ist in der Tat das, was die Amerikaner einen »100-Bagger« nennen, eine Aktie, die Anlegern den hundertfachen Gewinn des eingesetzten Betrages einbringt. Und deshalb ist auch Antwort D aus meinem Quiz richtig. Eine Million. Uff.

Wie weit lag meine Intuition daneben?

Vielleicht werfen wir noch ein Blick auf die Abweichung zwischen dem schnellen Denken (45 600 Euro Gewinn) und dem langsamen Denken (1 090 000 Euro), das in diesem Fall natürlich aus einer zwar längeren, aber nicht wirklich komplizierten Rechnung mit dem Taschenrechner beziehungsweise einem Shareholder-Tool im Internet bestand. Hier haben wir ein Beispiel dafür, wie extrem der Zinseszinseffekt bei höheren Zahlen (plus 21,3 Prozent im Jahr) und über längere Zeiträume wirkt. Das reale Ergebnis, das sich durch langsames Denken ergibt, ist in der Tat mehr als zwanzig Mal so groß (2390 Prozent), wie es meine Intuition, wie es das schnelle Denken angenommen hat.

Halten wir fest

- Unser Gehirn ist jämmerlich schlecht, wenn es uns mit Intuitionen über statistische Zusammenhänge oder komplexe mathematische Berechnungen versorgt. Es irrt. Unablässig. Und es schickt uns auf diese Weise bei Finanzentscheidungen gerne in die Irre. Unser Gehirn ist eben von Natur aus nicht für komplexe Finanzentscheidungen konzipiert. Das sollte uns nicht verwundern, denn in der Entwicklungsgeschichte des Menschen kam es auf ganz andere Fähigkeiten an: Nahrung suchen, jagen, in Gruppen zusammenleben und Gefahren vermeiden.

- Schnelles Denken ist für den Menschen gleichwohl eine tolle Sache, zum Beispiel, wenn es darum geht, Wut im Gesichtsausdruck eines anderen Menschen zu erkennen oder aber den Tiger hinter dem Busch zu bemerken. Aber bei den Ergebnissen von Aktienanlagen ist schnelles Denken, ist unsere Intuition eine echte Gefahr. Hier hilft langsames Denken weiter. Und ein Taschenrechner.

- Dividenden sind zwar gut für dich als Anleger, sehr gut sogar. Steigende Dividenden sind aber noch viel besser. Denn nicht alleine die Höhe der aktuellen Dividende entscheidet darüber, ob ein Investment auf lange Sicht gut oder gar sehr gut ist. Eine Aktie ist eine Unternehmensbeteiligung. Wichtiger als die aktuelle Dividendenrendite ist für dich als Langfristanleger die Frage, wie viel Raum für Wachstum das Unternehmen hat und ob es ihn auch zu nutzen weiß.

- Kann ein Unternehmen im Laufe der Zeit seinen Umsatz, seinen Cash-Flow, seine Gewinne und seine Dividende erhöhen? Heißt die Antwort auf diese Frage »Ja«, dann ist es ein gutes Investment.

- Novo Nordisk war in den letzten zwanzig Jahren eine der besten Dividendenaktien überhaupt, trotz eines mauen Starts der Gewinnausschüttung mit gerade einmal 0,4 Prozent Dividendenrendite. Bleibt das Unternehmen so gut, dann werden seine Aktionäre auch weiterhin stark vom Wachstum der Firma profitieren. Eine Garantie dafür gibt es freilich nicht – weil wir noch immer keine Frontscheibe für die Börse haben.

- Aufgrund seines konstanten Wachstums und seiner stets steigenden Dividende ist die Aktie eine meiner besten Aktien, eine der Aktien also, die ich auch auf meinem Blog *grossmutters-sparstrumpf* empfohlen habe.

Was würde Graham zu Novo Nordisk sagen?

Mit Novo Nordisk habe ich ein Unternehmen vorgestellt, das in den letzten zwei Jahrzehnten sehr hohe Steigerungsraten beim Umsatz, beim Gewinn und auch bei der Dividende aufwies. Der Kurs der Aktie ist in dieser Zeit um durchschnittlich 21,3 Prozent pro Jahr gestiegen. Ist so etwas nicht unrealistisch? Die Antwort lautet: Nein. Benjamin Graham hat in seiner aktiven Börsenzeit viele solcher Aktien gehalten. Natürlich haben nicht alle seine Aktien so ein starkes Ergebnis gehabt. Das ist bei meinen besten Aktien nicht anders.

Benjamin Graham, dem Einstein des Geldes, wäre eine Firma wie Novo Nordisk in jedem Fall viel zu teuer gewesen. Das KGV (Kurs-Gewinn-Verhältnis) von Novo liegt zumeist zwischen 20 und 30. Um das Kurs-Gewinn-Verhältnis einer Firma zu berechnen, wird der Kurs der Aktie (zum Beispiel 50 Euro) mit der Zahl der Aktien multipliziert (zum Beispiel 1 000 000 Stück). In meinem Beispiel kommt heraus, dass die Firma gerade 50 Millionen Euro wert ist. Macht sie 5 Millionen Euro Gewinn, dann ergibt sich ein KGV von 10.

Bei Novo Nordisk ergibt sich, während ich diese Zeilen schreibe, ein Börsenwert von 96 Milliarden Euro. Der Gewinn für das laufende Jahr liegt bei 4,2 Milliarden Euro. Wenn du die erste Zahl durch die zweite teilst, dann hast du das KGV. Es lautet: 22,85. Benjamin Graham bevorzugte Firmen mit einem KGV unterhalb von zehn. Novo Nordisk wäre bei ihm sicher nicht ins Depot gewandert.

Wie Benjamin Graham zwei Jahrzehnte lang den Index schlug

Graham hat mit seiner extrem auf Sicherheit orientierten Strategie in seiner aktiven Börsenzeit übrigens zwanzig Jahre lang klar den Index geschlagen – nicht nur in einem Jahr, so wie ich. Von 1937 bis 1957 leitete Benjamin Graham die Anlagegesellschaft Graham-Newman Corporation. Im Jahr 1946, zehn Jahre nach dem Start der Corporation, fasste Graham diese Zeit in einem Brief an die Anleger zusammen. Der jährliche Gewinn der Corporation betrug 17,6 Prozent. Der Index hatte dagegen durchschnittlich nur 10,1 Prozent zugelegt. Benjamin Graham hatte den Index zehn Jahre lang um durchschnittlich 7,5 Prozent geschlagen. Auch in den folgenden Jahren blieb Graham erfolgreicher als der S&P 500. Das macht ihn zum Altvater aller Strategien, die versuchen, besser zu sein als der Index.

Was hat Graham wohl gemacht, wenn er nach der Arbeit in seinem Büro an der New Yorker Wall Street nach Hause kam, und sein Jahresabschluss hatte einmal mehr ergeben, dass er den Index geschlagen hatte? Legte er Hut und Mantel an der Garderobe ab und stürmte voller Freude ins Wohnzimmer, um seiner Frau Estelle (damals gab es Malou noch nicht) zu erzählen: »Schatz, ich habe den Index geschlagen?« Und sie dann anschließend zu küssen? Unwahrscheinlich. Graham selber gibt in seinen Memoiren eine knappe Einschätzung seiner Qualitäten als Ehemann: »I have been a cold, unresponsive husband, too immersed in my career to give much of myself to her.«[7]

»Gefesselt von der Liebe« schrieb er in dem Gedicht vor seinem Tod. Was hat er wohl gemeint mit diesen Worten? Gefesselt von der Liebe zu seiner Frau Estelle jedenfalls schon mal nicht – obwohl ihm das sicher besser bekommen wäre. Graham war in seinen insgesamt drei Ehen oft untreu, philandering, wie die Amerikaner dazu sagen. Ist es das, was er mit den Worten »gefesselt von der Liebe« sagen will? Zwei Frauen sind weniger als eine, sagt die Psychologie. Das Herz eines Mannes hat keine echte Heimat, wenn es unentwegt zwischen zwei Frauen schwankt. Für sein Doppelleben hat Graham einen Preis gezahlt. Nach der endgültigen Trennung von Estelle im Jahr 1965 erlitt er den ersten Herzinfarkt. Er starb 1976 in Südfrankreich, an einem erneuten Herzinfarkt. Malou bekam seine Totenmaske und Estelle die Asche.

Ein Genie und eine Textilfabrik

Zurück zu Grahams Gewinnen: 17,6 Prozent – einige von Grahams Aktien haben weniger eingebracht als diesen Wert, andere hingegen mehr. 21 Prozent pro Jahr zu steigen, wie Novo Nordisk, das ist also in der Tat viel. Aber es ist nicht unerreichbar. Viele Unternehmen erzielen solche Wachstumsraten. Und viele von ihnen können solche Zuwachsraten über lange Zeit halten. Das gilt auch für eine Aktie, von der du vielleicht noch nie gehört hast, die uns aber gleich beschäftigen wird: Berkshire Hathaway. In den letzten fünf Jahrzehnten stieg der Kurs dieser kleinen Textilfabrik um unglaubliche 1 826 100 Prozent.

Bevor du jetzt anfängst, deine Intuition zu befragen, und versuchst, mithilfe des schnellen Denkens darauf zu kommen, wie viel Kursgewinn 1,8 Millionen Prozent wohl pro Jahr ergeben, will ich dir den leichtesten Weg zum richtigen Ergebnis verraten. Ich nutze für solche Fälle immer einen CAGR-Rechner im Internet. CAGR – das ist die Abkürzung für Compound Annual Growth Rate, die durchschnittliche jährliche Wachstumsrate also. Ich gebe einfach »CAGR-Rechner« in die Suchmaschine ein und schon bekomme ich einige Vorschläge. Ich nehme immer den ersten, das ist ein CAGR-Rechner auf den Seiten von *www.finance24.org*.[8] Dort gebe ich im Fall von Berkshire Hathaway folgende Zahlen in die Rechenmaske ein:

Anfangswert:	1 (für 1 Dollar)
Endwert:	18 262 (das entspricht einem Wachstum von 1 826 100 Prozent plus 100 Prozent für das Anfangskapital)
Zeitraum:	50 Jahre

Danach drücke ich den Button »CAGR berechnen«. Und schon bekomme ich das Ergebnis. Da steht: CAGR, jährliches Wachstum = 21,68 Prozent.

Der Kurs von Berkshire Hathaway hat sich also im Durchschnitt pro Jahr um 21,68 Prozent erhöht. Chapeau! Berkshire Hathaway ist damit die beste Aktie im S&P 500. Sie ist die klare Nummer eins. Sie ist besser als Apple, besser als Facebook, besser als Microsoft und besser als Coca-Cola.

Die Aktie von Berkshire Hathaway gehört ebenfalls zur Gruppe der Aktien, die im Amerikanischen »100-Baggers« genannt werden. 100-Baggers sind Aktien, die ihrem Besitzer für jeden eingesetzten Dollar im Laufe der Zeit den stolzen Gewinn von 100 Dollar bringen. Berkshire Hathaway hat dazu nicht einmal lange gebraucht – nur 19 Jahre, dann war es geschafft!

Der Besitzer dieser ehemaligen Textilfabrik in New Bedford (Massachusetts) muss ein Genie sein, oder? Nun, seine Beschreibung klingt auf den ersten Blick wenig genial: Ein alter Herr von 86 Jahren, der liebend gerne Hamburger isst, Cherry Coke trinkt und alljährlich einen Wettbewerb veranstaltet, bei dem eine doppelt gefaltete Tageszeitung auf eine Entfernung von 8 Metern zielgenau und mit einem eleganten Schwung aus dem Handgelenk vor die Tür eines Einfamilienhauses geworfen wird. Das ist ein alter Trick amerikanischer Zeitungszusteller, der ihre Arbeit sehr vereinfacht. Unnötig zu sagen, dass der alte Herr diesen Wurf in seiner Jugend gelernt hat und noch immer perfekt beherrscht. Er hat auch schon mit Microsoft-Gründer Bill Gates um die Wette geworfen – und gewonnen.[9]

21,68 Prozent Gewinn pro Jahr. Fünfzig Jahre lang. Je länger ich mich mit ihm beschäftige, desto sicherer bin ich mir: Der Besitzer von Berkshire Hathaway ist ein Genie. Den will ich mir genauer anschauen.

III

Buy a wonderful company at a fair price

Wieso Privatanleger deutlich weniger Gewinn erzielen als der Index

Es ist heiß in Omaha im Sommer des Jahres 1936 – heiß und stickig. Bei Außentemperaturen von 45 Grad sorgen in den Büros Deckenventilatoren für das trügerische Gefühl von frischer Luft und kühlendem Wind. Auch im Büro Buffett & Co. dreht so ein fünfflügeliger Ventilator unermüdlich seine Runden, während Howard Buffett seinen Kunden Aktien von Stromversorgern und Schuldverschreibungen von Städten, sogenannte Community Bonds, verkauft. Howard Buffett betreibt ein Brokerbüro in Omaha. Seine Kunden kommen aus der oberen Mittelschicht der Stadt. Es sind Ärzte, Anwälte und Unternehmer. Buffetts Familie hat die Wirtschaftskrise, die 1929 begann, deutlich zu spüren gekommen. Aber sie haben sie besser überstanden als viele andere. Die Börse hat sich seit ihrem Tief im Jahr 1932 gut erholt. Der Dow Jones hat sich seither verdreifacht. Die Geschäfte von Howard Buffett laufen gut. So kann die Familie über einen Sommerurlaub nachdenken. Ein kühler See in Iowa ist ihr Ziel.

Die Buffetts haben die Koffer bereits ins Auto gepackt. »Der Geldwechsler muss mit«, beharrt Sohn Warren – und er bekommt seinen Willen. Nur ungern lässt der Junge das Utensil, in das alle gängigen Geldstücke hineinpassen, aus den Augen. Der Geldwechsler, wie ihn auch Schaffner oft tragen, enthält alle seine Schätze, zahlreiche Pennies, Nickels, Dimes, Quarters und auch einige Half-Dollars.

Während die Familie ihrem Sommerurlaub entgegenfährt, während Vater Howard ans Angeln denkt, während Mutter Leila sich fragt, wie sie die Wäsche der Familie im Urlaub sauber bekommen wird, und während Warrens Schwestern sich auf das Baden im Lake Okoboji freuen, sitzt Warren auf dem Rücksitz der schwarzen Buick-Limousine, hält seinen messingbeschlagenen Geldwechsler fest mit beiden Händen umklammert – und schmiedet einen Plan.[1]

Die Badenden von Lake Okoboji

Es ist heiß im Sommer des Jahres 1936 – auch in Iowa. Doch hier steigen die Temperaturen selten über 30 Grad. Vom See her weht oft ein kühlender Wind. Und die zahlreichen Bäume am Ufer spenden Schatten. Ideal für einen Sommerurlaub. Was aber macht Warren? Er kauft Sixpacks mit Coca-Cola-Flaschen für 25 Cent. Anschließend verkauft er sie einzeln für 5 Cent an die Badenden am Lake Okoboji. Auf diese Weise kann er mit einem Sixpack 5 Cent Gewinn machen und in seinem Geldwechsler verstauen. Durst ist ein machtvolles Gefühl und ein Sechsjähriger mit gekühlten Coca-Cola-Flaschen kommt vielen Badenden gerade recht, um einen Nickel locker zu machen. Sie kaufen. Und Warren verdient. Was für ein lohnender Urlaub!

Der Beginn eines unfassbaren Vermögens

5 Cent Gewinn mit einem Sixpack – das klingt für uns heute nach einem geringen Lohn für all die Mühe, die der Junge sich macht. Doch so war es nicht. Der Inflationsrechner im Internet zeigt ein ganz anderes Bild.[2] In heutigem Geld gerechnet, entsprach das immerhin 86 Cent, die Warren Buffett mit einem Sixpack verdienen konnte – fast ein Dollar also. Das ist viel Geld für einen Sechsjährigen, der sich möglicherweise Wünsche wie Kaugummis, Schokolade oder auch eine Flasche Cola erfüllen will. Doch darum geht es dem jungen Warren nicht. Er will die eingenommenen Pennies, Nickels und Dimes nicht etwa ausgeben – weit gefehlt. Er will sie sparen. Um eines Tages reich zu sein. Sie sind in seinen Augen der Grundstock eines Vermögens, eines unfassbar großen Vermögens. 60 Milliarden werden es am Ende sein. Zurück in Omaha zieht der kleine War-

ren von Haustür zu Haustür, um Coca-Cola-Flaschen einzeln zu verkaufen – während in den Straßen die Kinder spielen. Buffett spart eisern. Und zählt liebend gerne sein Geld.

Wie werde ich bloß reich?

Menschen machen die seltsamsten Dinge, um zu Geld zu kommen. Sie arbeiten zwölf oder gar 16 Stunden am Tag, um ein Unternehmen aufzubauen und ruinieren dabei ihre Ehe – weil keine Zeit und keine Energie für die Partnerschaft mehr übrig bleiben. Sie spielen Lotto, warten Jahr für Jahr auf einen Reichtum, der doch nie kommt – und verspielen bei der Gelegenheit ein halbes Vermögen. Sie überfallen eine Bank und tauschen ein Leben in Wohlstand und ohne Angst gegen ein Leben in angsterfülltem Luxus.

Warren Buffett dagegen opfert seine Zeit, die Zeit eines Sechsjährigen, für den Start in den Aufbau eines gigantischen Vermögens. Er will einmal reich sein. Richtig reich. Für dieses Ziel verkauft er schon mit sechs Jahren Coca-Cola-Flaschen. In späteren Jahren, als die Eltern in Washington wohnen, stellt er jeden Morgen in aller Frühe die *Washington Post* zu. Mit einem eleganten Schwung aus dem Handgelenk wird er seinen Kunden die Zeitung vor die Haustür werfen. Diesen Wurf wird er ebenso wenig vergessen wie seine frühe Begegnung mit Coca-Cola.

Coca-Cola liefert einen Teil der finanziellen Basis für den Start von Warren Buffetts späterer Karriere als Investor und wichtigstem Anteilseigner von Berkshire Hathaway, der kleinen Textilfabrik, die er im Laufe der Zeit zu einer Beteiligungsgesellschaft umbaut. Berkshire Hathaway ist heute eines der größten und mächtigsten Unternehmen der Welt. Das ist es auch dank der Pennies, der Nickels und der Dimes vom Lake Okoboji.

Der Starinvestor

Warren studiert bei Benjamin Graham an der Columbia University. Graham wird sein geistiger Ziehvater. Warren heiratet Susan. Sie wird sein Leben organisieren und die Familie am Laufen halten. Für die Hochzeitsreise soll er einen Stapel von Geschäftsberichten ins Auto geladen haben. Auch später liest er unentwegt diese Berichte – seine Kinder spielen unterdessen zu seinen Füßen. Warren ist mit seinem Business verheiratet.

Buffetts Weg nach oben ist ebenso sanft wie stetig. Sein Geld wächst Jahr für Jahr, sein Einfluss und seine Bekanntheit auch. Immer öfter fragen ihn die Medien nach seiner Einschätzung des Marktes und der Ökonomie. Seine Meinung zur Lage der amerikanischen Wirtschaft hat sich nie geändert. Buffett ist Optimist, auch wenn die Zeiten gerade schwierig sind. Oder besser: Er ist Optimist, gerade wenn die Zeiten schwierig sind. Sein Credo lautet: *Don't bet against America.*

Wie mag er sich wohl gefühlt haben, als er große Anteile der *Washington Post* erwarb, der Zeitung also, die er in jungen Jahren Morgen für Morgen ausgetragen, oder besser ausgeworfen hatte? Und wie mag es gewesen sein, als er mit 58 Jahren schließlich Aktien von Coca-Cola kaufte, sie regelrecht einsammelte, während andere Anleger sie gerade dringend loswerden wollten?

Buffetts Anlagestrategie bekommt mit den Jahren mehr und mehr klare Konturen. Stark unterbewertete Aktien, wie Benjamin Graham sie gerne gekauft hat, sortiert er mit der Zeit aus. Unternehmen mit einem sehr guten Business dagegen bilden einen immer größer werdenden Anteil an seinem Portfolio. American Express, *Washington Post*, See's Candies. Mag sein, dass See's Candies ein teurer Kauf ist – aber am Ende wird der renommierte Süßwarenhersteller aus Kalifornien jedes Jahr zwei bis drei Mal so viel Gewinn bei Buffett abliefern, wie ihn der Kauf der Firma seinerzeit gekostet hat.

Gute Firmen haben ihren Preis. Auch das ist eine von War-

ren Buffetts Erkenntnissen. Buffett setzt – anders als Graham –
im Kern auf das exzellente Business. Ein Unternehmen darf
gerne unterbewertet sein – undervalued – entscheidend für Buffett ist aber das Geschäft der Firma. Es soll, in seinen Worten,
wonderful sein.

Wie wir beim Kauf von Aktien vorgehen sollten

Warren Buffett hat im Laufe der Jahrzehnte viele interessante
Weisheiten für die Anlage in Aktien geprägt. Eine aber sticht
hervor. Sie ist der Kern seiner Erfolgsstory: *It is better to buy a*
wonderful company at a fair price than a fair company at a won-
derful price. Buffett ist gerne so kurz und präzise. Er benennt
in dürren Worten, was viele Privatanleger falsch machen, wenn
sie Aktien kaufen, und was ihre Renditechancen halbiert. Oder
gar drittelt. Sie kaufen Firmen, die sie für gut halten, Firmen
die sie kennen und die in aller Munde sind. Doch was sie für
großartige Firmen halten, sind viel zu oft nur mittelmäßige
Performer.

Daimler, VW, Thyssen – so sah das Depot meiner Großmutter aus. Es waren die Unternehmen, die jeder kannte und die
jeder hatte. Solche Unternehmen, die – wie wir im Lauf des Buches noch sehen werden – durchaus über die Jahre eine brave
Performance bringen, aber weit entfernt davon sind, großartig
zu sein. Diese Firmen (»fair companies«), so empfiehlt Buffett,
solle man nicht kaufen – nicht einmal, wenn man die Aktien zu
einem Schnäppchenpreis (»wonderful price«) bekäme.

Die wirklich großartigen Firmen entgehen dagegen vielen
Privatanlegern – weil sie sie nicht kennen und ihren Kauf gar
nicht erst in Erwägung ziehen. Genau diese Firmen (»wonderful companies«) gilt es jedoch laut Buffett zu kaufen, wenn man
langfristig Gewinn machen will. Selbst wenn der Preis dafür
kein Schnäppchen, sondern nur mittelmäßig (»fair price«) sein
sollte. Doch Privatanleger kaufen stattdessen noch oft, wenn
Aktien gerade gut laufen, wenn der Index kurz vor einem neuen

Höchststand steht. In diesem Fall kaufen sie dann womöglich sogar mittelmäßige Firmen zu mittelmäßigen oder gar überzogenen Preisen.

Unsere Intuition versagt – schon wieder

Warum nur kaufen Privatanleger bevorzugt zu einem ungünstigsten Zeitpunkt? Weil sie kaufen, wenn ihre Intuition ihnen sagt, dass jetzt ein günstiger Augenblick für einen Einstieg in den Markt gekommen ist. Mit dieser Intuition liegen sie in aller Regel daneben. Sie kaufen genau dann, wenn am Markt Euphorie herrscht. Euphorie ist die Zeit an der Börse, wenn Anleger das größte Risiko tragen – auch *Bereich des maximalen Risikos* genannt. Sie kaufen, weil alle anderen Anleger auch gerade optimistisch sind und weil dieser Optimismus der anderen sie ebenfalls mit Optimismus erfüllt. Menschen sind soziale Wesen, die allermeisten von uns sind das. Unsere Gefühle schwingen mit den Menschen mit, die uns umgeben. Das ist unsere Natur – und genau dort ist es auch sinnvoll. Beim Umgang mit Menschen. Bei der Anlage in Aktien aber sind Gefühle der Feind des Investors. Wer seiner Intuition vertraut, der kauft in der Börsenphase zwischen Optimismus und Euphorie, mit allen Risiken, die das nach sich zieht. Und verliert. *Keep your emotions in check*. Noch so eine Börsenweisheit, an die sich kaum ein Anleger hält.

Viele Privatanleger machen noch einen weiteren folgenschweren Fehler. Sie verkaufen ihre Aktien wieder, wenn der Markt den Zustand der Panik oder der Kapitulation erreicht hat – kurz vor dem Tiefpunkt also. Damit begehen sie Fehler Nr. 3. Auch das ist leicht zu verstehen. Wenn der *Spiegel* und der *Stern* und die *Bild-Zeitung* den kommenden Untergang des Weltfinanzsystems auf den Titelseiten haben, wer mag da noch Aktien besitzen? Deshalb verkaufen Menschen in der Phase zwischen Panik und Kapitulation – weil alle anderen es auch tun. Sie folgen den Gefühlen der Mehrheit.

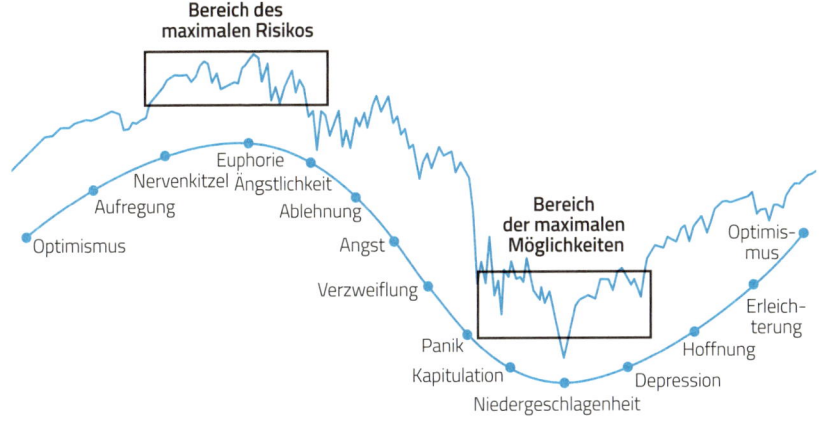

Euphorie macht blind: Wenn die Emotionen am Aktienmarkt hochkochen, ist besondere Vorsicht geboten. *Quelle:* Generiert auf Basis einer Grafik von *vfmdirect.in.*

Buffett kauft zu Discountpreisen

Warren Buffett macht es anders und das gibt uns einen wichtigen Hinweis auf seinen Charakter. Die Gefühle der anderen bestimmen nicht sein Handeln. Er handelt vielmehr beinahe wie ein Autist. Er blendet die Gefühle der anderen aus und fokussiert sich auf die Fakten. Keep your emotions in check. Ihm fällt das leicht. Buffett kauft am liebsten, wenn der Markt gerade verrücktspielt. Das ist im Herbst 2008 so, als viele Investoren sich dringend von ihren Aktien trennen wollen. Buffett verkauft kein Stück. Er kauft vielmehr im großen Stil ein: »Whether we're talking about socks or stocks, I like buying quality merchandise when it is marked down.«[3] Buffett verhält sich wie ein Kunde, der in seinen gewohnten Supermarkt kommt und feststellt, dass die Preise über Nacht gesunken sind. Milch, Butter und Brot gibt es für die Hälfte, die Socken sogar für ein Drittel des gestrigen Preises. Wer kann da schon ernsthaft »Nein« sagen? Und wer weiß, wie lange die Preise so niedrig bleiben! Buffett lädt seinen Einkaufswagen randvoll – mit allem, was er für gut und für günstig hält.

Warren Buffett kauft und kauft, während viele Anleger Aktien dringend loswerden wollen, einerlei zu welchem Preis. Bei ihnen heißt es »Alles muss raus«. Buffett dagegen findet sich auf einem Markt wieder, der die tollsten Produkte zu extrem günstigen Preisen anbietet. Er kauft Bank of America, Dow Chemical, Swiss Re, Goldman Sachs, General Electric. Die Gewinne einige Jahre später sind enorm. Don't bet against America. Warren Buffett hat alle seine Wetten aus dieser Zeit gewonnen.

Coca-Cola liegt im Koma

Warren Buffett macht es anders – auch wenn es um ein einzelnes Unternehmen geht. Er kauft bewusst dann, wenn eine fantastische Firma gerade große Probleme hat, wenn sie regelrecht »im Koma liegt«, wie er sagt. Er kauft, wenn ein Unternehmen ein Werbedesaster erleidet, so wie das berühmte Fiasko von Coca-Cola mit der Einführung von New Coke im Jahr 1985.

Die Kunden rebellieren gegen die Entscheidung des Konzerns, die ursprüngliche Formel für das Getränk zu ändern. Sie fordern vehement die alte Coca-Cola zurück. Die Firmenleitung reagiert verunsichert. Was haben die Menschen nur? In Blindversuchen hat die New Coke vielen Menschen besser geschmeckt. Und nun das – Proteste rund um den Globus, die Aktie gerät ins Taumeln. Seit den Tagen des Lake Okoboji hatte Warren Buffett Coca-Cola noch nie in einem solchen Zustand gesehen. Immer war diese Ikone der amerikanischen Wirtschaft für seinen Geschmack viel zu teuer gewesen, mit einem KGV von 20 und mehr. Jetzt aber steht sie bei 13. Was für eine Chance! Wie lange wird er der Versuchung wohl widerstehen können?

Doch Buffett macht keine Impulskäufe, mag die Gelegenheit auch noch so günstig erscheinen. Keep your emotions in check. Und genau das macht Buffett. Er denkt nach. Ein Werbedesaster, ein Konzern, der zurückrudern muss mit einer Entscheidung und unter dem Jubel der Fans Coke Classic wieder in den Handel bringen muss – das alles reicht Warren Buffett nicht für eine Investition in die damalige Nummer eins unter den bekannten Marken in der Welt. Was ihn beschäftigt, das ist die zentrale Frage: Kann Coca-Cola seinen Gewinn nachhaltig steigern?

Was die Frontscheibe über Coca-Cola verrät

Warren Buffett hat es sich mit der Antwort auf diese Frage nicht leicht gemacht. Coca-Cola war seit den Tagen seiner Kindheit ein gutes Geschäft gewesen, ein fantastisches Unternehmen. Doch wie geht es mit der Firma in den kommenden Jahren und Jahrzehnten weiter? Wenn Coca-Cola viele Jahre schon seinen Gewinn und seinen Umsatz steigern konnte – was spricht dafür (oder dagegen), dass das Unternehmen dies auch in Zukunft schafft? Vor dieser Frage steht Warren Buffett im Jahr 1988, in dem Jahr also, in dem er still und leise eine große Zahl von Coca-Cola-Aktien erwirbt. Diese Heimlichkeit ist wichtig für ihn, da seine Käufe immer eine hohe Zahl an Nachahmern auf den Plan rufen und den Kurs einer Aktie in die Höhe treiben. Als sein Investment in Coca-Cola bekannt wird, muss der Handel mit der Aktie an der New Yorker Börse zeitweilig ausgesetzt werden – so stark sind die Reaktionen.

Noch einmal die Ausgangsfrage: Kann Coca-Cola seinen Umsatz und seinen Gewinn nachhaltig steigern? Da der Umsatz des Unternehmens in den USA schon sehr hoch ist, der Heimatmarkt ein starkes Wachstum also kaum mehr zulässt, läuft dies für Warren Buffett im Jahr 1988 auf eine ganz andere Frage hinaus: Werden die reicher werdenden Volkswirtschaften Asiens und Länder wie Brasilien dem Markenimage von Coca-Cola erliegen – und so den Umsatz weiter kontinuierlich in die Höhe treiben?

Buffett hat seinerzeit also versucht, eine Antwort zu finden auf eine Frage über die Zukunft des Geschäfts von Coca-Cola.

Ihn interessiert auch im Fall von Coca-Cola, wie bei jedem seiner vorherigen Investments, der Blick in den Rückspiegel. Dort sieht er: Coca-Cola ist die stärkste und bekannteste Marke der Welt. Die Firma hat eine lange Historie von steigenden Gewinnen und steigenden Dividenden. Und sie hat ein Management, das seit einiger Zeit auf eine verstärkte internationale Expansion setzt. Vor allem in Asien.

Was wird die Zukunft uns bringen?

Der Blick in den Rückspiegel ist für Warren Buffett also ausgesprochen überzeugend. Ganz entscheidend ist für ihn aber, was der Blick zurück für die Zukunft bedeutet. Er will wissen, was die Frontscheibe über Coca-Cola verrät. Seine Antwort – nach einigem Nachdenken (upon thorough analysis) – lautet: Coca-Colas Wachstumskurs ist intakt. Wachsendes Geschäft – wachsender Umsatz – wachsende Gewinne – wachsende Dividende. Das war im Kern Buffetts Kalkül – und es ging auf. Die Aktie verdreifacht ihren Wert in den kommenden Jahren. Die Dividende explodiert. Buffetts Ernte ist groß. Ihm kommt dabei auch der Zusammenbruch der Sowjetunion und die Auflösung des Warschauer Paktes zu Hilfe – weitere Märkte für Coca-Cola und sein starkes Markenimage.

Warren Buffett kaufte Coca-Cola bei einem KGV von 13. Sein Lehrer, Benjamin Graham, hätte solch eine Investition nicht in Erwägung gezogen. Bei aller Verehrung gegenüber seinem einstigen Lehrer, Mentor und späteren Freund, Warren Buffett ist Warren Buffett. Er hat seine eigene Anlagephilosophie. Die Zeiten haben sich gründlich geändert. Buffett hat die Macht der Marken genau studiert. Das ist ein Grund, warum er Coca-Cola kaufte, seinerzeit die mächtigste und wertvollste Marke der Welt.

Ich wär so gerne Millionär

Ob der kleine Warren mit den großen Plänen sich wohl erträumen konnte, dass er tatsächlich einmal einen Teil dieser Firma besitzen würde, als er mit seinen Coca-Cola-Flaschen um den Lake Okoboji zog, um sich ein paar Cents zu verdienen? Zumindest geht der Sechsjährige auch nach der Rückkehr ins heimatliche Omaha zielsicher seinem Plan vom Geldverdienen nach. Nun sind die Nachbarn seine Kunden. Eine Flasche Coca-Cola – 5 Cent. Sein Geldwechsler füllt sich mehr und mehr, mit Nickels, Pennies und Dimes.

Ein Bild kommt mir in den Kopf, ein Foto, das ich in einer der Biografien über Warren Buffett gesehen habe. Der Sechsjährige, der starr in die Kamera schaut und mit seinen kleinen Händen das umschlossen hält, was ihm Sicherheit bietet: den Geldwechsler, dem er seine Schätze anvertraut. Es ist ein sehr unglücklicher Warren, der mich da anschaut.

Was macht einen erst Sechsjährigen so unglücklich? Geld ist für Warren Buffett mehr als ein Mittel zu einem Zweck, wie Konsum etwa. Geld, Gold, ein sorgenfreies Leben – so denkt die deutsche Fernsehlotterie über ihre Kunden. Nicht so der kleine Warren. Er hat einen Plan. Der sieht vor, dass sich sein Geld schnell und stetig vermehrt. Geld zu besitzen, viel Geld, das ist sein Ziel.

Der ersten Meilenstein: 100 000 Dollar

Schon als Achtjähriger liest Buffett Investmentbücher und ist der unangefochtene Rechenkönig seiner Klasse. Wozu andere eine Tafel brauchen, das schafft er im Kopf. Coca-Cola verkauft am Tag 1,9 Milliarden Getränke, wie viele sind das in einem Jahr? So eine Rechnung macht Buffett im Kopf und im Bruchteil einer Sekunde, noch heute, mit über achtzig Jahren, kann er das.

Warren trägt frühmorgens vor der Schule Zeitungen aus, stellt Flipperautomaten in Frisörläden auf, damit sich die Kunden die Wartezeit ein wenig verkürzen können. Und er spart eisern. So ist er mit 16 Jahren bereits im Besitz von 10 000 Dollar. Kennst du einen 16-Jährigen, der allein durch Arbeit und erste Investments auch nur eine halb so hohe Geldsumme zusammengespart hätte? Ich nicht. Dabei wird das ganze Ausmaß des geldverdienenden Jugendlichen Warren Buffett erst klar, wenn wir noch einmal den Inflationsrechner bemühen und ausrechnen, wie viel 10 000 Dollar aus dem Jahr 1946 wohl heute wären. Es sind gut 100 000 Dollar. Was für ein Vermögen!

Familiäres Unglück

Was ist der Grund für diese Unrast, dieses dauernde Streben nach unermesslichem Reichtum? Warum hält schon der Sechsjährige seinen Geldwechsler, den Hort seiner Schätze, so eisern umklammert, als würde der ihm eine Sicherheit bieten, die das Leben ihm sonst nicht zu geben vermag? Auf diese Frage gibt es eine einfache Antwort. Sie lautet: Unglück.

Warren Buffett ist ein zutiefst unglückliches Kind, ein Kind, das Halt sucht – und findet – in seinem Wunsch nach Reichtum. Schon als Vierjähriger muss er sich stundenlange Vorwürfe der Mutter anhören, die immerzu bemüht ist, einem möglichst perfekten Bild einer amerikanischen Mittelschichtsfamilie zu entsprechen. Jede Abweichung ist für sie eine Bedrohung. Ihre Tiraden, mit denen sie ihre Kinder unerbittlich traktiert, sind zerstörerisch für deren Seelen. Warren wird alles tun, um diesen Tiraden zu entgehen. Schon bald gewöhnt er sich an, viel unterwegs zu sein. Er besucht den Vater in seinem Brokerbüro. Was für eine spannende Welt! Und wie ungefährlich es hier ist. Niemand kritisiert ihn. Er lernt, so viel er nur kann, über die Welt des Vaters. Das ist die Welt der Aktien und der Geldanlage. Er geht zu Freunden, bleibt dort bis zum Abendbrot. Nach Hause kommt er erst, wenn der Vater da ist und ein wenig Schutz bietet vor den stundenlangen Vorwurfsanfällen, mit denen die Mutter ihre Kinder überschüttet, wenn sie mit ihnen alleine ist.

Nie da

Doch wie die meisten Väter in dieser Zeit ist auch Howard Buffett nicht für seine Kinder da. So wie Warren Buffett später nie da sein wird, wenn seine Kinder ihn gerade brauchen. Seine Frau Susan ist es, die sich um sie kümmert. Sind die Kinder erst einmal aus dem Haus, wird Susan Buffett ihren Mann von einem Tag auf den anderen verlassen. Sie hat genug von all den Geschäftsberichten, die Warren liest, während sie selber oder die Kinder ihn gerade brauchen. Warren ist mit seiner Arbeit verheiratet – Susan reicht das nicht. Warren und Susan Buffett lassen sich nie scheiden und treten in der Öffentlichkeit wie auch privat weiterhin gemeinsam auf. Doch Susan lebt fortan im fernen Kalifornien. Ihr Tennistrainer zieht mit.

Was Warren bleibt, das ist das geliebte *Wall Street Journal*, das sind die Geschäftsberichte und die vielen Aktien aus dem amerikanischen Aktienindex S&P 500, die Warren jetzt schon seit Jahrzehnten in und auswendig kennt, seit seiner Kindheit, seit den langen Nachmittagen im Brokerbüro des Vaters. Und seit der Zeit, als er das erste Mal sein Herz in die Hand nahm und eine Unternehmensbeteiligung erwarb. Von seinem Geld. Sein erstes Investment.

Diese beispiellose Geschichte ist es wert, dass wir sie uns näher anschauen. Warren ist bei seinem ersten Investment gerade einmal elf Jahre alt, fünf Jahre zuvor hat er sein erstes Geld am Lake Okoboji verdient. Jetzt hat er wieder einen Plan, und der wird ihm langfristig viel Geld einbringen. Er will eine Aktie kaufen, die er schon lange beobachtet. Sie soll ihn reich machen. Was ist das für eine Aktie – und was können wir von ihr lernen?

IV

Know your business well
Wieso Coca-Cola eine gute
Aktie ist und Nike eine bessere

An seine erste Aktie erinnert sich Warren Buffett noch heute. Obwohl die Geschichte sehr lange her ist. Sie spielt im Jahr 1941, ein Vorkriegsjahr noch für amerikanische Verhältnisse. Die Aktie heißt Cities Service (preferred). Das Unternehmen ist im Erdgasgeschäft tätig. Es betreibt die Förderung, die Distribution und auch den Verkauf an Endkunden. Cities Service hat seinen Sitz in Oklahoma, einige hundert Meilen südlich von Omaha, die Aktie kostete 37 Dollar das Stück. Warren hat zu dieser Zeit schon sehr viele Colaflaschen an die Nachbarschaft verkauft, hat viele Pennies eingenommen und ebenso viele Dimes und kann sich deshalb gleich drei der Aktien kaufen – für 111 Dollar. Er hat Cities Service lange beobachtet und ist sich sicher, dass die Aktie ihr Geld wert ist. Und dass sie sein Geld vermehren wird.

Doch was tut Cities Service in den kommenden Wochen und Monaten? Sie fällt. Seine 111 Dollar schmelzen dahin, bis nur noch 75 übrig sind. Dann beginnt die Aktie erneut zu steigen. Als sie seinen Einstandskurs ein wenig überschritten hat, verkauft der Elfjährige erleichtert. Er beendet sein erstes Aktieninvestment mit 6 Dollar Gewinn (nach Kosten), immerhin fast 100 Dollar nach heutigen Preisen.

Was aber macht die Cities-Service-Aktie nun? Sie steigt ohne Unterlass höher und höher. 30 Prozent. 50 Prozent. 100 Prozent. Warren muss ihr hinterherschauen. Er hätte mit ein wenig Geduld 600 Dollar (fast 10 000 Dollar nach heutigen Preisen) mit seinem ersten Aktienkauf verdienen können. Das ist kein gutes Gefühl. Aber eine wichtige Lektion für Buffett. Die wichtigste Eigenschaft eines Investors ist nicht die Intelligenz oder sein überlegenes Wissen – sondern Geduld.

Mein größter Aktienfehler

Einer Aktie hinterherzuschauen, wie sie steigt und steigt – ich kenne das Gefühl. Ich habe den gleichen Fehler auch einmal gemacht. Mit Facebook. Als die Aktie vor einigen Jahren zum ersten Mal an die Börse kam, wurde sie zum Preis von 33,50 Euro gehandelt. Viel zu hoch, dachte ich. Wie ich dachten viele, die mit der Aktie liebäugelten. Da schon etliche Börsendebüts zuvor schlecht verlaufen waren, habe ich mich also auf die Lauer gelegt. Nach sechs bis neun Monaten wollte ich Facebook billig einkaufen. Zunächst lief alles nach Plan. Etwa 7 Monate später stand Facebook bei 13,50 Euro. Und ich kaufte sie. Im Herbst 2012.

Bis zu diesem Zeitpunkt hatte ich einiges richtig gemacht. Ich hatte in aller Ruhe gewartet und die erste Zeit der Euphorie verstreichen lassen. Dann hatte ich die Aktie zu einem hübschen Preis erworben, ganz wie Warren Buffett es empfiehlt. Der Gewinn liegt im Einkauf. So lautet eine alte Kaufmannsweisheit. Buffett kennt sie gut – sein Großvater war Kaufmann in Omaha.

Die Aktie von Facebook stieg nach meinem Kauf tatsächlich wie erwartet. Die Aktie stieg sogar enorm. Nach wenigen Monaten stand sie mit 50 Prozent im Plus. Und dann habe ich sie verkauft. Im Mai 2013. Bei 21,80 Euro. Ein Gewinn von 50 Prozent ist eine tolle Sache, klar. Aber wie du vielleicht weißt und im Chart rechts gut sehen kannst, ist Facebook, nachdem ich verkauft hatte, erst richtig abgehoben. Hast du schon mal einer Aktie hinterhergeschaut, die von 22 Euro ununterbrochen bis über 100 Euro steigt? Nein? Ich schon! Es ist kein gutes Gefühl. Aber es war eine wichtige Lektion für mich. Über die wichtigste Eigenschaft von Anlegern, die Geduld.

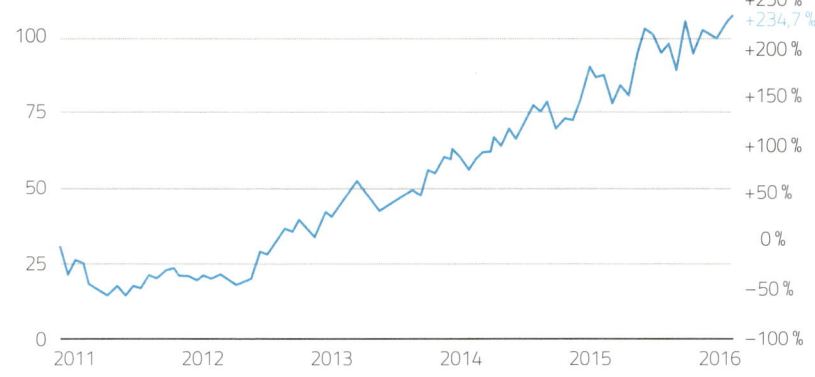

Nein, der Verkauf von Facebook war keine gute Idee. Hätte ich die Aktie einfach behalten, dann wären aus meinen 50 Prozent im Laufe der Zeit fast 700 Prozent geworden! *Quelle:* Generiert auf Basis der Daten von *finanzen.net*.

Das Geschäftsmodell kennen

Wie du siehst, ist es ein häufiger Fehler von Anlegern, sich mit kleinen Gewinnen zufrieden zu geben, und auf diese Weise die ganz großen zu verpassen. So wie es mir mit Facebook ergangen ist. Warum aber habe ich so früh verkauft? Warum bin ich ungeduldig geworden mit meinem Investment? Das ist die wohl entscheidende Frage, die Frage, die uns jetzt dazu verhelfen soll, etwas ganz Zentrales über das Anlegen in Aktien zu lernen. Die Antwort lautet: Weil ich das Geschäftsmodell von Facebook und seine Chancen in der Zukunft nicht gut genug kannte. Ich hatte mich zu wenig mit seinem Business beschäftigt. Hätte ich mehr darüber gewusst, dann hätte ich niemals in Erwägung gezogen, auch nur eine einzige Aktie des Unternehmens wieder aus der Hand zu geben. Oder in den Worten von Warren Buffett: Mir war nicht wirklich klar, wie fantastisch Facebook als Unternehmen ist und welche unglaublichen Zukunftschancen es Anlegern bietet.

Facebook hat alle Konkurrenten im Bereich der sozialen Netzwerke aus dem Feld geschlagen – oder Mark Zuckerberg hat sie aufgekauft, wie Instagram oder WhatsApp. Facebook hat eine völlig neue Form der weltumspannenden Kommunikation geschaffen. Wir können eigene Inhalte veröffentlichen, Texte, Fotos, Videos. Das gab es noch nie. Dazu kommt eine neue Art, wie wir Medien nutzen. Videos schauen viele Menschen heute bei Facebook, Nachrichten erfahren wir dort. Unsere Art, Medien zu nutzen, verändert sich zunehmend. Immer mehr Zeit verbringen wir bei Facebook. Und so wird Facebook zu einem der größten Medienkonzerne der Welt, dem ersten wirklich globalen Medienkonzern der Welt – von Hamburg über Hanoi bis Honolulu. Wer hätte das gedacht!

Facebook ist eine der besten Aktien

Zu Beginn wussten die Macher von Facebook allerdings noch nicht so recht, wie sie mit ihrem ungeheuer populären Portal jemals Geld generieren sollten. Für Facebook war es wichtig, möglichst schnell zu wachsen. Eine Milliarde Mitglieder. Das war das Ziel. Erst danach stand die Frage an: Und wie machen wir mit unserem Unternehmen auch Geld? Darauf fanden Mark Zuckerberg und seine Mitarbeiterinnen und Mitarbeiter umgehend einige sehr gute Antworten. Heute verdient Facebook unfassbar viel Geld. Mit Onlinewerbung. Das ist ein boomender Bereich mit extremen Wachstumsraten. Facebook ist exzellent positioniert, um von dieser Entwicklung zu profitieren.

Wie meine unglückliche Liebe zu Facebook ausgegangen ist? Ich kann es dir sagen: Nachdem ich mehr und mehr zur Entwicklung von sozialen Netzwerken gelesen habe, war mir klar, dass Facebook noch eine große Zukunft vor sich hat. Und die Gewinne waren unterdessen auch enorm in die Höhe geschnellt. Das wird wohl auch noch einige Jahre so bleiben. Mit Wachstumsraten von über 50 Prozent hat Facebook viele Analysten überrascht. Am Ende habe ich Facebook bei 62 Euro wieder gekauft. Ich gebe es zu: Das ist mir sehr schwer gefallen. Doch Facebook ist in meinen Augen eine der besten Aktien der Welt.

Deine Meinung ist gefragt

Ist Facebook – derzeit – wirklich eine der besten Aktien der Welt? Ich denke, ja. Du musst diese Ansicht natürlich nicht teilen. Am besten ist es, wenn du dir eine eigene Meinung bildest. So habe ich es ja auch gemacht. So spannend ich die Ansichten von Warren Buffett auch finde – wir beide sind bei der Frage, welches derzeit die besten Aktien sind, so gut wie nie einer Meinung. Er hält sich von Technologieaktien bewusst fern – ich liebe es, mich mit ihnen zu beschäftigen. Er hält nach wie vor ein großes Aktienpaket von Coca-Cola – ich käme niemals auf so eine Idee. Die Aktie war 1988 ein sehr guter Kauf – sie ist es aber schon seit rund zwanzig Jahren nicht mehr. Der anhaltende Trend zu gesunder Ernährung macht vielen Aktien zu schaffen, McDonald's zum Beispiel, aber eben auch Buffetts Lieblingsaktie Coca-Cola. Die Umsätze wachsen schon seit zwei Jahrzehnten nur noch im einstelligen Bereich. Wenn überhaupt. Manchmal gehen sie auch deutlich zurück, wie im Jahr 2009 und dann wieder 2013, 2014 und 2015. Steigende Umsätze, steigender Cash-Flow, steigende Gewinne – das ist bei Coca-Cola heutzutage nicht mehr an der Tagesordnung.

Der Megatrend Sport

Ganz anders ist die Lage bei Unternehmen aus dem Bereich der Sportartikelhersteller. Der Trend zu einer gesünderen Lebensweise kann ihnen nichts anhaben. Im Gegenteil. Er führt viele Menschen zum Sport. Sport ist ein Megatrend einer stets reicher werdenden Welt. Bleibt die Frage: Welche Aktie bedient diesen Trend am besten? Steigende Umsätze, steigender Cash-Flow, steigende Gewinne – solche Aktien finden sich gerade bei den großen, internationalen Sportartikelproduzenten: Adidas, Nike und Under Armour. Nur die ersten beiden Unternehmen zahlen bislang eine Dividende aus. Under Armour ist eine relativ junge Firma, die noch immer sehr stark wächst.

Sie braucht jegliche Liquidität, die reinkommt, für die weitere Expansion. Eine Dividende zahlt Under Armour daher nicht. Verständlich.

Für *grossmutters-sparstrumpf* kaufe ich, wenn ich die Wahl habe, lieber Aktien, die eine Dividende zahlen – bevorzugt eine stark steigende Dividende. Bleiben Nike und Adidas. Mich haben die Zahlen von Nike überzeugt. Das Unternehmen hat seine Dividende in den letzten zehn Jahren jedes Jahr erhöht – Adidas dagegen nicht. Zudem ist Adidas in Europa auf Platz zwei der Sportartikelhersteller abgerutscht, hinter Nike. Und in den USA steht Adidas sogar erst auf Platz drei, hinter Nike und dem ehrgeizigen Newcomer Under Armour.

Ich habe mich also für Nike entschieden. Aber das ist auch eine Geschmacksfrage. Adidas ist ohne Zweifel ebenfalls ein sehr starkes Unternehmen. Ist Nike stärker als Coca-Cola? Gute Frage, wir sollten ihr nachgehen.

Better buy: Nike vs. Coca-Cola

Jetzt heißt es: *Better buy*. Coca-Cola vs. Nike – welche Aktie ist der bessere Kauf? Schauen wir mal, welche der beiden Aktien in den letzten Jahren besser abgeschnitten hat. Ich fange mit Nike an.

Nike hat seit 2006 die Dividende von 0,15 Dollar auf 0,54 Dollar angehoben. Das sind 260 Prozent. Mit dem Kurs von Nike ging es in dieser Zeit noch deutlicher nach oben. Das Plus beläuft sich auf stolze 500 Prozent. Damit ist Nike pro Jahr im Durchschnitt um 19,6 Prozent gestiegen (CAGR). Nike hat zudem in den vergangenen zehn Jahren aggressiv eigene Aktien zurückgekauft. Dividenden sind nur eine Möglichkeit, wie Unternehmen ihre Besitzer, die Shareholder, am Erfolg ihres Unternehmens teilhaben lassen. Die zweite Möglichkeit ist der Rückkauf eigener Aktien. Durch den Kauf eigener Aktien sinkt die Zahl der umlaufenden Aktien und es steigt gleichzeitig der Anteil am Gewinn, der auf jeden einzelnen Aktionär entfällt

(Earnings per Share; kurz: EPS). Das ist vor allem in den USA eine beliebte Form, den Gewinn für die Aktionäre zu erhöhen. Nike hat Aktien zurückgekauft und Nike hat gleichzeitig eine Dividende ausgezahlt. Addiert man beide Effekte, die Dividende von Nike (rund 1 Prozent) zum Aktienrückkaufprogramm (3 Milliarden pro Jahr, entspricht derzeit rund 3,7 Prozent), dann ergibt sich eine Shareholderrendite von 4,7 Prozent.

Coca-Colas Dividende und Kursgewinne

Wie sieht es nun bei Coca-Cola aus? Die Firma hat ihre Dividende in den letzten zehn Jahren um rund 100 Prozent erhöht, das sind etwa 7,5 Prozent im Jahr. Ein großer Unterschied zu Nike. Dort lag der Wert bei 260 Prozent beziehungsweise rund 13,7 Prozent im Jahr – das Doppelte von Coca-Cola. Umsatz und Gewinn steigen bei Nike schlicht viel stärker als bei dem Unternehmen aus Atlanta. Der Aktienkurs reflektiert diesen Unterschied ebenfalls: plus 180 Prozent für Coca-Cola (CAGR = 10,82 Prozent). Nike liegt bei 500 Prozent. Was für ein deutlicher Unterschied! Noch beeindruckender wirken diese Zahlen beim Blick auf den Vergleichschart auf der nächsten Seite. Du siehst, eine gute Recherche ist bei Aktien nie verkehrt. Und noch einmal ein großes Lob an alle Finanzportale im Internet, die uns solche Daten – und Charts – vollständig gratis zur Verfügung stellen.

Warum schneidet Nike so viel besser ab?

Wie ist dieser deutliche Vorsprung von Nike gegenüber Coca-Cola zu erklären? Nike ist eine hervorragend positionierte Firma. Es gelingt dem Unternehmen offensichtlich, im Laufe der Zeit mehr zu verkaufen, mehr Cash zu generieren und dabei auch die Gewinne deutlich zu erhöhen. Kein Wunder. Immer mehr Menschen auf allen Erdteilen können es sich leisten, statt »Turnschuhen« oder »Schuhen« Produkte von Lifestylefirmen

Turnschuh schlägt Brause: Der Blick auf den Vergleichschart (Nike = schwarz, Coca-Cola = blau) macht die Differenz der beiden Unternehmen besonders deutlich. Netterweise rechnet mein Anbieter bei dieser Darstellung von zwei Kursverläufen den Ausgangspunkt der beiden Aktien (1. Januar 2006) gleich als 100 Prozent. So lässt sich die unterschiedliche Performance von Nike und Coca-Cola bequem ablesen. *Quelle:* Generiert auf Basis der Daten von *finanzen.net.*

wie Nike oder Adidas oder Under Armour zu kaufen – dem anhaltenden Wachstum der weltweiten Mittelschicht sei Dank.

Das ist aber nur ein Teil der Geschichte. Der Trend zu einer gesünderen Lebensweise spielt Nike in die Karten – und beeinträchtigt gleichzeitig das Wachstum von Coca-Cola. Die Aktienkurse der beiden Firmen für die letzten zehn Jahre sprechen für sich. Nike steht dabei einfach viel besser da. Das ist erkennbar schon weitaus länger so. Im Chart rechs oben siehst du, wie die Aktien beider Firmen sich über die letzten zwanzig Jahre entwickelt haben. Das Ergebnis unseres Vergleichs dieser zwei bedeutenden Marken ist eindeutig: Nike ist erkennbar die bessere Aktie – auch wenn Warren Buffett das ganz anders sieht.

Welche Rolle spielen unsere Gefühle?

Nike ist – upon thorough analysis – klar besser als Coca-Cola. Die Zahlen sprechen eine deutliche Sprache. Doch solche Zahlen ergeben nur eine sehr rationale Sicht der Dinge. Ist unsere Welt wirklich so rational? Kaufen oder halten wir Aktien allei-

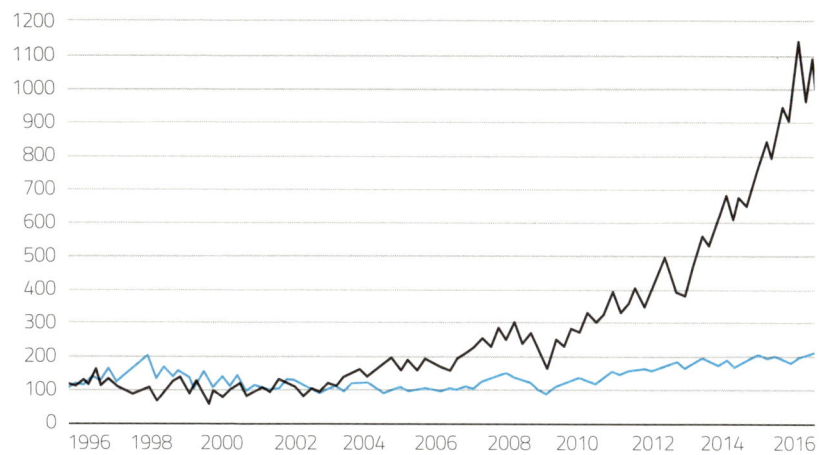

Nike vs. Coca-Cola: Auch beim Vergleich über die letzten 20 Jahre wird klar, wer hier den Sprint hinlegt: Nike (schwarz) hatte in den letzten zwei Jahrzehnten deutlich mehr Raum für Wachstum als Coca-Cola (blau). *Quelle:* Generiert auf Basis der Daten von *finanzen.net*.

ne deshalb, weil die Fakten für sie sprechen? Hält Warren Buffett aus rein rationalen Gründen an Coca-Cola fest? Ich habe da meine Zweifel. So rational, wie wir manchmal denken, ist die Welt möglicherweise gar nicht. Warren Buffetts Welt nicht. Und meine sicher auch nicht.

- Ich trinke keine Cola, einerlei von welcher Firma sie ist. Ich jogge gerne. Und ich bevorzuge als Aktie Nike.
- Warren Buffett hat in seiner Kindheit Sixpacks von Coca-Cola gekauft und die Flaschen einzeln wieder verkauft. Er hat so sein erstes Geld verdient. Buffett geht nicht joggen und er liebt Cherry Coke. Und er hält an den Aktien von Coca-Cola fest. Was wäre wohl passiert, hätte Buffett 1936 zum Urlaub in Iowa Turnschuhe von Nike geschenkt bekommen (die es damals noch gar nicht gab)? Spannende Frage.

Überschätzen wir die Rationalität von Menschen nicht. In der Beratung kann ich Tag für Tag beobachten, wie Menschen zu ihren Einstellungen kommen. Die meisten Entscheidungen für unser Leben trifft unser Gefühlsleben. Anschließend wird das Großhirn beauftragt, nach den passenden Argumenten für unsere Entscheidung zu suchen. Und die finden sich dann in der Regel auch.

Würde Warren Buffett heute ein großes Aktienpaket von Nike besitzen, wenn er damals im Urlaub Turnschuhe von Nike geschenkt bekommen hätte? Meine Antwort – upon thorough analysis – lautet: gut möglich.

Halten wir fest

- Facebook ist eine der besten Aktien.
- Nike ist ebenfalls eine der besten Aktien der Welt.
- Geduld ist eine der wichtigsten Eigenschaften eines Anlegers.
- Es ist sehr wichtig, dass du das Business des Unternehmens kennst, das du kaufst.
- Nike und Facebook gehören zu den besten Aktien. Heißt das, dass du sie beide kaufen solltest? Denk darüber nach. Denk bitte ernsthaft darüber nach. Denn dieses Buch gibt keine Empfehlungen, wie du handeln sollst. Es gibt vielmehr Anregungen, wie du handeln könntest. Aber es ist dein Geld. Und deine Entscheidung.

Was wird die Zukunft uns bringen?

Gut möglich, dass es dir leichter fällt, eine Entscheidung für oder gegen Nike und für oder gegen Facebook zu treffen, wenn du mehr über die Zukunft weißt. Deshalb werden wir uns jetzt um die Frontscheibe kümmern. Wir werden versuchen, einen Blick durch sie hindurch zu werfen. Für diesen Blick nach vorne will ich mir Hilfe holen bei zwei Männern, wie sie unterschiedlicher kaum sein könnten: Ein Bestsellerautor aus New York und ein Ingenieur aus Osaka. Es ist leicht für einen Bestsellerautoren, für einen Menschen des Wortes, unsere Zukunft optimistisch zu sehen und sie den Leserinnen und Lesern in üppigen Farben auszumalen. Ingenieure hingegen haben die Aufgabe, diese Zukunft überhaupt erst möglich zu machen. Das geht nicht immer gut und im Fall des japanischen Ingenieurs geht es sogar entsetzlich schief. Aber auch daraus lässt sich etwas lernen. Für die Zukunft. Und über die Zukunft.

V

Future perfect
Wieso wir schon das meiste über die Zukunft wissen

Die Zukunft ist perfekt, sagt Steven Johnson. Ob der amerikanische Bestsellerautor den japanischen Ingenieur Masao Yoshida kennt? Der würde ihm an diesem Punkt sicher widersprechen. Und das nicht nur, weil Masao Yoshida die Welt im Verlauf dieser Geschichte von ihrer unperfektesten Seite kennenlernen wird, sondern auch, weil ihn das alles am Ende das Leben kosten wird.

Die Zukunft ist perfekt, weil in unserer Welt unablässig alles, alles besser wird, sagt Steven Johnson. Die Fakten sprechen für ihn: Die Zahl der Opfer von tödlichen Verkehrsunfällen sinkt seit Jahrzehnten. Immer mehr junge Menschen machen Abitur. Smartphones leisten heute mehr als Supercomputer es vor 25 Jahren vermochten. Immer weniger Teenager werden heute schwanger, nur um anschließend damit hoffnungslos überfordert zu sein. Das ist *Future perfect*. Die durch schnittliche Dauer eine Ehe steigt seit über 15 Jahren an, ein Fakt, der mich als Paar- und Singleberater freut, der aber kaum jemanden interessiert, schon gar nicht die Medien, die stets auf der Suche sind nach Dingen, die schlechter, schlimmer und noch viel schlimmer werden. Future perfect hat diesseits wie jenseits des Atlantiks nicht viele Anhänger. Es ist die Weltsicht einer kleinen Minderheit.

Das absolute Highlight des Fortschritts aber kommt jetzt: Immer weniger Menschen auf diesem Planeten sind von extremer Armut betroffen. In zwanzig Jahren hat sich ihr Anteil an der Weltbevölkerung von über 30 Prozent auf 9,6 Prozent verringert.

Zum ersten Mal in der Geschichte der Menschheit leben weniger als 10 Prozent der Weltbevölkerung in absoluter Armut.

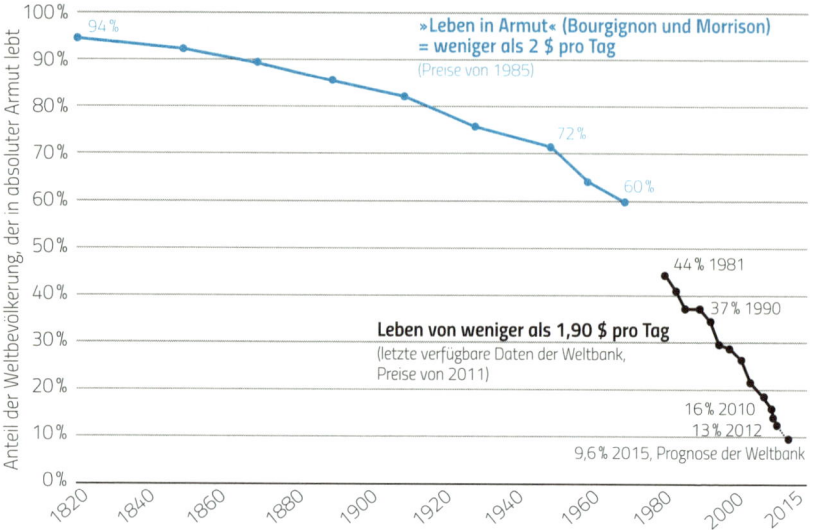

Datenquellen: 1820–1970 Bourgignon und Morrison (2002) – Inequality among World Citizens, in: *The American Economic Review*; 1981–2015 World Bank (PovcalNet). Dieses Chart ist verfügbar unter OurWorldinData.org. Lizenziert unter CC-BY-SA von Autor Max Roser

Extreme Armut bedeutet, von weniger als 1,90 Dollar am Tag leben zu müssen. Erstmals ist 2015 der Anteil dieser Menschen an der Weltbevölkerung auf unter 10 Prozent gesunken. *Quelle: Ourworldindata.org.*

Wenn das kein Grund ist, an eine großartige Zukunft zu glauben! Auch das ist Future perfect.[1] Nicht zu vergessen unsere Technik, die immer perfekter, immer sicherer wird. Nehmen wir zum Beispiel Flugzeugabstürze. Keine Frage, sie prägen noch immer die Nachrichten, sind sie doch auf tragische Weise eindrucksvoll. Aber sie sind selten geworden, schon gar, wenn man den dramatischen Zuwachs bedenkt, den der Flugverkehr in den letzten Jahrzehnten zu verzeichnen hatte. Zu fliegen, das ist heute rund hundert Mal sicherer als noch vor fünfzig Jahren. Die Wahrscheinlichkeit eines amerikanischen Kindes, Präsident der Vereinigten Staaten zu werden, ist heute größer als die, irgendwann einmal bei einem Flugzeugabsturz ums Leben zu kommen. Auch das ist ohne Zweifel ein Fortschritt. Und ein weiterer Baustein von Future perfect.

Geholfen hat dabei ein seltsames Gerät, das auf einer amerikanischen Militärbasis in Tennessee steht. Es ist eine Art Kanone, die die Körper toter Hühner auf Flugzeugturbinen schießt, um herauszufinden, ob diese so konstruiert sind, dass die Kollision mit einem großen Vogel das Triebwerk zwar beschädigt, es aber nicht in Brand gerät – oder gar explodiert. Diese Hühnerkanone – auch sie ist ein deutlicher Hinweis auf die Entwicklung dieser Welt in Richtung Future perfect. Gute Aussichten für die Menschheit, sollte man meinen. Und gute Aussichten für Unternehmen und für Aktien. Wenn da nur nicht Masao Yoshida wäre und seine Version der Geschichte. Die ist deutlich pessimistischer als die von Steven Johnson. Sie beginnt am frühen Nachmittag eines kalten Märztages. Und sie endet für ihn tragisch. Mit höllischen Schmerzen im Schlund und mit seinem ebenso qualvollen wie unvermeidlichen Tod.

Die Pazifische Platte gibt sich einen Ruck

Der 11. März 2011 ist ein Tag wie jeder andere für Masao Yoshida. Der Ingenieur der japanischen Firma Tepco hat am Vormittag die Dokumentation der letzten Notfallübung an die Zentrale in Tokio geschickt und nach dem Mittagessen in seinem Büro noch einige E-Mails beantwortet. Es ist 14:46 Uhr Ortszeit. Da schiebt sich mit einem großen Ruck die Pazifische Platte ein Stück weiter unter Japans Hauptinsel Honshu. Auf einer Länge von 400 Kilometern reißt das Tohoku-Erdbeben den Boden am Grund des Ozeans bis zu einer Tiefe von 60 Kilometern auseinander. Die Wucht einer solchen Erdbewegung ist unglaublich. Die Energie, die durch sie in wenigen Minuten frei wird, entspricht der Zahl von 780 Millionen Hiroshima-Bomben. Das ist der gesamte Energiebedarf der Menschheit für einen Zeitraum von 77 Jahren!

Die Erde bebt unter seinen Füßen und Masao Yoshida weiß, dass er jetzt schnell in den Kontrollraum der Anlage muss. Doch das ist leichter gesagt als getan. Minutenlang wackelt das ganze Gebäude heftig und lässt den Ingenieur wieder und wieder zu Boden gehen. Teile der Deckenverkleidung stürzen herab, der Schreibtisch wandert durch den Raum. Als Masao Yoshida im Kontrollraum ankommt, sind in den Kraftwerken schon viele Rohre gebrochen. Zahlreiche Aggregate sind schwer beschädigt. Unübersehbar und gefährlich sind die Schäden bereits jetzt. Dabei steht den insgesamt sechs Atommeilern der Anlage Fukushima Daiichi das Schlimmste erst noch bevor. Während die Mitarbeiter eilig versuchen, die Anlage herunterzufahren, rast eine 15 Meter hohe Flutwelle auf sie zu. Ihre Geschwindigkeit: 600 Kilometer in der Stunde. Das Wasser wird die Anlage Fukushima Daiichi überfluten, die zur Seeseite hin nur mit einer knapp sechs Meter hohen Mauer gegen Tsunamis gesichert ist. Die Welle wird die Dieselgeneratoren für die Notstromversorgung lahmlegen und einen großen Teil der elektrischen Schaltanlagen zerstören. Am Ende wird der Atomingenieur Masao Yoshida mit seiner Mannschaft in einem Kontrollraum stehen, von dem aus die Atomreaktoren gar nicht mehr zu kontrollieren sind. Die Anlagen und die glühenden Brennstäbe in ihrem Inneren sind nun weitgehend sich selbst überlassen. Ohne eine funktionierende Kühlung heizen sie sich unablässig auf.

Schließlich wird all das zur Kernschmelze in drei der betroffenen Reaktoren führen. Eine Evakuierung Tokios kann durch die Einleitung von Meerwasser in die Reaktoren verhindert werden. Es war Masao Yoshida, der dies anordnete und so den Großraum Tokio möglicherweise vor einer lang anhaltenden radioaktiven Verseuchung bewahrte.

Die Börse als Seismograf

Zwölf Wochen später hat die Aktie von Tepco an der Börse von Tokio 90 Prozent ihres Wertes verloren. Doch damit nicht genug. Auch der deutsche Stromversorger RWE ist nun um 20 Prozent günstiger zu haben. Die Börse reagiert empfindlich wie ein Seismograf auf Fukushima und den anschließenden zähen Kampf von Masao Yoshida und etlichen Dutzend Technikern, um das Desaster in Fukushima Daiichi zu begrenzen, sie allesamt zum Tode verurteilt durch die hohen Strahlendosen, denen sie beinahe schutzlos ausgesetzt sind. Die Atomenergie hat in Deutschland schon vor Fukushima kaum noch engagierte Befürworter. Jetzt aber ist ihre Lage weitaus schlimmer. Den Atommeilern von RWE droht das Aus.

Acht Jahre Krise

Am 9. Juni 2011 steht Angela Merkel vor dem deutschen Bundestag. Sie streicht sich nervös über den pinkfarbenen Blazer, schaut ernst in die Runde – und verkündet dann die Energiewende. Zwei verheerende Wahlniederlagen ihrer Partei haben die CDU-Vorsitzende umdenken lassen. Sie lernt gerne ab und an dazu – weil sie gerne an der Macht bleiben will. Ihr Schluss: Die Atomenergie hat in Deutschland keine Zukunft mehr.

Fünf Jahre später ist das Unternehmen RWE noch immer im Krisenmodus. Die Aktie verliert seit nunmehr acht Jahren ständig an Wert. Erst setzt die Wirtschaftskrise von 2008 dem Unternehmen zu. Dann kommt die Pazifische Platte mit ihrem tödlichen Ruck und dem anschließenden Tsunami. Und schließlich noch die deutsche Energiewende. Am Ende sind, gerechnet vom Gipfel Anfang des Jahres 2008, ganze 90 Prozent des Börsenwertes von RWE verschwunden, wie du auf der nächsten Seite sehen kannst. Nicht viel besser ergeht es E.ON. Zwei der vormals sichersten Börsenwerte im Dax, zwei der besten deutschen Dividendenzahler, sind nahezu pulverisiert.

Und heute? RWE kann sich fangen und der Kurs wieder ansteigen. Doch sicher ist das keineswegs. An der Börse gilt die Regel: Ein Unternehmen, das 90 Prozent seines Wertes verloren hat, kann noch einmal 90 Prozent verlieren – von seinem derzeitigen Niveau aus. RWE kann also durchaus seinen Niedergang noch weiter fortsetzen und von derzeit rund 8 Euro wei-

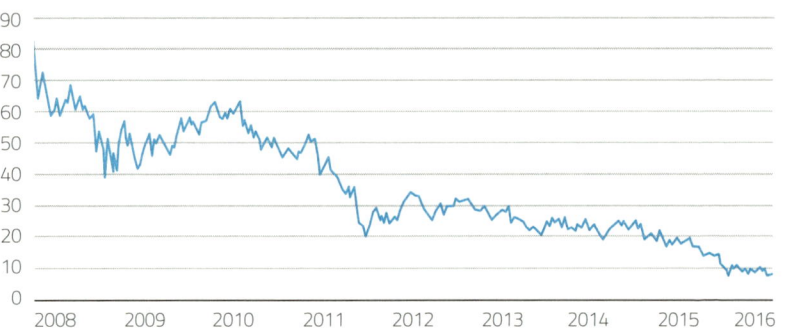

Deprimierender Anblick: Zwischen 2008 und 2016 verliert RWE neun Zehntel seines Börsenwertes. *Quelle:* Generiert auf Basis der Daten von *finanzen.net*.

ter auf 0,80 Euro sinken. Dann wäre nur noch 1 Prozent des ursprünglichen Börsenwertes übrig. Ob das passieren wird? Ich wage keine Prognose.

Was wird die Zukunft bringen?

Was ist das nur für eine Welt, in der ein Erdbeben auf der anderen Seite des Globus zwei bedeutende deutsche Konzerne bis in die Grundmauern erschüttern kann! Wie nur können wir in die Zukunft von Unternehmen investieren, wenn deren Aussichten doch so schwer zu erkennen sind? Und wie sollen wir auf Unternehmen vertrauen, wenn ihre wirtschaftliche Kraft durch Ereignisse wie ein Erdbeben so leicht zu erschüttern ist? Die unterschiedlichen Antworten, die Steven Johnsons Bücher und Masao Yoshidas Erlebnisse auf die Zukunftsfrage geben, sind ohne Zweifel hochspannend. So unterschiedlich sie auch ausfallen, sie schließen sich keinesfalls aus. Beide haben Recht.

Steven Johnson hat Recht. Die Gegenwart ist, gehen wir fünfzig oder hundert Jahre zurück, unglaublich perfekt. Wie viel perfekter wird erst die Zukunft in weiteren fünfzig oder gar hundert Jahren sein? Unvorstellbar. Auch Masao Yoshidas Erfahrungen stimmen. Für Fukushima Daiichi ebenso wie für die Zukunft gilt die alte Ingenieursregel: Alles, was schiefgehen kann, geht eines Tages auch schief. Umgangssprachlich und in der Sprache der Jugend lautet diese Formel kurz und knapp: Shit happens. Future perfect und Shit happens – beide Sichtweisen sind richtig und werden unsere Zukunft prägen. Doch beide Varianten helfen uns bei der Frage, was das alles für Aktien und die Anlage in Aktien bedeutet, nur wenig weiter.

The eggs and the basket

Am leichtesten lässt sich erkennen, welche Lehre sich aus der mangelnden Perfektion der Welt ziehen lässt. Sie lautet: Setze dein Geld nie auf eine einzelne Aktie, so sicher sie dir auch erscheinen mag. Verteile deine Investments lieber auf zehn bis zwanzig Werte. *Don't lay all your eggs in one basket.* Kommen die Aktien, die du kaufst, alle aus dem Bereich der Stromversorger, auch dann kann ein einzelner Vorfall wie Fukushima ein Aktiendepot verwüsten. Deshalb gilt eine weitere Regel. Sie lautet: Diversifizierung.

Die geht zum Beispiel so: Kaufe einen Technologiekonzern (Apple), ein Unternehmen, das sein Geld mit Onlinewerbung verdient (Facebook), ein Lifestyleunternehmen, das Sportartikel vertreibt (Nike), einen Hersteller teurer und begehrter Schokoladenartikel (Lindt) und eine Firma, die im Bereich des bargeldlosen Bezahlens tätig ist (Mastercard). Das ist schon ein diversifiziertes Depot, wenn es auch vorerst nur auf fünf Werten aufgebaut ist. Trotzdem ist dieses Depot bereits sehr stress-resilient. Das ist ein Wort aus der modernen Psychologie und bedeutet widerstandsfähig gegen Stress.

Don't lay all your eggs in one basket – mehr können wir nicht tun, um uns gegen die Unwägbarkeit der Welt zu schützen. Am härtesten trifft es im Falle einer Krise Anleger, die alle ihre Eier in ein einziges Nest gelegt haben, etwa in Aktien von RWE, und die zugleich auch noch bei dieser Firma beschäftigt sind. Gerät das Unternehmen ins Wanken, dann sind Arbeitsplatz und Ersparnisse in Gefahr. Das tut niemand? Oh doch! Howard Buffett zum Beispiel hat es getan, der Vater von Warren Buffett. Alle seine Ersparnisse lagen bei genau der Bank, bei der er auch seine Arbeit hatte. Im Jahr 1931 schloss die Bank – für immer. Howard Buffetts Arbeitsplatz und sein Geld waren verloren. Er stand wirtschaftlich vor dem Nichts.

Warum Future perfect Anlegern nicht hilft

Kommen wir zur zweiten Formel: Future perfect. Future perfect ist ein klarer Trend. Aber er garantiert an der Börse keinen Erfolg. Carl Borgward würde das umgehend bestätigen. Von 1936 bis 1961 baute der Automobilingenieur in seiner Firma Autos, die von vielen Bewunderern als der Inbegriff der Perfektion angesehen wurden. Borgward war das fünftgrößte Automobilunternehmen Deutschlands. Und dann war Borgward plötzlich pleite. Unternehmen müssen bezahlbare Produkte herstellen, nur das hält sie am Laufen. Sie müssen Geld einnehmen, um ihre Zulieferer zu bezahlen und die Löhne der Arbeiter. Perfektion ist dazu nicht nötig. Oft ist sie sogar ruinös. Perfektion ist teuer – lukrativ ist sie nicht. Daimler, VW, und BMW gibt es noch heute. Das Unternehmen Borgward aber ist Geschichte. Auch Apple wäre durch Steve Jobs' Streben nach Perfektion in den achtziger Jahren beinahe in den Ruin getrieben worden. Die Produkte, die Jobs seinerzeit herstellen wollte, hat erst eine ferne Zukunft möglich gemacht. Positiv gesprochen: Seine Ideen waren der Zeit weit voraus. Die Menschen wollten aber zunächst einmal bezahlbare Computer, keine perfekten. Steve Jobs' Wunsch, perfekte Produkte herzustellen, hätte dem heute größten Technologieunternehmen der Welt damals fast das Genick gebrochen.

Der Blick durch die Frontscheibe

Welche Unternehmen werden in Zukunft groß und stark werden? Wer also wird wachsen, so wie Apple und Amazon? Und wer wird langsam, aber sicher schrumpfen, bis er nur noch ein

Schatten seiner selbst ist – so wie Karstadt und AEG? Kaufen wir in zwanzig Jahren noch Autos von VW – oder werden wir sie, weil sie Computer auf vier Rädern geworden sind, doch lieber bei Apple und Google erstehen? Weil deren Fahrzeuge die bessere Entertainment-Software haben. Oder einfach cooler sind. Weil deren Fahrzeuge auch mit Apps von Drittanbietern versehen werden können.

Zukunftsangst wie Zukunftsoptimismus sind wenig hilfreich, wenn wir die Aktien der Zukunft finden wollen, die besten Aktien der Welt. Was wir brauchen, um Aktien und ihre Entwicklung vorhersehen zu können, das ist eine Antwort auf die Frage: Was wird die Zukunft uns bringen? Wir brauchen einen Blick durch die Frontscheibe, auch wenn er noch so getrübt sein sollte. Durch Unsicherheit. »In the business world, the rearview mirror is always clearer than the windshield.« Auch so ein Satz von Warren Buffett.

Ich will bei der Antwort auf die Zukunftsfrage genauso vorgehen, wie Warren Buffett es 1988 bei seinem Kauf von Coca-Cola gemacht hat. Es geht nicht darum, die Zukunft zu erraten. Es geht auch nicht darum, wie in einem Spielcasino einfach aus dem Bauch heraus Geld auf eine Zahl oder eine Farbe zu setzen, die dann kommt – oder auch nicht. Aktienanlagen sind kein Glücksspiel. Wir sollten zunächst den Rückspiegel nutzen, sollten bereits erkennbare Trends identifizieren. Dazu können wir Vergangenheit wie Gegenwart genau analysieren. Und um das zu tun, mache ich jetzt zunächst einmal einen Gang durch unsere Wohnung.

Die Zukunft im Haus

Im Keller höre ich das leise Surren des Blockheizkraftwerks, das Tag für Tag Berlin mit Strom beliefert und mit seiner Abwärme für unser warmes Wasser sorgt. Wir brauchen kein Kraftwerk. Wir haben eins. Im Flur liegen mehrere Pakete, dreimal haben heute schon verschiedene Paketboten geklingelt. Ich habe gestern einen Pullover bei Amazon bestellt, meine Frau eine neue Schultasche für unseren jüngeren Sohn und einen Boxsack für den älteren. Die Kinder sitzen in ihren Zimmern am Computer und schauen YouTube (Besitzer: Google). Ab und zu werfen sie einen Blick aufs Handy, um zu schauen, was sich in ihrer Klassengruppe bei WhatsApp (Besitzer: Facebook) so tut.

In der Klasse meines älteren Sohnes hat jetzt schon die Hälfte ein iPhone (von Apple). Mein jüngerer Sohn wünscht sich gerade dringend ein neues Handy. Er will das Galaxy S7 (von Samsung). Der ältere hat sich neulich ein einmonatiges Probeabo von Netflix geleistet, um alle Folgen der Serie *House of Cards* sehen zu können. Vor dem Fernseher habe ich die beiden jetzt schon seit Jahren nicht mehr gesehen und ein Radio, früher eine Selbstverständlichkeit, haben sie auch nicht. Sie streamen. Auch ihre Musik kommt so zu uns ins Haus. Über YouTube oder über Spotify.

Die WLAN-Waage meldet mein Gewicht

Neulich habe ich eine Werbung von Amazon bekommen für ihr neuestes Produkt – Alexa. Das ist ein kleiner Zylinder, der sich auf Kommando aktiviert. Ich muss nur »Alexa« sagen, dann wird Alexa wach. Ich kann ihr dann sagen, dass sie die Raumtemperatur erhöhen soll oder was sie mir bei Amazon bestellen soll, neue Tonerkartuschen zum Beispiel, und dann erledigt Alexa das für mich. Es gibt auch schon Drucker, die melden automatisch an Amazon, dass sie neuen Toner brauchen. Und am nächsten Tag kommt das Paket ins Haus.

Schaue ich im Wohnzimmer aus dem Fenster, dann sehe ich im Garten der Nachbarn leise und effizient einen automatischen Rasenmäher von Gardena (Besitzer: Husqvarna) seine Runden drehen. Ist er fertig mit seiner Arbeit, fährt er in seine Docking-Station und lädt sich wieder auf. Und die erste Waage, die mein Gewicht per WLAN automatisch an meine Fitness-App weiterleitet, gibt es auch schon – von Under Armour.

Die Zukunft ist schon da

Wie lehrreich so ein Gang durch die eigene Wohnung und ein Blick aus dem Fenster aber auch sein können! Um die besten Aktien der Welt zu finden, muss ich möglicherweise gar nicht in der Ferne suchen, nicht in Omaha, Nebraska, wo Warren Buffett wohnt, und auch nicht im Internet bei *fool.com* oder *above-avalon.com*[2]. Um zu verstehen, was die Zukunft uns bringt und welche Aktien davon profitieren werden, reicht ein Blick in die Kinderzimmer und auf unseren Alltag. Schon habe ich einige Anhaltspunkte bekommen:

- Der Onlinehandel wächst.
- Streaming ist die Zukunft des Fernsehens.
- Die Zukunft vieler Branchen liegt im Internet.
- Es wird immer mehr Maschinen geben, die selbstständig handeln, die den Rasen mähen oder mein Gewicht überwachen.
- Ich sitze zu viel. Sagt meine App. Jeder Widerspruch ist zwecklos. Sie hat ja Recht.

Die Zukunft ist schon da – zumindest bei mir zu Hause ist das offensichtlich. Aber auch, wenn ich unsere Gesellschaft insgesamt anschaue, kann ich viele Zukunftstrends erkennen. Die Zukunft, sie ist schon da. Werfen wir also einen detaillierteren Blick auf die Trends, die sich bereits in der Vergangenheit als sicher und zuverlässig erwiesen haben und auf die Anleger setzen können.

Trend Nr. 1: Die Mittelschicht wächst Einen der verlässlichsten Zukunftstrends haben wir zu Anfang des Kapitels schon gestreift, bei unserem Exkurs zu Future perfect. Er lautet: Die Welt wird reicher. Die absolute Armut nimmt auf unserem Planeten stark ab. Das ist wichtig, denn sie ist ein ganz besonderer Skandal in einer Welt, die so viel Überfluss und Luxus kennt wie die unsere. Zugleich steigt auch die Zahl der Milliardäre stark an. Beides hat allerdings nur einen geringen Einfluss auf lohnende Aktieninvestments. Eine dritte Entwicklung ist für Aktien allerdings bedeutsam, sehr wichtig sogar – auch die Mittelschicht wächst. Sie wächst dramatisch. China ist in diesem Prozess bereits sehr weit fortgeschritten. 100 bis 500 Millionen Menschen werden in China derzeit zur Mittelschicht gerechnet, je nach Zählweise. Die allermeisten von ihnen waren noch vor zwei oder drei Jahrzehnten bettelarm. Indien wird China in den nächsten zwei Jahrzehnten folgen.

Das starke Wachstum der weltweiten Mittelschicht hat Folgen – für viele erfolgreiche Unternehmen, von A wie Apple bis V wie Visa. Beinahe alle Unternehmen, die im letzten Jahrzehnt sehr erfolgreich waren, bedienen diesen Trend. Bis auf wenige Ausnahmen wie Google, Facebook und Amazon, die ihre Erfolge – zumindest bislang – vorrangig ganz anderen Entwicklungen zu verdanken haben. Sie beherrschen das Internet und verdienen ihr Geld mit einer völligen Umstellung unserer Art zu leben. Schauen wir in den Rückspiegel, dann sehen wir: Zu den erfolgreichsten Unternehmen der vergangenen Jahrzehnte gehören viele, die sich bei ihrem Erfolg auf dieses Wachstum der Mittelschicht stützen. Daran wird sich auch in Zukunft nichts ändern. Der Trend zu einer reicheren Welt und zu weniger Armut setzt sich fort. Welche Unternehmen profitieren vom Trend zu mehr Reichtum? Hier kommt meine persönliche Bestenliste: Adidas, Apple, Disney, Lindt, Mastercard, Nike, Novo Nordisk, Starbucks, Visa.

Trend Nr. 2: die Macht der Marke Der Trend zur Marke hängt eng mit dem ersten Trend, dem Wachstum der Mittelschicht, zusammen. Die Mittelschicht kauft Markenprodukte. Marken generieren ein Premium, einen Markenbonus, das ist es, was Warren Buffett so sehr an Marken und an ihre Macht glauben lässt. Als sein ältester Sohn, Howard G. Buffett, unbedingt Farmer werden wollte, da hat Warren Buffett lange gezögert, bevor er ihm das dazu nötige Geld gab. Er hat es am Ende getan, aber nur auf der Basis eines Kredits. Dazu hat er ihm eine Geschichte erzählt, die wohl kein junger, hoffnungsfroher Mensch, der sich gerade eine Existenz aufbauen will, von seinem Vater hören möchte. Ich stelle mir die Predigt, die Buffett senior seinem Sohn mitgab, etwa so vor: »Was passiert denn, wenn du Mais anbaust und nach der Ernte auf dem Markt verkaufen willst? Wirst du dafür einen besonders guten Preis bekommen, weil es der Mais von Howard G. Buffett ist? Die Antwort lautet: Nein. Du kannst machen, was du willst, dein Mais wird zum Marktpreis aufgekauft werden, zu dem Preis, den alle anderen Bauern gerade auch erzielen.«[3] Das ist in Warren Buffetts Augen ein riskantes Geschäft. Mais kennt keinen Markenbonus. Fällt die Maisernte reichhaltig aus, dann sinkt der Preis – im schlimmsten Fall sogar unter seine Herstellungskosten. Ein schlechtes Geschäft, keine Frage.

Wie aber sieht es bei Apple aus, bei Coca-Cola oder Nike? Alle drei Unternehmen können für ihre Produkte problemlos ein Premium verlangen. Ein Smartphone von Apple bringt dem Konzern am Ende 25 Prozent Gewinn ein. Beinahe alle Konkurrenten, von Sony bis Nokia, dagegen verkaufen ihre Smartphones mit Verlust, allein Samsung konnte bisher ebenfalls Gewinne verzeichnen.

Halten wir fest

- Es ist der Markenbonus, der viele Unternehmen für Anleger zu einem lohnenden Investment macht.

- Die weltweite Mittelschicht erliegt der Macht der Marke.
Sie wollen ein Markenprodukt. Sie wollen das Image, das es bietet. Die weltweite Mittelschicht will keine Turnschuhe, kein einfaches Glas Wasser, keinen Kaffee und kein Smartphone. Sie will Schuhe von Nike, eine Flasche Coca-Cola, einen Latte Macchiato von Starbucks und ein iPhone von Apple.

It can't be done

Vielleicht ist es hilfreich, an dieser Stelle noch einmal kurz zu Warren Buffetts Investment bei Coca-Cola zurückzukehren. Als er über einen Einstieg in das Unternehmen nachdachte, da hatte er nicht nur die Tage vom Lake Okoboji im Kopf und seine persönliche Vorliebe für die Getränke der Firma, genauer: für Cherry Coke. Es war vielmehr das starke Markenimage von Coca-Cola, das ihn am Ende überzeugt hat. Seiner Überzeugung nach war die Marke nahezu unzerstörbar – und bot Investoren deshalb eine große Sicherheit: »If you gave me 100 billion Dollar and said ›Take away the soft drink leadership of Coca-Cola in the world‹, I'd give it back to you and say it can't be done.«[4]

Ich teile Buffetts Sicht – zumindest für die Zeit, zu der er sich für Coca-Cola entschieden hat. Der Trend zu gesünderen Produkten könnte die Marke Coca-Cola allerdings viel ihrer Strahlkraft kosten. Auch Wasser löscht den Durst. Es löscht ihn zudem ungleich gesünder als eine Cherry Coke, wie Warren Buffett sie bevorzugt. Gut möglich, dass das noch vielen Menschen in den nächsten Jahren auffallen wird.

Unternehmen, die starke Marken aufgebaut haben und vom wachsenden Reichtum der Welt profitieren, sind zahlreich. Hier kommt meine persönliche Bestenliste: Adidas, Apple, Disney, Lindt, Mastercard, Nike, Starbucks, Visa. Das ist beinahe die gleiche Liste wie beim ersten Trend. Auch bei den folgenden Zukunftstrends werden dir manche Aktien wieder und wieder begegnen. Das hat seinen Grund. Sie alle profitieren von verschiedenen Entwicklungen. Deshalb sind sie so außerordentlich erfolgreich.

Trend Nr. 3: Sport Die Mittelschicht sitzt. Überall auf der Welt zeigt sich dieser Trend. Ich bin ja nicht der einzige, dem es so ergeht. Einerlei, ob es der Ingenieur im Flugzeugbau ist, der Manager eines kleinen Unternehmens oder ein Buchautor und Paarberater – wir alle sitzen. Wir sitzen in Meetings, vor dem Computer, im Flugzeug, im Auto und im ICE. Doch der menschliche Körper ist für das Sitzen nicht gemacht. Er leidet stark unter dieser Lebensweise. Also bekommt die wirtschaftlich aufstrebende Mittelschicht gesundheitliche Probleme. Rückenschmerzen zum Beispiel. Oder Bandscheibenvorfälle. Und deshalb braucht die Mittelschicht, will sie ihre Leistungsfähigkeit erhalten, den Sport. Unternehmen, die vom Sport als Trend profitieren – hier kommt meine persönliche Bestenliste: Nike, Adidas, Under Armour.

Trend Nr. 4: Freizeit Die Freizeit der Mittelschicht nimmt stark zu – und damit das Bedürfnis der Menschen nach Unterhaltung. Sie sitzen dann vor dem Fernseher oder im Kino. Sie schauen vermehrt auch auf ihr Tablet. Sie buchen einen Aufenthalt in Disney World, gehen zu einem Pokalendspiel oder diskutieren in einer Aktiengruppe auf Facebook. Wie wirkt sich dieser Trend auf Aktien aus? Hier kommt meine persönliche Bestenliste: Netflix, Disney, Facebook, Amazon (Streaming), Eventim (Ticketing), Google (YouTube).

Trend Nr. 5: online schlägt offline Wer die am häufigsten besuchten Internetadressen besitzt, der hält ein wertvolles Gut in den Händen. Die drei wichtigsten Spieler im Netz sind Amazon, Google und Facebook. Hier konzentriert sich der Verkehr. Amazon wächst mit Steigerungsraten von 20 bis 30 Prozent im Jahr – und bedrängt den stationären Handel. Alle drei bis vier Jahre verdoppelt sich derzeit der Umsatz des Giganten. Dabei hat Amazon noch sehr viel Raum für Wachstum. In den USA sind erst 8 Prozent der Einkäufe Onlineeinkäufe. Google besitzt mit seiner Suchmaschine eine der wertvollsten Webadressen der Welt. Und platziert Werbung neben und über den Suchergebnissen. Facebook wird zu einem universalen Medienunternehmen. Es bietet News, Videos, Chats. Je länger es seine Mitglieder auf seinen Seiten halten kann, desto besser für die Einnahmen.

Amazon, Facebook, Google – alle drei Unternehmen profitieren bislang weniger von der wachsenden Mittelschicht als die bisher genannten Aktien. Das hat eine Reihe von Gründen. Unter anderem den, dass sowohl China als auch Russland und Indien versuchen, ihre Märkte gegen die amerikanische Konkurrenz abzuschotten. Das ist ihnen gerade im Onlinebereich sehr viel besser gelungen als offline. China hat dabei auch die Sprachgrenze geholfen. Deshalb hat China eigene Champions hervorgebracht. Champions im Onlinehandel (Alibaba), Champions im Bereich der Suchmaschinen (Baidu) und Champions für soziale Netzwerke (QZone, Sina Weibo, YY, Renren).

Trend Nr. 6: Reisen Auch abseits der großen drei Gewinner im Kampf um die Aufmerksamkeit der Kunden gibt es Unternehmen, die das Internet nutzen, um bestehende Geschäftsmodelle anzugreifen und durch neue, internetbasierte Dienstleistungen zu ersetzen. Reisebüros etwa sehen sich zunehmend durch Webseiten wie TripAdvisor oder Priceline herausgefordert. Der Trend zur Buchung im Internet – hier kommt meine persönliche Bestenliste: Priceline, TripAdvisor, Expedia.

Trend Nr. 7: Streaming siegt Netflix, YouTube (Google) und Amazon sind die drei Gewinner beim Streaming von Videos. Sie werden die Medienlandschaft radikal verändern.

Trend Nr. 8: kleinere Computer Erst gab es den Großcomputer, der ganze Räume ausfüllte. Dann kamen Computer, die auf einen Schreibtisch passten. Sämtliche Bauteile, die für einen Computer benötigt wurden, schrumpften mit der Zeit immer mehr. Und irgendwann folgten dann die Consumer-Devices. Das sind Geräte, die im Kern zwar ein Computer sind, aber nicht mehr so aussehen und die eine Dienstleistung für uns erbringen. Der iPod, das iPhone, das iPad – sie alle sind Computer. Und sie alle wurden erst durch die immer weiter fortschreitende Miniaturisierung von Bauteilen möglich. Diese Entwicklung ist noch nicht an ihrem Ende angekommen. Die nächste Generation von

Consumer-Devices sind die Smart Watches. Noch kann ich mit einer Apple-Watch nicht telefonieren – aber das ist nur eine Frage der Zeit. Auch Wearables wie Fitness-Tracker gehören zu den Consumer-Geräten, die in Zukunft eine immer größere Rolle spielen werden. Zudem expandiert das Konzept des Smartphones derzeit in einen Bereich, an den vor einem Jahrzehnt noch niemand ernsthaft gedacht hat – das Auto. Das Auto der Zukunft wird von Software gesteuert und ist jederzeit online. Es kann auch jederzeit mit einer neuen Software versehen werden (OTA – over the air), wenn der Hersteller neue Funktionen, etwa zum automatischen Einparken, vorgesehen hat. So funktioniert heute schon das Update der Wagenflotte von Tesla, dem Pionier der Elektromobilität. Consumer-Devices – hier kommt meine persönliche Bestenliste: Apple, Samsung.

Halten wir fest

- Apple macht 70 bis 90 Prozent aller Gewinne, die weltweit mit dem Verkauf von Smartphones gemacht werden – obwohl die Firma bislang nur rund 15 Prozent Marktanteil hat. Da ist noch viel Raum für Wachstum – wenn der Reichtum der Welt wächst. Bei Wearables liegt Apple auch schon bei 80 Prozent der Gewinne weltweit.

- Das Auto der Zukunft – kommt von Apple oder Tesla. Ich tendiere klar zu Apple. Es wird nicht das letzte technische Gerät sein, das der Konzern aus dem Silicon Valley sich vornimmt, gründlich überdenkt – und zu einem Verkaufshit macht.

- Die Aktie von Apple hat die besten Zeiten nicht hinter sich, sondern noch vor sich. Ein Anteil von 15 Prozent am weltweiten Automarkt würde den Umsatz und den Gewinn des Unternehmens verdrei- bis vervierfachen.

Trend Nr. 9: bargeldlos bezahlen Eine Kreditkarte ist heute auch ein Statussymbol. Deshalb profitieren die Anbieter der Karten auch vom weltweiten Wachstum der Mittelschicht. Viele finden die bargeldlose Zahlungsweise aber auch einfach ziemlich bequem. Noch werden die meisten Zahlungen mit Bargeld geleistet – das wird sich in den nächsten Jahren ändern. Und das hilft: Mastercard, Visa, PayPal, Wirecard.

Trend Nr. 10: Gesundheit Gesundheitskonzerne profitieren von der Alterung der Gesellschaft und der Entwicklung immer neuer medizinischer Hilfsmöglichkeiten. Die Charts dieser Unternehmen verlaufen oft erstaunlich konstant nach Norden. Und vergessen wir auch die Brillen nicht und moderne Brillengläser (Gleitsicht), die zukünftige Generationen noch viel eher brauchen werden als wir – weil wir alle immer mehr am Computer sitzen und so unsere Augen einseitig belasten. Hier kommt meine persönliche Bestenliste: Fresenius, Novo Nordisk, Fielmann, Essilor.

Weitere Trends Fehlte da noch irgendein Trend? Aber klar, jede Menge. Reisen: Wir reisen mehr, das nutzt Boeing und Airbus. Waffen: Staaten werden nicht nur reicher, sie leisten sich auch immer mehr Waffen. Saudi-Arabien zum Beispiel. Auch das nutzt Boeing und Airbus. Drogen: Menschen die der Armut entkommen sind, leisten sich von ihrem Geld nicht nur sinnvolle Dinge. Ganz oben auf ihrer Wunschliste stehen oft legale Drogen. Davon profitieren etwa Altria, British American Tobacco und Diageo.

Alkohol, Nikotin, Waffen – muss das sein, könntest du an dieser Stelle einwenden? Natürlich nicht. Unternehmen, die Alkohol und Nikotin verkaufen, sind mir unangenehm. Ich kaufe solche Firmenbeteiligungen nicht. Ich kaufe auch keine Rüstungsunternehmen. Das ist meine ganz persönliche Entscheidung. Du darfst es gerne genauso machen oder ganz anders halten. Ein Hinweis noch für alle, die mit diesen Aktien liebäugeln: Warren Buffett macht es genauso wie ich.

Der wichtigste Trend der Zukunft – grüne Energie Ein Trend fehlt jetzt noch. Es ist der Trend zu grüner Energie, zu Energie aus Sonne, Wind, Biomasse, Wasser und Erdwärme. Das ist der bedeutendste Trend für die kommenden Jahrzehnte. Dieser Trend wird unser Leben komplett umkrempeln. Der Trend hin zu grüner Energie hat sich durch Fukushima deutlich verstärkt. Deutschland wie Japan haben seither große Anstrengungen unternommen, weiter und schneller als bislang den Weg einer grüneren Energieversorgung zu verfolgen. Auch in den USA hat sich dieser Trend nach dem japanischen Atomdesaster im Jahr 2011 verstärkt. Um ein Watt Solarenergie in einer Großanlage zu installieren, waren Anfang 2010 noch etwa 4,80 Dollar nötig. Fünf Jahre später war der Preis bereits auf 1,60 Dollar gefallen. Ein Ende dieses Trends ist nicht in Sicht. Die Kurve scheint derzeit zwar abzuflachen, sie fällt aber immer noch.

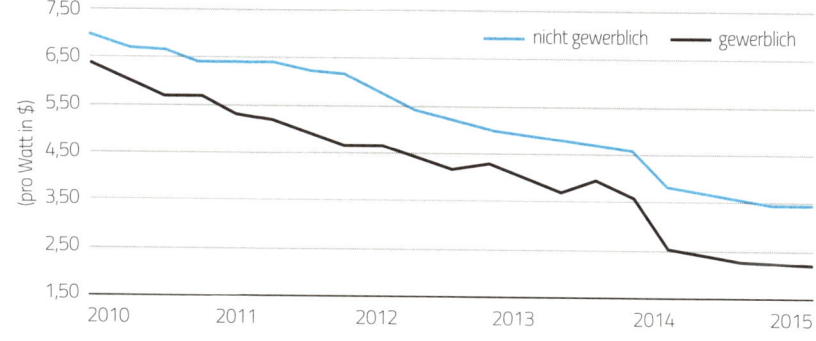

Ein besonders eindrucksvoller Chart zu Future perfect: So stark sind die Kosten der Solarenergie in den letzten fünf Jahren gesunken! *Quelle: fool.com.*

Das führt zu extremen Veränderungen auf dem Energiemarkt. Wir waren es gewohnt, die Solarenergie als kostspielig anzusehen. Viele Solaranlagen, die in den vergangenen Jahrzehnten in Deutschland installiert wurden, produzieren Solarstrom zu Preisen von 30 Cent je Kilowattstunde – und mehr. Das ist deutlich teurer, als alle konventionellen Energieformen kosten, Kohle, Erdgas, Atomkraft. Ein Luxus.

Doch Solarstrom ist heutzutage kein solcher Luxus mehr. Solarenergie rechnet sich. Sie ist derzeit bei Stromprojekten weltweit die günstigste Energieform. Anfang 2015 erzielte der günstigste projektierte Solarpark der Welt einen Preis von 3,5 Cent pro Kilowattstunde (Dollar-Cent). Tempi passati. Anfang Mai 2015 erreichte die Solarenergie erstmalig einen Wert von weniger als 3 Cent für einen projektierten Solarpark in Dubai. Der Sieger des Wettbewerbs konnte Kosten von 2,99 Cent anbieten, wie der Wirtschaftsdienst Bloomberg Anfang Mai 2016 meldete. Die Dubai Electricity & Water Authority schlug ein.

Starker Zukunftstrend – schwache Aktien

Welche Unternehmen profitieren vom Trend zu grüner Energie? Das ist eine schwierige Frage. Solarunternehmen haben sich in der Vergangenheit als ausgesprochen kurzlebig herausgestellt. Kaum war ein Unternehmen die weltweite Nummer eins, schon war es pleite. Einzig die beiden amerikanischen Solarfirmen First Solar und SunPower haben über die Jahre eine akzeptable Entwicklung genommen. Sie bleiben aber sehr riskant. Der technologische Wandel in diesem Bereich spült stets neue Unternehmen nach oben – und trägt die gerade noch gefeierten Marktführer schnell wieder mit sich fort. Ehe du dich versiehst, hat schon wieder einer von ihnen einen Insolvenzantrag gestellt. SolarWorld, Q Cells, Suntech Power, Yingli. Die Liste ist lang. In *grossmutters-sparstrumpf* gehören Solaraktien nicht.

Etwas besser sieht es bei der Windenergie aus. Vestas und Nordex sind zumindest einen Blick wert. Aber auch sie haben extreme Schwankungen hinter sich – und sind ebenfalls nichts für *grossmutters-sparstrumpf*. Warum können Unternehmen im Bereich der grünen Energie keine dauerhafte Erfolgsgeschichte vorweisen? Das liegt zum einen an der rasanten Entwicklung des Sektors. Ständig gibt es neue technologische Durchbrüche. Es liegt auch daran, dass Solarfirmen in der Vergangenheit davon abhängig waren, dass Staaten Subventionen für die Installation von Solaranlagen einführten. Wurden die Subventionen gekürzt, bekam die ganze Branche große wirtschaftliche Probleme und aus einem gestern noch profitablen Unternehmen wurde über Nacht ein Verlustbringer. Und es liegt nicht zuletzt auch am fehlenden Markenbonus für die Hersteller. Wer kauft Solarzellen von Siemens oder Solarworld, wenn diese 30 Prozent teurer sind als die der chinesischen Konkurrenz? Niemand, der bei Verstand ist. Weil es sich nicht rechnet.

So bedeutsam der Trend zu einer grünen Energieversorgung auch ist, ein lohnendes Investment waren Aktien in diesem Bereich nicht. Derzeit gibt es keinen Anhaltspunkt dafür, dass sich das ändert. Es gibt allerdings deutliche Hinweise darauf, dass diese Entwicklung die Aktien in zwei Bereichen der Energieproduktion in Turbulenzen bringt: Kohle und Erdöl. Amerikanische Kohleaktien haben in den vergangenen Jahren klargemacht, wohin die Reise geht: In Richtung Bedeutungslosigkeit. Kohle ist unrentabel geworden.

Erdölaktien steht in den nächsten Jahrzehnten ein ähnliches Schicksal bevor. Auf Sicht von 15 bis 20 Jahren ist Erdöl gegen die günstige Energie aus der Sonne nicht mehr konkurrenzfähig. Nur noch die allergünstigsten Erdölproduzenten, wie zum Beispiel die in Saudi-Arabien, werden überleben. Dort kostet die Förderung von einem Barrel Erdöl nur 5 bis 7 Dollar. Die

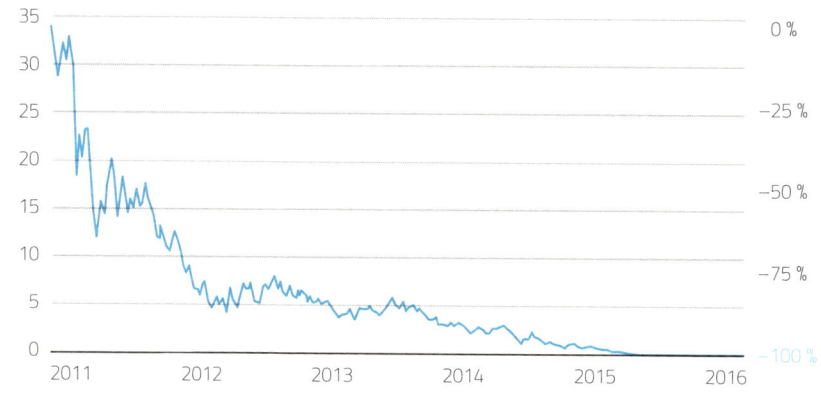

Ganz tief runter – rutschen die Kohlewerte seit langem. Hier die Performance von Alpha Natural Ressources in den letzten fünf Jahren. *Quelle:* Generiert auf Basis der Daten von *finanzen.net*.

Konzerne, die in den kommenden Jahrzehnten bedeutungslos werden, wenn sie nicht rechtzeitig auf Solarenergie setzen, sind: Exxon, BP, Gazprom, Royal Dutch Shell, Total.

Was wird die Zukunft uns bringen?

Die Folgen, die sich aus dem starken Preisverfall bei der Produktion von Solarstrom für die Welt ergeben, sind dramatisch. Energie wird auf diese Weise billiger, als sie es historisch jemals gewesen ist. Bei 3 Cent je Kilowattstunde für Solarstrom wird es nicht bleiben. Noch immer steigt die Effizienz von Solarmodulen. Noch immer sinken die Preise der Panele, weil die Produktion günstiger wird. Das liegt unter anderem an den stark steigenden Stückzahlen. In einigen Jahren sind 2 Cent je Kilowattstunde realistisch, in zehn Jahren könnte es auch 1 Cent geworden sein. Energie gibt es dann beinahe zum Nulltarif. Dies alles gibt Ländern einen Standortvorteil, die viel Sonne haben, in der arabischen Welt etwa, Afrika, Mittel- und Südamerika oder auch Australien, Indonesien und den Philippinen. Hier überall entstehen Märkte, in denen es keine Subventionen braucht, um die günstigste Energieform zu nutzen, die die Menschheit je hatte – Strom aus der Sonne. Günstiger Solarstrom ist für die Aktionäre von Solarfirmen kein Anlass zum Jubel – für die Welt allerdings schon. Solarstrom wird aller Voraussicht nach einen großen Beitrag leisten für Future perfect.

Der Beitrag der Hühnerkanone

Beim Aufbau einer perfekten Zukunft kann für die Menschheit ohne Zweifel eine Menge schieflaufen. Der Klimawandel wird uns herausfordern. Möglicherweise wird er uns sogar stark herausfordern. Umbringen wird er uns nicht. Dazu bedarf es schon ganz anderer Kräfte, eines Asteroiden zum Beispiel. Einer diese verrückten Gesteinsbrocken könnte wie 2014 der Asteroid UR116 ein wenig aus seiner Bahn getragen werden und den Kurs in Richtung Erde verändern. Dann wäre es um uns geschehen. Sein Aufprall würde dem menschlichen Leben auf der Erde unweigerlich ein Ende bereiten. Wir könnten auch leichtsinnig werden und einen letzten, einen dritten, atomaren Weltkrieg anzetteln. Auch kein schönes Ende.

Das alles kann schieflaufen beim Aufbau von Future perfect. Aber wenn das alles in den nächsten Jahrzehnten nicht passiert, dann steht einer perfekten Welt nichts im Wege. Sie wird erstaunlich perfekt sein. Sie würde uns, könnten wir sie jetzt schon sehen, so erstaunlich vorkommen, wie unsere Welt den Menschen des 18. Jahrhunderts vorgekommen wäre. Die Zukunft ist ohne Zweifel unglaublich. Unglaublich perfekt. Und das alles auch deshalb, weil auf einem einsamen Militärflugplatz in Tennessee tote Hühner mithilfe von komprimiertem Heliumgas auf Flugzeugturbinen geschossen wurden. Um eine bessere Zukunft zu erschaffen. Mit einer Hühnerkanone.[5]

Unsere Wohnung – ist zu klein!

Bei meinem Gang durch unsere Wohnung ist mir noch etwas ganz anderes aufgefallen: Die Kinderzimmer sind ziemlich klein. Und so toll der Blick vom Balkon auf den Rasen der Nachbarn auch ist, ein eigener Garten mit einem Schwimmteich wäre klasse. Eine Abstellkammer haben wir übrigens ebenso wenig wie einen begehbaren Kleiderschrank. Ganz schön unperfekt, unsere Gegenwart! Muss das so bleiben? Warum eigentlich wohnen wir noch immer zur Miete und kaufen nicht, so wie Hunderttausende von Deutschen es gerade tun? Ist das nicht auch die viel sinnvollere und vernünftigere Anlageform, statt sich am wankelmütigen Aktienmarkt zu versuchen? Ein eigenes Haus ist doch angeblich die beste Investition, die ein Paar für seine Zukunft machen kann. Gegen Armut im Alter soll es unschlagbar sein – sagen die Banken. Und gegen Inflation auch – sagen die Bausparkassen. Sogar von Betongold ist die Rede. Ist Betongold die richtige Lösung auch für uns?

VI

My home is my castle
Wieso Vermögen in Immobilien weit
weniger sicher – und rentabel – ist,
als wir glauben

Die Sonne scheint. Ich stelle den Liegestuhl auf, setze mich auf den Balkon – und schreibe. Jetzt auf einer geräumigen Terrasse zu liegen und in den eigenen Garten zu schauen – das wäre zweifellos noch schöner. Davon können wir in unserer Stadtwohnung nur träumen. Trotz Grünblick. Warum gibt es eigentlich Kinderzimmer in unserer Wohnung – aber keine Zimmer für die Eltern? Ein eigenes Haus wäre klasse. Mehr Platz für alle, ein eigener Garten mit einem großen Erdbeerbeet für meine Frau und Platz für ein großes Trampolin. Und die Familie wäre glücklich. Wir könnten alles Geld, das wir haben, in die Hand nehmen, einen Kredit beantragen und hinausziehen ins Umland – dort, wo Grundstücke noch bezahlbar sind. Viele Freunde raten uns das derzeit. »Kaufen ist doch viel billiger«, sagen sie. Die Hypothekenzinsen sind auf einem historischen Tiefststand angelangt.

Ein Verkaufsgespräch ist keine Beratung

Wenn ich jetzt zu meiner Bank gehe, dann wird der Mitarbeiter dort mir vorrechnen, dass meine Freunde Recht haben. Er wird mir Grafiken vorlegen, auf denen die tolle Wertsteigerung von Immobilien in den letzten fünf oder zehn Jahren zu sehen ist. Gehe ich zur Bausparkasse oder zu einem Bauträger, der Häuser oder Eigentumswohnungen verkauft, dann passiert das Gleiche. Haben die alle Recht – und wir machen einen großen Fehler, wenn wir jetzt nicht schnell noch auf Betongold setzen? Doch halt, Bank, Bausparkasse und Bauträger verdienen an mir und meiner Entscheidung. Wenn ich bei ihnen unterschreibe, dann können sie ein lohnendes Darlehen ausreichen oder eine ihrer

Immobilien mit einem schönen Gewinn an mich verkaufen. Eine unabhängige Beratung machen all diese Institutionen also eher nicht, auch der nette Bankmitarbeiter nicht, der sich unschuldig Bankberater nennt. Von den miesen Zahlen, die Immobilien von 1990 bis 2010 hier in Berlin erbracht haben, wird er mir nichts sagen. Wozu auch. Er will ja verkaufen.

Bank, Bausparkasse und Bauträger – sie alle machen Werbung für ihre Produkte und Dienstleistungen. Sie führen Verkaufsgespräche – etwa so wie der Mitarbeiter im Mediamarkt, der mir beim Kauf einer neuen Kühl-Gefrier-Kombi die Vorzüge eines Null-Grad-Faches anpreist. Das Modell kostet 250 Euro mehr als ein vergleichbares ohne Null-Grad-Fach. Es hat sogar eine Webcam. Ich kann beim Besuch im Supermarkt also mit dem Smartphone in meinen Kühlschrank schauen, um zu sehen, was noch fehlt. Na ja. Die Entscheidung war einfach – wir kommen ohne aus. Und schreiben weiterhin Einkaufzettel. Trotz des engagierten Einsatzes des Verkäufers.

Kaufen oder mieten?

In der Frage »Kaufen oder mieten« gibt es viel Werbung und eine Fülle von Verkaufsgesprächen – aber wenig seriöse Informationen. Zudem gibt es kaum unabhängige Experten. Das macht die Suche nach seriösen Informationen schwer. Die meisten, die sich zu dem Thema zu Wort melden, profitieren direkt oder indirekt vom Immobiliengeschäft. Gerd Kommer, Finanz- und Immobilienexperte mit Sitz in London, ist einer der wenigen, der die Fakten ernsthaft und ohne Gewinninteresse durchrechnet. In seinem Buch *Kaufen oder mieten?* lautet das klare Fazit des gebürtigen Schwaben: Kaufen rechnet sich in der Regel nicht.[1] Wer mietet, der zahlt weniger. Und wenn er das gesparte Geld in deutsche Staatsanleihen anlegt, dann hat er am Ende mehr als der Hausbesitzer. So nüchtern wie Gerd Kommer hat das noch niemand ausgerechnet. Er hat das für alle Jahrfünfte ab 1970 bis heute gemacht. Nur zwei Mal (1970 und 2005) lagen die Hausbesitzer vorn. In allen anderen Zeiträumen hatten die Mieter am Ende mehr Geld. Mieter sein und deutsche Staatsanleihen kaufen schlägt Immobilienbesitz – was ist bloß los mit dem allseits gerühmten Betongold? Ist es vielleicht doch mehr Schein als Sein?

Ganz ähnlich wie der Schwabe Gerd Kommer sieht der international bekannte amerikanische Ökonomieprofessor Robert Shiller die Rentabilität von Immobilien. Von tollen Renditen durch Immobilien weiß auch der Nobelpreisträger, nach dem der Shiller-Index für amerikanische Immobilien benannt ist, nichts zu berichten. Er kommt über die vergangenen 125 Jahre auf einen Gewinn bei selbstgenutzten Immobilien von gerade einmal 0,3 Prozent. Inflationsbereinigt. Klingt ganz und gar nicht nach einem guten Geschäft. Gerd Kommer schließt sich den Zahlen von Robert Shiller weitgehend an. Die Zahlengrundlage für Deutschland ist viel schwieriger, nach seiner Einschätzung ist aber auch bei uns auf lange Sicht kaum mehr als 0,8 Prozent drin. Eher 0,5 Prozent. Inflationsbereinigt.

Was am Ende übrig bleibt

Nur 0,5 Prozent Gewinn mit Betongold! Schwer zu glauben. Machen wir also eine Rechnung. Ein Haus hat Mitte der sechziger Jahre 30 000 Euro gekostet. Die Erben stellen es im Jahr 2015 zum Verkauf – und erzielen damit stolze 180 000 Euro. Es sind Geschichten wie diese, die wir im Kopf haben, wenn wir denken, dass eine Immobilie ein lohnendes Investment ist. 180 000 Euro – das ist eine hübsche Summe. Unser schnelles Denken schlägt uns einmal wieder eine einfache Rechnung vor. 180 000 minus 30 000 – macht 150 000 Euro Gewinn. Unser schnelles Denken macht es sich damit sehr einfach, lässt die Inflation ebenso beiseite wie die vielen Investitionen, die im Laufe der Jahre dafür sorgten, dass das Haus modern und bewohnbar blieb. Aber wie groß ist der Gewinn wirklich? Dazu müssen wir ein wenig rechnen.

Erster Schritt: Der CAGR-Rechner. Er kommt zu dem Ergebnis, dass der Ertrag einer Verzinsung von 3,65 Prozent pro Jahr entspricht. Nicht schlecht. Aber verglichen mit Aktien ist das auch nicht gerade gut. Die kommen für den gleichen Zeitraum auf rund 8 bis 10 Prozent, je nachdem, ob wir amerikanische Aktien nehmen oder deutsche. Aus 30 000 Euro wären mit Aktien in fünfzig Jahren also 1,4 Millionen Euro geworden (bei 8 Prozent). Ups – das ist sehr viel mehr. Das sollte uns zu denken geben, wenn wir all die Geschichten über tolle Gewinne mit Häusern zu hören bekommen. Viele Menschen leben fünfzig Jahre in einem Haus, ehe sie es verkaufen. Oder die Erben es verkaufen. Kaum einer aber kennt die Vergleichszahlen für die Anlage in deutsche Aktien. Wer kauft schon Aktien und lässt sie fünfzig Jahre liegen? Gerade über so lange Zeiträume aber entfaltet sich die Magie des Zinseszinses.

Rechnen wir die Inflation raus

Zweiter Schritt: Inflation. Wie groß ist der Anteil der Inflation an dem schönen Gewinn von 150 000 Euro, den die Erben in meinem Beispiel machen? Die Inflation in diesem Zeitraum betrug genau 287 Prozent. Ich musste diese kumulierte Inflation übrigens mit dem Taschenrechner ausrechnen, Jahr für Jahr einzeln dazurechnen, da ich für Deutschland etwas so Praktisches wie einen Inflationsrechner im Internet erst ab 1992 finden konnte. So schwierig ist es manchmal, mit deutschen Daten zu rechnen. Oft ist das sogar gänzlich unmöglich, weil die Umstellung von Reichsmark auf DM und die Hyperinflation in den zwanziger Jahren einen sinnvollen Vergleich verhindern. Rund 86 000 Euro gehen also nach meiner Rechnung auf das Konto der Inflation. Bleibt ein inflationsbereinigter Gewinn von 64 000 Euro übrig. Das sind jetzt nur noch 1,5 Prozent im Jahr. Du siehst, der Wert sinkt – und noch sind wir nicht am Ende der Rechnung angelangt.

Instandhaltung und Modernisierung nicht vergessen

Jetzt kommt der dritte Schritt. Um das Haus in Schuss zu halten und zu modernisieren, waren im Laufe der Zeit große Beträge nötig. Das Dach ist neu gedeckt worden, die Heizung wurde modernisiert und auch die sanitären Anlagen mussten mal erneuert werden. Ach ja, auch die meisten Fenster sind inzwischen ausgetauscht worden. Sie entsprachen nicht mehr den Anforderungen der Zeit und auf der Wetterseite waren sie ziemlich angegriffen. Das alles schlägt mit annähernd 40 000 Euro zu Buche. Das ganze Geld hätte unser Hausbesitzer ja auch hübsch anlegen können – in die besten Aktien zum Beispiel. Diese Investitionen in die Immobilie dürfen bei einer ernsthaften Renditeberechnung natürlich nicht unterschlagen werden. Womit der Gewinn, den die Immobilie erbracht hat, noch 14 000 Euro beträgt. Nun ja, auch das ist Geld!

Was am Ende bleibt: 0,77 Prozent

Es entspricht allerdings nur noch einer Verzinsung von 0,77 Prozent. Freilich schneiden manche Häuser deutlich besser ab. Im Großraum Stuttgart oder in München kann so eine Rechnung im Einzelfall am Ende auch 2 oder 3 Prozent Rendite ergeben. Solchen Positivbeispielen stehen allerdings enorm viele Immobilien gegenüber, die beim Verkauf weit weniger erzielen. Ich kenne viele Häuser, die beim Verkauf keine 180 000 Euro bringen, sondern Summen von gerade einmal 80 000 bis 120 000 Euro. Diese Häuser liegen in Zittau, in Bochum, im Harz und im Hochsauerlandkreis. Keine Boom-Regionen.

Diese Immobilien konnten nicht einmal mit der Inflationsrate mithalten. Du erinnerst dich – die lag bei rund 300 Prozent in fünf Jahrzehnten. Alleine um die 30 000 Euro des Anfangs wieder rauszubekommen, sind mithin 116 000 Euro Verkaufspreis nötig. Rechnet man die Investitionen mit ein, dann sieht es noch schlimmer aus. Diese Immobilien erzielen Minusrenditen.

Negative Verzinsung mit Immobilien ist häufig

Ich will hier niemandem den Spaß verderben, der in Zittau, Bochum, im Harz oder im Hochsauerland lebt, und der Freude an seinem Haus hat. Ich gönne es ihm. Er sollte aber nicht behaupten, das rechne sich. Das tut es nicht. Auch ohne große Rechnerei dürfte klar sein: Hier liegt die Verzinsung deutlich im negativen Bereich. In diesen Regionen ein Haus zu besitzen, das ist reine Liebhaberei. Aber niemals eine Geldanlage. Wer hier kauft oder baut, der verliert Geld, Jahr für Jahr. Oft passiert das, ganz ohne dass die Betreffenden es merken, denn die Inflation sorgt über die Zeit für zumindest optisch steigende Preise. Auch die Erben rechnen natürlich nicht nach, sondern freuen sich über den gelungenen Verkauf – und den angeblich erzielten Gewinn. Und so kommt die durchschnittliche Verzinsung bei Wohnimmobilien im Durchschnitt – inflationsbereinigt – nur auf sehr geringe Erträge, nämlich etwa 0,5 Prozent.

Halten wir fest

- Ein gut diversifiziertes Aktiendepot schlägt eine Anlage in eine selbst genutzte Immobilie um Längen.

- Der größte Teil dessen, was wir als Wertsteigerung von Immobilien ansehen, geht auf das Konto der Inflation.

- Einige Häuser schneiden besser ab als die Inflation. Die allermeisten tun das aber nicht. Sie weisen Minusrenditen auf. Minusrenditen – davon ist in den letzten Jahren oft die Rede. Während ich diese Zeilen schreibe, erbringen deutsche Staatsanleihen mit einer Laufzeit von bis zu zehn Jahren zum ersten Mal in ihrer Geschichte eine solche Minusrendite – 0,004 Prozent. Den Finanzminister wird das freuen. Da leihen die Menschen ihm Geld – nur um zehn Jahre später weniger Geld zurückzubekommen. Absurd. Minusrenditen – warum solltest du so etwas tun? Es sei denn, du hast ziemlich viel Geld übrig und der Verlust, den eine Immobilie dir einbringt, muss dich nicht kümmern.

Was ist Zwangssparen?

Folgt man all diesen Argumenten, dann müssten Immobilienbesitzer deutlich weniger Vermögen haben als Mieter. Doch genau das ist nicht der Fall. Studien über Studien belegen immer wieder, dass Immobilienbesitzer über ein deutlich höheres Vermögen verfügen als Nichtbesitzer. Wie kann das sein? Ganz einfach: Rechnungen wie die von Gerd Kommer gehen davon aus, dass Mieter zunächst brav ihre Miete bezahlen – und dass sie anschließend das Geld sinnvoll anlegen, das sie nicht aufwenden müssen, weil sie ja kein Haus haben. Für eine rein wissenschaftliche Betrachtung ist Gerd Kommers Berechnung völlig korrekt. Die Frage ist allerdings: Tun Mieter das in der Realität auch? Sparen sie die 100 oder 200 Euro und bauen sich daraus ein kleines Vermögen auf? Die Antwort lautet: In der Regel nicht. Sie geben es stattdessen aus, sparen nicht oder deutlich weniger und bleiben mithin ärmer als ihre Häuser abzahlenden Altersgenossen.

Immobilien lassen ihrem Besitzer diesen Spielraum der Entscheidung nicht. Sie erziehen ihn vielmehr. Zur Sparsamkeit. Die Abzahlungsraten an die Bank, die Reparaturen am Haus, das neue Bad – das alles will bezahlt sein. Und das leuchtet einem Hausbesitzer auch ein. Er spart – weil er muss. Zwangssparen nennt sich dieses Verhalten im Fachjargon. Weil Hausbesitzer zwangssparen und Mieter es in den meisten Fällen nicht tun, kann eine Immobilie sich in der Praxis eben doch lohnen. Selbst mit Negativrenditen lässt sich so mit einem Haus ein ansehnliches Vermögen aufbauen.

Sinkende Immobilienpreise sind häufig

Also doch Immobilien als sichere Geldanlage? Ich bleibe bei meinem Nein. Und das hat mehrere Gründe. Zum einen die Wertentwicklung von Immobilien. Die wenigsten Hauskäufer kalkulieren bei ihrer Entscheidung eine negative finanzielle

Entwicklung ein. In den Hochglanzzeitschriften der Bausparkassen spielen immer lachende Kinder vor dem schönen neuen Haus – und die glücklichen Eltern freuen sich an ihren Sprösslingen. Und natürlich steigen Immobilien dort immer im Wert. Dabei schwanken Häuser stark im Wert und garantieren auch auf lange Sicht keinen Gewinn.

Viel zu oft wird beim Hauskauf ein wichtiger Punkt übersehen: Wer ein Haus erwirbt, der hat sehr hohe Kaufgebühren. Die liegen in Deutschland oft um die 10 Prozent der Kaufsumme. Makler, Notar, Grundbucheintragung, Grunderwerbssteuer – all dieses Geld ist nach dem Kauf einfach weg. Steigt das Haus nach dem Kauf im Wert, ergibt sich daraus kein großer Verlust. Doch genau das passiert in weiten Teilen Deutschlands keinesfalls. In manchen Gegenden sinken die Immobilienpreise schon seit über zwei Jahrzehnten. Dieses Phänomen betrifft vor allem ländliche Gegenden fern von Ballungsräumen, die sich nach und nach entvölkern. Dieser Trend wird sich nach Ansicht von Soziologen auch in den nächsten Jahren fortsetzen. Der stete Wegzug setzt die Immobilienpreise unter Druck. Wer einen Käufer sucht, der muss also froh sein, wenn er überhaupt einen findet. Wer dagegen kauft, der kann wählerisch sein und kann Forderungen stellen.

Zumindest in einigen wirtschaftlich starken Großstädten sorgt ständiger Zuzug für steigende Preise bei Wohnungen und Häusern. Das gilt für Städte wie Stuttgart, München, Leipzig, Berlin und Hamburg. Aber nicht für alle Ballungsräume. Viele Städte im Ruhrgebiet leben schon seit Jahren mit sinkenden Bewohnerzahlen – und die drücken auch dort auf den Wiederverkaufswert einer Immobilie.

Immobilienkatastrophen

Anders als Aktien (und im Gegensatz zur landläufigen Meinung in der deutschen Bevölkerung) sind Immobilien also langfristig nur äußerst selten gewinnbringend. Aber dafür sind sie wenigstens eine sichere Anlage, richtig? Totalverluste kann es hier schließlich kaum geben. Oder? Leider doch. Was ist, wenn sich erst nach dem Kauf zahlreiche Mängel herausstellen? Wenn die Nachbarn unerträglich sind? Wenn es zu einer unvorhersehbaren Katastrophe kommt?

»Diese Lage«, schwärmt Rüdiger, sonst ein eher nüchterner Ingenieur, nach der Besichtigung. Der Blick aus dem Wohnzimmer auf die Elbe hat ihn so bezaubert, dass er sich kein weiteres Haus mehr anschauen will. Nicht einmal die zurückhaltende Reaktion seiner Frau Elke kann ihn umstimmen. Hätte er nur auf sie und ihr Bauchgefühl gehört. Die Altbausubstanz des Hauses, die nahe Elbe sind eben nicht nur hübsche Attribute im Objektportfolio des Maklers, sie können zu ganz handfesten Problemen führen: Ein Jahr nach dem Einzug zeigt sich, dass die schöne Elbe nicht immer einen lieblichen Anblick bietet, sondern durchaus zum reißenden Strom werden kann. Jetzt heißt es – noch mehr Geld aufbringen. Und das für eine Immobilie, die fast unverkäuflich ist. Denn nach dem Hochwasser ist ja nur vor dem Hochwasser. Das Geld von Rüdiger und Elke ist unwiederbringlich verloren. Alles. Bis auf den letzten Cent. In den Fluten der Elbe.

Wohnst du noch – oder prozessierst du schon?

Sicher, nicht überall sind Häuser von Hochwassern, Erdrutschen oder Bergbauschäden bedroht. Es gibt aber noch eine weitere Katastrophe, die bei Immobilien zum Totalverlust des investierten Vermögens führen kann – und die ist nur allzu menschlich und allzu häufig. Lass mich als Paar- und Singleberater eine klare Warnung aussprechen: Die Gefühle der Beteiligten ändern sich, wenn ein Haus ins Spiel kommt! Denn beim Kauf einer Immobilie geht es um mehr als eine Finanztransaktion. Unterschätze niemals die psychologische Seite der Angelegenheit. Wenn viele Dinge im gewohnten Leben sich verändern – durch den Umzug in eine neue Umgebung, neue Schulen für die Kinder und weitere Arbeitswege, und dann mit einem Mal das gesamte Lebensmodell in Frage steht, weil eine Trennung droht, wird der Traum vom Eigenheim leider schnell zum Albtraum.

Als Berater habe ich beinahe täglich mit Immobilienkäufen und -verkäufen zu tun. Bei der Hälfte meiner Paarberatungen geht es um dieses Thema. Oft streiten Paare nach dem Auseinandergehen jahrelang darüber, wer ein Haus nach der Trennung bekommt und wie viel es wert ist. Es geht um Immobilien, die einem Mann und seiner Exfrau gehören. Doch mit ihm im Haus wohnt inzwischen die neue Partnerin, das gibt Ärger mit der Exfrau. Es geht um Immobilien, die sich nur für einen Teil der ursprünglichen Kaufsumme wieder verkaufen lassen. Oder es geht um Immobilien, die abbezahlt, saniert und schmuck dastehen, aber es will sich partout kein Partner finden, der so ein gemachtes Nest toll findet.

Du merkst schon: Ich als Berater bin fast ebenso festgelegt in meiner Einschätzung von Immobilien wie, sagen wir mal, Bankberater, Bauträger und Bausparkassen – allerdings in eine ganz andere Richtung. Ich gebe es zu, mein Blick ist getrübt. Als Berater erlebe ich nur sehr selten glückliche Immobilienbesitzer. Immobilienunglück ist in meinem Arbeitsalltag beinahe zehn Mal so häufig wie Immobilienglück. Wenn du Geschichten über Immobilienglück hören möchtest, dann musst du in die Zeitschriften der Bausparkassen schauen oder in die Immobilienbeilagen von Tageszeitungen. Willst du aber Geschichten über Immobilienunglück erfahren, frag mich.

Was macht Trennungen mit Immobilien so schwierig?

Machen wir ein Gedankenexperiment, um zu verstehen, was beim Aufteilen einer Immobilie alles schieflaufen kann und was daran so ungleich schwieriger ist als die Aufteilung eines vergleichbaren Bankguthabens.

Maren und Stefan sind verheiratet, haben zwei Kinder und vor kurzem die Scheidung eingereicht. Während ihrer Ehe haben die beiden gut verdient und sich über die Jahre 100 000 Euro zusammengespart. Das Geld liegt auf der Bank, angelegt in Aktien, Sparverträgen und Bundesschatzbriefen. Was passiert nun, wenn Maren und Stefan sich trennen? Das Vermögen ist in diesem Fall leicht aufzuteilen. Jeder der beiden bekommt 50 000 Euro. Fertig. Ist mit emotionalen Schwierigkeiten zu rechnen? Gut möglich. Aber nur, wenn einer der beiden glaubt, ihm stünde mehr zu als dem anderen. Vielleicht hat Stefan eine Erbschaft in Höhe von 20 000 Euro mit eingebracht, die vorweg abgezogen werden soll. Auch das ist leicht ausgerechnet. 100 000 minus 20 000 sind 80 000 Euro. Geteilt durch zwei macht 40 000 für jeden. Fertig. 100 000 Euro gerecht zu teilen – gefühlt gerecht! – das ist leicht gemacht.

Setzen wir das Experiment fort – diesmal jedoch mit einer Immobilie. Maren und Stefan sind verheiratet, haben zwei Kinder, ein Haus und vor kurzem die Scheidung eingereicht. Nun muss das Vermögen aufgeteilt werden. 100 000 Euro. Das Geld liegt jetzt allerdings nicht auf der Bank – es steckt in dem Haus, das die beiden sich für 250 000 Euro gekauft haben. 150 000 Euro gehören zwar immer noch der Bank und sollten eigentlich in den nächsten Jahren abgezahlt werden, doch der Rest kann nun geteilt werden.

Wie aber macht man so etwas?

Einer der beiden muss seinen Anteil am Haus an den anderen verkaufen. Oder Maren und Stefan müssen sich beide entschließen zu verkaufen und in getrennte Wohnungen ziehen. Beide Lösungen sind hart für die Beteiligten und zwingen sie auf eine Achterbahnfahrt der Gefühle – zusätzlich zur ohnehin schon an den Nerven zerrenden Trennung. Ein Haus zu verkaufen, an dem Träume und Hoffnungen hängen, das ist ein völlig anderer Vorgang als die Auflösung oder Teilung eines Bankguthabens. Zudem ist die Immobilie jetzt in den meisten Fällen keine 250 000 Euro mehr wert. Das hat verschiedene Gründe.

Hier kommen die wichtigsten:

- Die Transaktionskosten (Grunderwerbssteuer, Notar, Makler) sind ohnehin verloren. Sie machen 5 bis 10 Prozent des Kaufpreises aus. Das sind im Fall von Maren und Stefan 12 500 bis 25 000 Euro.
- Das Haus ist nicht mehr neu, sondern bereits »abgewohnt«.
- In vielen Regionen Deutschlands stehen die Käufer nicht gerade Schlange. Die Verkäufer dagegen stehen unter Druck, sie müssen verkaufen.
- Der Käufer erwartet ohnehin einen Abschlag gegenüber einem selbst gebauten Haus. Immerhin verzichtet er darauf, sich mit einem Neubau alle seine Träume und Wünsche zu erfüllen. Wenn er das schon tut, dann will er zumindest weniger bezahlen.

Wie viel Geld bekommt Maren?

Maren möchte gerne wieder in die Stadt ziehen, für sie ist das Haus eine Belastung. Stefan dagegen fühlt sich wohl in der Siedlung, und er will den Kindern – und sich – das Haus erhalten. Maren soll also ausbezahlt werden. Leichter wird die Lage der beiden dadurch allerdings nicht. Denn wie soll Stefan eine Auszahlung von Maren finanzieren? Der Kauf einer Immobilie wird für das gemeinsame Einkommen eines Paares geplant und für deren Platzbedarf. Für einen Einzelnen ist ein Haus zumeist zu groß – und zu teuer.

Will einer der Partner das Haus behalten, stellen sich also ganz andere Probleme. Die wichtigste Frage lautet in unserem Fall: Wie viel Geld bekommt Maren? Diese Frage, wie viel der Partner oder die Partnerin bekommt, wird bei vielen Scheidungen zur Nervenprobe. Die Positionen der Beteiligten liegen in der Regel weit auseinander. Der Partner, der geht, möchte angemessen entschädigt werden. Maren hat immerhin die Hälfte der 100 000 Euro als ihr Geld in den Hauskauf eingebracht. Diesen

Betrag möchte sie nun wiederhaben. Bei ihrer Rechnung setzt Maren den Wert des Hauses allerdings deutlich höher an als Stefan. Sie orientiert sich bei ihrer Sicht der Dinge am Neuwert. Verständlich – aber in den meisten Fällen falsch.

Der kaufwillige Partner dagegen sieht vor allem den gesunkenen Wert der Immobilie. Stefan erkundigt sich, wie hoch der Marktwert vergleichbarer Häuser ist. Er stellt fest: Der Neupreis ist bei weitem nicht zu erzielen. Er hat zudem immer auch seine beschränkten finanziellen Möglichkeiten im Hinterkopf. Er ist unterhaltspflichtig für die beiden Kinder. Das engt seinen finanziellen Spielraum ohnehin schon ein. Damit er das Haus behalten kann, soll Maren ihm entgegenkommen, findet er. Verständlich – aber ebenfalls nicht akzeptabel.

Gewalttätige Konfliktlösung

Du siehst, die Aufteilung eines Hauses zieht eine große Menge an Schwierigkeiten nach sich. Oft geht es dabei um den aktuellen Verkaufswert der Immobilie – und damit um den Anteil des Partners, der geht. So beginnt ein zähes Ringen – um Gerechtigkeit. Oder besser: Um das, was beide für gerecht halten.

Solch ein Streit um den Verkaufswert kann sich lange hinziehen. Das zerrt an den Nerven. Jede Seite lässt eigene Gutachten erstellen. Bei manchen Gutachterterminen vor Ort ist es schon zu Gewaltausbrüchen gekommen, so sehr empört der Kampf um den richtigen, den fairen Preis die Beteiligten. Manchmal fließt auch Blut – in Schwalmtal in Nordrhein-Westfalen starben vor einigen Jahren drei Menschen bei so einer Auseinandersetzung. Hinzu kommen in unserem Fall, bei Stefan und Maren, weitere Komplikationen bei der Aufteilung der Verkaufssumme: Marens Vater hat häufig mitgearbeitet am Bau. Er möchte seine Leistungen nicht in der Hand seines Schwiegersohnes sehen und besteht auf einer Besserstellung seiner Tochter. Dieser Streit belastet das ohnehin schon gereizte Klima zwischen den Beteiligten noch zusätzlich.

Gutachter auf Gutachter werden beauftragt, um den Zeitwert zu ermitteln. Das Ergebnis: 200 000 Euro. Nach Abzug der Anwalts-, Gerichts-, Notar- und Gutachterkosten sind am Ende sogar nur noch 190 000 Euro da – und 150 000 davon gehören leider immer noch der Bank. Der Endbetrag: 40 000. Sechzig Prozent weniger als es einmal waren. Ein Desaster. Stefan gibt schließlich zähneknirschend nach und begnügt sich mit einem Anteil von nur 17 500 Euro – 22 500 gehen an Maren. Ihr Vater hat sich durchgesetzt. Es wird drei Jahre dauern, bis Stefan seinem Schwiegervater wieder die Hand gibt – bei einer Geburtstagsfeier der Kinder.

Verlust oder Totalverlust möglich

60 Prozent Verlust mit dem Kauf einer Immobilie, auf so etwas war Maren nicht vorbereitet. Kein Bankberater hatte davon gesprochen. In keiner Hochglanzillustrierten der Bausparkassen war davon zu lesen gewesen, dass Betongold zu so extremen Verlusten führen kann. Und auch der Bauträger hatte nichts dazu gesagt. Es ist für Maren wie für alle, die so etwas erleben, schlicht ein Schock. 60 Prozent Verlust in gerade einmal drei Jahren. Das ist eine Minusrendite von gut 26 Prozent pro Jahr. Ein solch hoher Verlust ist in einem Scheidungsfall allerdings alles andere als ungewöhnlich. Manche Paare starten mit so wenig Eigenkapital in das Abenteuer eines Immobilienerwerbs, dass am Ende sogar Schulden übrig bleiben. Ihr eingesetztes Geld erleidet mithin einen Totalverlust.

Ob nun Verlust oder Totalverlust, beides ist emotional schwer zu verkraften. Und dieser schwere Schlag trifft Menschen zum denkbar ungünstigsten Zeitpunkt – wenn das mit viel Hoffnungen und Liebesschwüren gestartete Projekt einer Familiengründung gerade zum völligen Entsetzen aller Beteiligten – inklusive der Kinder – gescheitert ist.

Halten wir fest

- 100 000 Euro auf der Bank sind und bleiben 100 000 Euro. Durch eine Scheidung wird das nicht von heute auf morgen einfach so weniger Geld. Die gleiche Summe in ein hübsches, neugebautes Haus gesteckt, kann sich im Scheidungsfall schnell halbieren. Und dieser Verlust ist schwer zu verkraften. Emotional.

- Menschen machen grundsätzliche Fehler, wenn es um Immobilien geht. Sie setzen den Glücksfaktor für den Besitz eines Hauses oder einer Wohnung schlicht zu hoch an. Und sie kümmern sich zu wenig um die negativen, emotionalen Kosten.

- Du solltest alle Kosten berücksichtigen, die eine Immobilie nach sich zieht, auch die Kosten für deine Zufriedenheit, wenn du durch einen Hauskauf mehr arbeiten musst als bislang und weniger Zeit für die angenehmen Dinge des Lebens hast. Die Freude an dem schönen Haus lässt mit der Zeit stark nach. Die Kosten aber bleiben, ebenso wie der lange Weg zur Arbeit, das Rasenmähen im Sommer, das Laubkehren im Herbst und das Schneeschippen im Winter.

- Immobilien machen immobil. Diese Regel gilt auch für Paare. Mal eben in die Nachbarstadt ziehen, weil die Kinder da jetzt wohnen und die Enkel auch? Ist nicht – oder zumindest nicht so leicht zu realisieren. Wer sich beruflich möglicherweise noch verändern will, der sollte sich, angesichts der enormen Transaktionskosten bei Immobilien von um die 10 Prozent, einen Kauf sehr genau überlegen.[2]

Wir bauen nicht!

Ein Haus nicht nur zu bewohnen, sondern auch zu besitzen, hat für viele Menschen zweifellos eine hohe emotionale Bedeutung. Die Entscheidung für ein Haus ist in erster Linie eine Entscheidung unseres Gefühlslebens und nicht des Verstandes. Genau das macht es Paaren nach einer Trennung ja so schwer. Geld nur deshalb in eine Immobilie anzulegen, weil es gerade keine Zinsen gibt, das kann ein Irrweg sein. Eine Immobilie ist eine wichtige Lebensentscheidung – und so sollte die Entscheidung für ein Haus auch getroffen werden. Eine Immobilie ist dagegen keine Finanzinvestition, die man tätigen und dann mal eben wieder verwerfen kann. Lass dich vom Anlagenotstand nicht zu unsinnigen Entscheidungen verführen. Nicht jeder ist für das Leben in einer Vorortsiedlung geeignet. Nicht jeder kommt mit den vielen Veränderungen gut zurecht, die ein Umzug in eine neue, ungewohnte Umgebung mit sich bringt.

Meine Kinder sehen das übrigens ganz ähnlich. Das Gespräch am Abendbrottisch bringt es an den Tag: Sie wollen unter keinen Umständen hinaus aufs Land. Sie haben ihre Freunde hier und hätten in Zukunft lange Fahrtwege zu ihren Schulen. Es ist entschieden: Wir wollen kein Betongold. Wir bauen nicht! Für mich ist das sehr angenehm. Ich muss im Winter nicht raus, um den Schnee zu schippen. Um das Laub in der Dachrinne muss ich mich auch in Zukunft nicht kümmern. Und schließlich kann ich das Geld der Familie weiterhin in die besten Aktien anlegen. Die hätten ja sonst für das Betongold dran glauben müssen. Tausche beste Aktien gegen Betongold – ich halte das für ein ausgesprochen schlechtes Geschäft. Gut, dass es vom Tisch ist! So kann ich mich weiterhin über die Gewinne freuen, die die besten Aktien machen.

Der Anlagenotstand

Die Mehrheit der Deutschen sieht das allerdings noch immer ganz anders als ich. Sie haben keine Aktien. Sie haben Angst vor einem Investment in Unternehmensbeteiligungen. Sie akzeptieren stattdessen lieber Negativzinsen und Minusrenditen – und verfestigen so den Anlagenotstand. Und schimpfen anschließend auf Super Mario. Das ist in meinen Augen sehr unfair. Viele Deutsche sind fest davon überzeugt, dass Mario

Draghi, der Präsident der Europäischen Zentralbank, schuld ist am Anlagenotstand. Mit seiner Politik der niedrigen Zinsen. Doch das ist falsch. Grundfalsch sogar. Schuld daran ist vielmehr – Sabine Huber.

Sabine Huber war es, die dafür gesorgt hat, dass ganz Deutschland sich bei der Geldanlage mit minimalen Ergebnissen zufrieden gibt, mit Zinsen, die knapp über oder gar unter der Teuerungsrate liegen. Du kennst Sabine Huber nicht? Das werden wir ändern.

VII

Money, money, money – in the rich man's world

Wieso wir alle im
Anlagenotstand leben

Kempten im Allgäu. Sabine Huber sitzt in ihrem Büro und wartet auf den nächsten Kunden. Sie trinkt einen Schluck Kaffee und schaut aus dem Fenster auf den belebten Marktplatz und die dahinter liegende Basilika. Es ist ein großartiger, barocker Bau, wie nur eine reiche Stadt ihn sich leisten kann. Dann gießt Sabine Huber die Yuccapalme, die rechts von ihrem Schreibtisch steht. Schließlich rückt die 42-Jährige ihre Brille zurecht, zupft an ihrem Faltenrock und schaut in die Unterlagen zu ihrem nächsten Kundentermin. Es ist ein junger Mann, der sein erstes Geld anlegen will. Ein leichter Fall also für Sabine Huber. Er ist ein Trainee ihrer Bank, frisch von der Uni eingestellt, ein Betriebswirtschaftler. Sabine Huber pfeift ein Lied der Popgruppe ABBA und lächelt still vor sich hin. Was wissen die Studierten schon von den Feinheiten des Bankgeschäfts! Das Gehalt ist gut, der Job sicher, die Bank verdient blendend an ihren Kunden – und Sabine Huber wird dafür sorgen, dass das auch so bleibt.

Die gelernte Bankkauffrau hat Routine in ihrem Metier. Seit zehn Jahren ist sie hier in Kempten bei der Bayerischen Vereinsbank für Privatkunden zuständig. Sabine Huber weiß, wie man verkauft. Die erste Schulung in Verkaufstraining hatte sie schon mit zwanzig Jahren. Die folgenden Jahre und Jahrzehnte gaben ihr die nötige Geschmeidigkeit, die solche Verkaufsgespräche erfordern. Ein paar Fachbegriffe sind hilfreich, die sie ihrem Kunden höflich erläutern wird. Das beeindruckt. Dazu kommen Grafiken, die die gute Entwicklung der Einlagen zeigen. Und sie wird ihn auf die Sicherheit der Geldanlage hinweisen. Die Kunden lieben Sicherheit. Sie lieben sie über alles.

Sie wird dem 28-jährigen Trainee das empfehlen, was sie in solchen Fällen immer für gut und richtig hält. Sie wird ihm einen Bausparvertrag empfehlen und eine Lebensversicherung. Ja, was denn auch sonst! Das bringt den Kunden ein hohes Maß an Sicherheit – und ihrer Bank satte Erträge.

Die Bank gewinnt – immer

Bausparverträge, Lebensversicherungen – an solchen Verträgen verdient die Vereinsbank sehr gut. Lebensversicherungen schließt sie zu der Zeit exklusiv bei der Victoria-Versicherung ab – die gehört mit zum Konzern und zahlt eine stattliche Prämie dafür. Sabine Huber schaut noch einmal hinaus auf das rege Treiben auf dem Marktplatz. Es ist das Jahr 1992, Jahr zwei nach der deutschen Einheit. Das Geschäft brummt, in der Wirtschaft wie bei den Banken. In der Mittagspause wird sie auf dem Markt ein paar Einkäufe erledigen. Dann wartet noch ein wenig Papierkram auf sie und um 14 Uhr ist Feierabend. Sie wird für die Kinder kochen, gegen Abend kommt dann ihr Mann. Er ist Lokalreporter bei der *Allgäuer Zeitung*. Die beiden werden auf der Terrasse ihres Hauses sitzen, auf die nahen Berge schauen und ein Glas Wein trinken, wie jeden Abend. Sabine Huber wird von ihrer Beratung heute erzählen und ihr Mann von den neuesten Ereignissen im Rathaus. Die Jungs werden derweil auf ihren neuen Gameboys spielen. Ihr Lieblingsspiel heißt – Super Mario.

Sabine Huber schiebt die Unterlagen der letzten Fortbildung über Aktienfonds an die Seite. Vermögenden Kunden soll sie in Zukunft auch zur Anlage in Aktienfonds raten – das bringt ebenfalls gute Erträge. Für die Bank. Die Gebühren bei Aktienfonds machen leicht 5 Prozent der Anlagesumme aus. Hinzu kommen jährliche Gebühren auf das eingezahlte Kapital – ein einträgliches Geschäft, mit dem die Branche weltweit Jahr für Jahr dreistellige Milliardenbeträge verdient. Und so wird sich Sabine Huber angewöhnen, in den kommenden Jahren immer wieder auch Aktienfonds zu empfehlen. Aber ihr heutiger Kunde ist ja – noch – kein vermögender Kunde. Ein Bausparvertrag und eine Lebensversicherung werden für ihn reichen.

Banklehre trifft auf Studium

»Ich wollte keinen Bausparvertrag«, erinnert sich Gerd Kommer, der Trainee von damals, an sein Verkaufsgespräch mit Sabine Huber. Die hatte für ihn auch einen Kaffee besorgt, das ist so üblich in der Privatkundenbetreuung. Zudem ist er mehr oder weniger ein Kollege von ihr, wenn auch auf Zeit. Trainees bleiben nie lange. Die beiden plaudern ein wenig über Kempten, Gerd Kommer ist ja neu hier. Dann reden sie über den letzten Urlaub, Sabine Huber war mit ihrem Mann und den Kindern in Norwegen. Wandern. Nicht billig – aber sehr schön. Dann beginnt Sabine Huber mit ihrem ersten Vorschlag für Gerd Kommers Vermögensaufbau – einem Bausparvertrag. Gerd Kommer hat nicht vor, in den nächsten Jahren sesshaft zu werden. Sein Beruf wird ihn vielmehr nach München führen, nach Halle, nach Dessau, nach Südafrika und schließlich nach London. Sein Spezialgebiet: Infrastrukturfinanzierung. Häfen. Flughäfen. Mautstraßen. Öffentliche Gebäude. Mit dem üblichen Kundengeschäft einer Bank wäre Gerd Kommer wohl kaum je in Berührung gekommen – wäre da nicht seine Kollegin Sabine Huber gewesen mit ihrem Faltenrock, dem gewinnenden Lächeln und dem ein wenig strengen Blick, wenn er Einwände erheben will.

Seine Abneigung gegen das Bauen akzeptiert Sabine Huber schnell – das passt ja wirklich nicht gut in seine unsichere Lebensplanung. Zudem gilt für Verkaufsgespräche: Kunden soll man nicht widersprechen, das erschwert einen Abschluss. Und so erläutert sie ihm kurzerhand die enormen Vorteile einer Lebensversicherung. Die Gewinne sind steuerfrei – dieses Argument zieht nach ihrer Erfahrung beinahe immer. Hinzu kommt ein Banksparplan mit einer Laufzeit von sieben Jahren. Wer bis zum Ende durchhält, der bekommt einen Bonus; 0,5 Prozent mehr Zinsen. Als Gerd Kommer das Büro von Sabine Huber verlässt, hat er einen Sparplan mit 150 D-Mark monatlicher Einzahlung abgeschlossen sowie eine Lebensversicherung über 100 000 D-Mark mit dynamischer Anpassung von Beitrag und Leistung um 6 Prozent pro Jahr.

Sicherheit – bei niedriger Rendite

»Wozu braucht ein 28-jähriger Mann ohne Frau und ohne Kinder eine Lebensversicherung?«, fragt der heute 53-jährige Gerd Kommer streng. Wir sitzen in London unweit der quirligen Oxford Street. Das Restaurant, das er ausgesucht hat, ist auf indisches Streetfood spezialisiert. Es wird in der Mittagspause gerne von Geschäftsleuten besucht, die in den umliegenden Bürogebäuden im teuren Westend arbeiten – so wie Gerd Kommer. Er sucht fünf Vorspeisen für uns aus und bestellt. Dann wenden wir uns wieder unserer Frage zu. Wozu ist eine Lebensversicherung gut, wenn es kein Leben zu versichern gilt, keine Frau gibt, die einer Absicherung bedarf, und auch kein Kind, das im Ernstfall versorgt werden soll? Das sind Fragen, die Sabine Huber seinerzeit nicht verstanden hätte. Das mit der fehlenden Frau in Gerd Kommers Leben, das würde sich in ihren Augen ohnehin noch ändern. Zudem: Jeder Deutsche hat mindestens eine Lebensversicherung. Manche haben sogar zwei. Oder drei. Was soll daran denn verkehrt sein? Es ist die Standardvorsorge fürs Alter. Eine Alternative gibt es nicht. Wer etwas übrig hat, der sorgt so vor.

Deutsche lieben Lebensversicherungen – auch wenn die nur eine garantierte Verzinsung von seinerzeit 3,5 Prozent bieten. Das klingt nach heutigen Maßstäben und angesichts von Minusrenditen bei deutschen Staatsanleihen mit einer Laufzeit von bis zu zehn Jahren gar nicht mal so schlecht. Rechnet man aber die Inflation raus – rund 2 Prozent in den letzten 25 Jahren – dann bleiben nur noch 1,5 Prozent Rendite. Netto. Zieht man die Inflationsrate der vergangenen fünfzig Jahre ab (im

Durchschnitt 2,8 Prozent im Jahr), dann bleiben gerade einmal 0,7 Prozent übrig.

Null Komma sieben Prozent. In Zahlen: 0,7 Prozent. Gut möglich, dass dir diese Zahl bekannt vorkommt, wir hatten beinahe den gleichen Wert gerade im letzten Kapitel bei den Nettorenditen von Immobilien. Da waren 0,3 bis 0,8 Prozent drin. Netto. Und das auch nur, wenn alles gut läuft. Sabine Huber und ihre Kolleginnen und Kollegen bei Banken, Sparkassen und Versicherungen haben über Jahrzehnte in Verkaufsgesprächen jeder neuen Generation die Vorteile von niedrig verzinsten Anlageprodukten erklärt. Ihren Unternehmen hat das genutzt. Banken wie Versicherungen haben gut davon gelebt. Hier wie anderswo. So haben sie alle zusammen uns Anleger in den Notstand geführt. Den Anlagenotstand. Unser Geld bringt nach Inflation magere 0,3 bis 1,5 Prozent, je nach Produkt und je nach Anlagezeitraum. Mehr nicht.

Wie es zu Minuszinsen kam

Das mit dem Anlagenotstand ist also schon lange so – seit vielen Jahrzehnten, lange bevor Mario Draghi Chef der Europäischen Zentralbank wurde und seinen engagierten Kampf um den Bestand der Eurozone aufnahm. Die Krise, deren Nachwirkungen wir immer noch zu spüren bekommen, hat ihren Anfang bekanntlich nicht in Europa genommen, sondern in den USA. Es waren amerikanische Immobilien und die auf sie ausgereichten Kredite, die die heftige Wirtschafts- und Finanzkrise von 2008/09 ausgelöst haben – die schwerste Wirtschaftskrise seit annähernd achtzig Jahren. Vom Jahr 2000 an bildete sich in Amerika eine gewaltige Immobilienblase. Die Hauspreise stiegen in diesen Jahren in einem noch nie gesehenen Tempo, Kredite gingen mit der Zeit an immer schlechter verdienende Kunden. Mexikanische Erdbeerpflücker mit einem Einkommen von 20 000 Dollar im Jahr bekamen Kredite über 500 000 Dollar – ohne jede Aussicht, dass sie die Raten jemals würden bezahlen können. Die Regierung Bush sah dem Treiben einfach zu, im steten Glauben an freie Märkte. Immobilienblasen, Bankencrashs und schwere Wirtschaftskrisen kamen in ihrem Weltbild nicht vor. Das sollte sich rächen.

Im Frühjahr 2007 knickten die Immobilienpreise schließlich ein. Die Blase platzte nicht mit einem lauten Knall. Sie ließ nur ein wenig Luft ab. Langsam sanken die Preise, ebenso langsam stiegen die Kreditausfälle. Dann schnellten sie in die Höhe. Was nun folgte, war eine anhaltende Spirale aus fallenden Immobilienpreisen, steigenden Kreditausfällen und zunehmenden Entlassungen im Bausektor. Zeitungen wie Fernsehsender berichteten.[1]

Vom Pianissimo zum Fortissississimo

Die ganze Krise entfaltet sich zunächst wie in Zeitlupe und gewinnt erst nach und nach an Tempo. Wie in Rossinis berühmter Ouvertüre zur Oper *Die diebische Elster*[2] beginnt alles langsam, gemütlich und leise – in pianissimo. Am Höhepunkt aber werden Tempo wie Lautstärke schwindelerregend sein. Fortississimo furioso.

Von den ersten Anzeichen, dass etwas grundlegend nicht mehr stimmt mit dem Immobilienmarkt (Sommer 2007), bis hin zum großen Finale mit dem Bankrott von Lehman Brothers (September 2008) vergeht weit mehr als ein Jahr. Ein Jahr, in dem die Regierung Bush weitgehend untätig bleibt. Die Krise treibt sie vor sich her. Am Ende wird sie in langen Nachtsitzungen Dutzende Unternehmen vor dem drohenden Untergang retten müssen. Mit fast zwei Billionen an Steuergeldern. Wegen einer platzenden Immobilienblase. Da behaupte bitte keiner, Immobilien seien ungefährlich! Auch im weiteren Verlauf stehen Immobilien im Mittelpunkt des Kollapses im Euroraum. Viele europäische Banken halten große Mengen an faulen amerikanischen Hypothekenkrediten. Hinzu kommen in Europa in der Folge noch schwere Immobilienkrisen in den einstmals boomenden Volkswirtschaften Spaniens und Irlands, die beide Länder in den wirtschaftlichen Abgrund ziehen. Auch in Großbritannien und Frankreich platzen Immobilienblasen, die sich über Jahre hinweg aufgebaut haben, und belasten die Konjunktur schwer.

In Irland machte der Bausektor am Ende des maßlosen Baubooms ganze 25 Prozent des Bruttosozialproduktes aus, in Spanien 20 Prozent. Im europäischen Durchschnitt waren es gerade einmal 8 Prozent. Manche irische Bank hatte annähernd 100 Prozent ihrer Kredite an Immobilienunternehmen und Immobilienkäufer vergeben. Ein Kartenhaus, das krachend zusammenbrach und viele ruinierte Käufer zurückließ. Noch heute stehen in Irland rund 100 000 Immobilien ungenutzt und halbfertig herum. Die hohe Arbeitslosigkeit und eine zu geringe Gegensteuerung gegen die Krise gaben vielen Ländern Europas dann den Rest. Damit der Euro und die Wirtschaft im Euroraum nicht kollabierten, musste die Europäische Zentralbank in der Folge ebenso wie die Zentralbanken Japans, Großbritanniens und die der USA die Zinsen nahe null senken. Super-Mario blieb kaum eine Wahl.

Sicherheit frisst Rendite

Minusrenditen auf Staatsanleihen, das ist neu für uns – keine Frage. Der Anlagenotstand, in den Sabine Huber uns geführt hat, aber nicht. Wir leben seit Jahrzehnten mit ihm. Banken wie Versicherungen – keiner der Akteure hatte je ein echtes Interesse daran, dass sich etwas ändert. Die Versicherungen nicht, die Banken nicht und Sabine Huber natürlich auch nicht. Sie liebt ihren Arbeitsplatz, das gute Gehalt und auch die Sicherheit, die ihr das bietet. Und weil das so ist und weil alle Nutznießer dieses Systems wollen, dass alles genau so bleibt, wie es ist, hat sich an den niedrig verzinsten Geldanlagen in Deutschland bis heute nichts geändert. 9 Millionen Deutsche haben Aktien oder Aktienfonds – der Rest hat das nicht. Die Politik schaut zu – und lässt die Banken gewähren. Und verdienen.

Sind Sabine Huber und ihre Kollegen in anderen Bankhäusern also ganz alleine schuld am Anlagenotstand? Die Banken und Versicherungen haben ihre Kunden all die Jahre gut erzogen – keine Frage. Aber die Kunden – wir! – sind deren Vorgaben ja auch bereitwillig gefolgt. Die Kunden lieben das Gefühl von Sicherheit. Deutsche Kunden lieben es ganz besonders, nach zwei Weltkriegen, einer Hyperinflation in den zwanziger Jahren und einem brutalen Währungsschnitt im Jahr 1949.

Sicherheit, die versprechen in ihren Augen Bausparverträge, Lebensversicherungen und Banksparpläne. Auch eine kleine Beimischung von Gold kann in den Augen vieler Banken ja nicht schaden. Doch das zieht enorm hohe Kosten nach sich und nutzt vor allem der Bank. Bankschließfächer gibt es schließlich nicht umsonst. Gold auch nicht. Auch hier fallen Transaktionskosten an. Dafür bietet Gold aber immerhin eine solide Wertanlage, könntest du jetzt einwenden. Doch die Fakten sprechen eine ganz andere Sprache. Gold hat langfristig (115 Jahre) eine Performance von unglaublichen 0,7 Prozent. Das ist schon wieder diese hässliche Zahl. Ja – 0,7 Prozent. Netto – also nach Abzug der Inflation. Mehr nicht. Und bei dieser Rechnung sind weder die Transaktionskosten noch die Kosten für die Lagerung mitgerechnet! Die gehen noch ab. Am Ende ergibt das, optimistisch betrachtet, gerade einmal eine schwarze Null. Aber Aktien, mit ihren deutlich höheren Nettorenditen (6,5 Prozent), gelten den meisten Deutschen nach wie vor als zu riskant.

Aktienfonds bringen weniger als der Index

Den Banken ist das alles nur recht. Und wenn schon Aktien, dann empfehlen sie den Kunden in ihren Verkaufsgesprächen seit Jahrzehnten Aktienfonds. Das bringt den Kreditinstituten Geld, viel Geld. Die Vermittlungsprovisionen sind hoch. Diesem Trend zum Aktienfond folgt zu allem Unglück auch die Finanzpresse. Fondgesellschaften machen einen großen Teil des Anzeigenaufkommens in Finanzzeitschriften aus. Dass kaum ein Aktienfond je über mehrere Jahre den Index schlägt, das erfahren die Leser dort nur sehr selten. Die Fakten lauten: In ihrer Gesamtheit schneiden Fonds deutlich schlechter ab als der Index. Und das kann auch gar nicht anders sein. Fonds haben ihrerseits hohe Kosten, Transaktionskosten zum einen und Managementkosten zum anderen. Beides muss aus den Gewinnen bestritten werden und geht damit von dem Geld ab, das die Anleger bekommen. Die Ergebnisse der Branche sind deshalb lausig. Studien aus den USA zeigen: Macht der Index über 14 Jahre im Durchschnitt 12,3 Prozent, dann bringen Aktienfonds es gerade einmal auf 7,7 Prozent.[3] Der Rest sind Kosten. Und davon leben sie alle gut, wie die Maden im Speck: Die Fondsmanager und die Börsen ebenso wie die Verkäufer der entsprechenden Produkte. Auch Sabine Huber. Nur wir Anleger nicht.

Die neunziger Jahre – das Jahrzehnt der Aktie

Die neunziger Jahre sind eine sehr gute Zeit für Aktien. Wer jetzt sein Geld in deutsche Standartwerte anlegt, der wird zum Ende des Jahrzehnts auf hohen Gewinnen sitzen. Wer es im amerikanischen Index S&P 500 anlegt, ebenso. Was wäre wohl passiert, wenn Sabine Huber dem Trainee Gerd Kommer damals bei ihrem Verkaufsgespräch Aktien empfohlen hätte?

»Einerlei, welche Dax-Werte ich gekauft hätte, ich wäre heute ein ganzes Stück reicher«, sagt der Finanzexperte und zieht die Stirn in Falten. Die Bedienung bringt fünf kleine Teller mit indischem Fingerfood. Ich probiere zunächst ein Fleischbällchen und dann den Blumenkohl im Teigmantel. Köstlich. Warum gibt es etwas so Leckeres nicht auch in Berlin? Gerd Kommers Stirn wirft noch immer Falten, fast so, als wenn er zornig wäre bei dem Gedanken, wie viel besser er in den neunziger Jahren gefahren wäre ohne das unsinnige Verkaufsgespräch mit Sabine Huber. So richtig besorgt um seine eigenen Finanzen wirkt Gerd Kommer bei seinen Worten allerdings nicht. Er verdient gut – und er arbeitet gerne. Leidenschaftlich gerne. Eine Verrentung mit 65 kann er sich ohnehin nicht vorstellen. So bleibt ihm noch viel Zeit, um fürs Alter vorzusorgen. Mit Aktien.

Eine Geldanlage in Aktien? Wozu sollte Sabine Huber das empfehlen? Ihre Bank verdient nicht viel an Kunden, die ihr Geld in Aktien anlegen – an Lebensversicherungen und Bausparverträgen aber sehr wohl. Sabine Hubers gut bezahlter Job hängt davon ab, dass möglichst viele Kunden ihr vertrauen. Und er hängt davon ab, dass die Kunden der Bank einen möglichst großen Teil vom Kuchen überlassen. Ihr Job hängt nicht davon ab, dass sie ihre Kunden kompetent und unabhängig berät. Sabine Huber ist nicht unabhängig. Sie ist eine Verkäuferin. Im Dienst der Bank, für die sie arbeitet.

So wie Sabine Huber verkaufen im Kern auch die Mitarbeiterinnen und Mitarbeiter anderer Banken und Sparkassen. Sie führen Verkaufsgespräche. Die Verbraucherzentralen kritisieren das Jahr für Jahr und weisen ihnen nach, wie schlecht ihre Arbeit ist. Erfolglos. Der Aufstand der Kunden blieb bislang jedenfalls aus. In den letzten Jahren hat aber das Internet einiges in Bewegung gebracht. Viele Menschen informieren sich heute im Netz – zum Beispiel auf Blogs wie meinem (*grossmutters-sparstrumpf*), oder denen von Holger Grethe (*zendepot*), Dr. Jürgen Nawatzki (*ETF-Blog*) und Albert Warnecke (*finanzwesir*). Die Banken haben heute mehr zu kämpfen denn je – um ihre Kunden und um deren Einlagen. Kein Wunder. Drei Klicks im Internet bringen die lausigen Ergebnisse der Anlageempfehlungen von Banken heute ohne Probleme an den Tag. Und so kehren ihnen immer mehr Anleger den Rücken. Und legen selber an. So wie Gerd Kommer es schließlich auch getan hat.

I do it my way

Am Ende wird für Gerd Kommer dann doch noch alles gut. 1999 ist er die schlechten Erträge seiner Geldanlagen leid – und erinnert sich an den Teil seines Studiums, der von Aktien handelte. Einiges hat er sich auch in der Zwischenzeit nachträglich angelesen: Aktien bringen auf lange Sicht (115 Jahre) Nettorenditen, also nach Abzug der Inflation, von erstaunlichen 6,5 Prozent (USA).[4] Staatsanleihen dagegen liegen gerade einmal bei 1 bis 2 Prozent, je nach Land und Laufzeit. Das wirft Fragen auf für Gerd Kommer: Warum nur liegt sein Geld in einer Lebensversicherung, die wenig Rendite bringt und die er auch nicht wirklich braucht – weil er immer noch keine Frau hat, die es abzusichern gilt, oder ein Kind, das im Ernstfall versorgt sein sollte? Vielleicht ist es hilfreich, drei dieser unterschiedlichen Verzinsungen (6,5 Prozent; 1,5 Prozent; 0,7 Prozent) wie Aktien, Anleihen, Gold und Immobilien sowie auch viele Lebensversicherungen sie bieten, einmal über einen längeren Zeitraum auf ihr Ergebnis durchzurechnen. Dann kannst du sehen, was bei alledem in harter Währung herauskommt.

Was also wird aus 10 000 Euro, inflationsbereinigt (2 Prozent), in einem Anlagezeitraum von dreißig Jahren? Die niedrigste Verzinsung – 0,7 Prozent – erbringt am Ende 12 380 Euro (mit Inflation sind es 22 240 Euro). Die mittlere kommt auf 15 630 Euro (28 070 Euro). Das ist in beiden Fällen nicht wirklich viel. Gut zu sehen ist beim Vergleich der Zahlen mit und ohne Inflation auch, dass die Teuerung den größten Teil der Zuwächse ausmacht. Der reale Zuwachs in drei Jahrzehnten ist hingegen minimal. Die höchste Verzinsungsvariante, die eine Anlage in Aktien erbringt, schneidet demgegenüber deutlich besser ab. Hier sind es 66 000 Euro (115 600 Euro).

Das sind krasse Unterschiede, Unterschiede, die Gerd Kommer Ende der neunziger Jahre sehr genau kennt. Warum sollte sein Geld weiterhin den Weg der geringen Verzinsung gehen? Nicht einzusehen! Er kündigt seiner Lebensversicherung die Treue und nimmt die Geldanlage selber in die Hand – mithilfe von Index-Produkten, Index-Fonds und ETFs (Exchange-Trade-Funds). Gerd Kommer kauft immer gleich den ganzen Index – nie Einzelaktien. Das ist in seinen Augen unnötig riskant. Denn da ist noch eine weitere Erkenntnis aus dem Studium, an die zu erinnern sich lohnt: die moderne Portfoliotheorie. Sie kommt zu dem Schluss, dass eine Anlage in einzelne Aktien riskant ist. Und dass es schlechterdings nicht möglich ist, den Markt zu schlagen.

Ich habe den Index geschlagen!

An dem Punkt fällt es mir schwer, Gerd Kommer zu folgen. Sehr schwer sogar. Denn du erinnerst dich sicher: Ich habe den Index geschlagen! Der Dax hat um 9,6 Prozent zugelegt, ein ETF auf den S&P 500 ist – in Euro gerechnet – um 12 Prozent gestiegen. Mein Depot aber ist um 22,7 Prozent gewachsen. Und wieso bitteschön sollte das nicht möglich sein? Ich lege mein Geld nur in die besten Aktien an – upon thorough analysis. Andere dagegen wählen schlechtere Aktien aus – wie die von Unternehmen A zum Beispiel, das in zwanzig Jahren kaum vom Fleck gekommen ist. Also verdiene ich mehr als der Durchschnitt. Das ist meine Logik. Aber es ist ganz ohne jeden Zweifel nicht die Logik von Gerd Kommer. Den Index zu schlagen, in einzelnen Jahren gelingt das immer wieder einzelnen Anlegern, sagt die moderne Portfoliotheorie. Aber eben nicht dauerhaft.

»Bei Geldanlagen gibt es zwei Faktoren, die über den Erfolg bestimmen«, sagt Gerd Kommer und schaut nachdenklich in den schwül-grauen Himmel Londons. Die fünf Teller mit Fingerfood sind mittlerweile beinahe leer. Ein einziges Fleischbällchen ist noch übrig. Während Gerd Kommer über Aktien spricht und über die moderne Portfoliotheorie, tunke ich das letzte Bällchen in die dazu gereichte rote Soße. Köstlich. »Die beiden Faktoren sind Luck und Skill«, fährt Gerd Kommer fort, »also Zufall und Können. Die meisten Anleger glauben, es liege an ihren überragenden Fähigkeiten, wenn sie den Index schlagen.«

Natürlich führe ich meine Performance auf meine Fähigkeiten zurück. Gerd Kommer glaubt das hingegen nicht. Er hält mein Traumergebnis von 22,7 Prozent mehr oder weniger für Glück, für Zufall also. Und die Empirie gibt ihm weitgehend Recht.

Outperformance vs. Underperformance

Die Mehrheit der privaten wie der institutionellen Anleger scheitert daran, den Index dauerhaft und langfristig zu schlagen. Das konnten wir bei den Managern von Aktienfonds ja auch schon beobachten: Macht der Index 12,3 Prozent, erwirtschaften sie im Durchschnitt 7,7 Prozent – nach Kosten. Zwar schaffen es immer einige, besser zu sein als der Index – aber jedes Jahr sind es andere Fonds und andere Anleger, denen das gelingt.

Was heißt das nun konkret für mein Portfolio und für meine Outperformance? Werden meine besten Aktien auch im nächsten Jahr so gut abschneiden wie im letzten? Werde ich also nach dem Jahresabschluss 2016, 2017 und 2018 wiederum ins Wohnzimmer stürmen können und meiner Frau stolz verkünden: »Schatz, ich habe den Index geschlagen?« Gerd Kommer ist ein höflicher Mensch. Und so prognostiziert er nicht, was er in Bezug auf mein Portfolio für wahrscheinlich hält. Es wird mir und meinen Aktien in seinen Augen eher so ergehen wie anderen Anlegern auch: Outperformance in einem Jahr, Underperformance im nächsten. Das ist für mich eine unangenehme Vorstellung. Soll ich dann zu meiner Frau sagen: »Schatz, der Index hat mich geschlagen«?

Dann würde sie mich trösten, wir Männer können bekanntlich mit Niederlagen nicht ganz so souverän umgehen wie Frauen. Und schließlich würde sie mich einmal mehr bitten, zu den wirklich wichtigen Dingen im Leben zu kommen – und sie zu küssen. Was ich dann sicherlich täte, schon alleine, weil es sich so gut anfühlt. Beim Küssen werden erstaunliche Mengen an Oxytocin im Körper freigesetzt. Das ist ein Hormon, das sich sehr gut anfühlt. Wir fühlen uns verbunden und aufgehoben in der Beziehung. Deshalb ist es für uns Menschen so angenehm. Möglich also, dass das Oxytocin mir hinweghelfen wird über die Niederlage, wenn Gerd Kommers Erwartungen zutreffen und der Index mich in Zukunft schlagen sollte.

Subtropische Luft in London

Aber schauen wir erst mal, ob die moderne Portfoliotheorie wirklich Recht behalten wird – ich jedenfalls habe Zweifel. Warren Buffett schlägt den Index jetzt seit fünfzig Jahren. Zugegeben, das ist ihm nicht in jedem Jahr gelungen. Aber über den gesamten Zeitraum. Warum sollte mir das nicht auch gelingen? Die Bedienung bringt den Espresso. Wir zahlen, trinken aus und machen uns auf den Weg zum Portman Square, einem kleinen Privatpark, zu dem nur die Mieter der umliegenden Gewerbeetagen Zutritt haben. Ein Quadratmeter Gewerberaum kostet hier satte 700 Euro Miete. Jeden Monat. Mit einem speziellen Schlüssel öffnet Gerd Kommer das Tor zum Portman Square.

Die Londoner Juniluft ist subtropisch. Es sind nur noch wenige Tage bis zum Referendum über den Brexit, den EU-Austritt der Briten. Nach dem unerwarteten »Leave«-Votum werden die Börsen in aller Welt zwei Wochen lang in heller Aufregung sein. Danach werden sie neue Höchststände markieren – so, als sei gar nichts gewesen. Auch meine besten Aktien steigen auf den höchsten Stand in diesem Jahr. Ich bin immer noch davon überzeugt, mit meiner Aktienauswahl auch in den nächsten Jahren den Index zu schlagen. Meine besten Aktien sind einfach besser als der Index – und sie waren im Jahr 2015 auch besser als Warren Buffett mit seiner Aktienauswahl. Warum sollte sich daran etwas ändern? »Nicht jeder ist ein Warren Buffett«, sagt Gerd Kommer hintersinnig und lächelt dazu.

Ich finde, da geht er jetzt ein wenig zu weit!

Indexing siegt

Aus der Forschung zu den mauen Ergebnissen von professionellen wie privaten Anlegern leitet sich für Gerd Kommer die beste Anlageform für Aktien ab – das passive Investieren. Oder auch: Indexing. Er kauft den ganzen Index – und Ruhe ist. Das bringt ihm gleich zwei Vorteile. Zum einen hat er durch Indexing ohne Frage die geringsten Kosten. Und er hat so zudem auch eine Unmenge an schwierigen Fragen für sich erledigt, unter anderem die Frage, die mich so sehr fasziniert, was denn nun die besten Aktien sind. Für mich ist diese Frage eine spannende Herausforderung, so spannend, dass ich sogar meine Freizeit darauf verwende.

Indexing dagegen ist schrecklich langweilig. Das gibt auch Gerd Kommer zu, während über uns gerade ein Sturzregen darnieder geht. Zum Glück für uns hat der Portman Square einen überdachten, hölzernen Pavillon. »Indexing ist langweilig, keine Frage. Es ist, als wenn man die eigene Schwester küsst. Oder Farbe beim Trocknen zuschaut.« Klingt nicht spannend. Aber geht es beim Geldanlegen wirklich um Spannung? Geht es um Spaß? Oder geht es nicht doch vielmehr ganz schlicht um das, was am Ende dabei herauskommt? Um eine Absicherung im Alter zum Beispiel, die diesen Namen auch verdient.

Ein Lob auf das Tanzen

Das Internet ist voll von Anlageempfehlungen für beste Aktien, für Superchampions, für super-billige Aktien (sogenannte Penny-Stocks), High-Yield-Aktien, Dividendenaristokraten und einigem anderen mehr. Viele Menschen beschäftigen sich ganz offensichtlich ausgesprochen gerne mit der Frage, in welchen Aktien sie ihr Geld am besten anlegen können. Gerd Kommer ist diese intensive Auseinandersetzung mit Aktien eher suspekt. Aktien oder Geldanlage als ein Hobby – wozu bitte soll das gut sein? »Ich würde empfehlen, sich ein schönes Hobby zuzulegen«, merkt er an. »Segeln zum Beispiel. Oder Tanzen.« Was soll an Aktien schon spannend sein?

Das Tanzen hingegen kann ungemein spannend und bereichernd sein fürs Leben. Denn genau da, beim Tanzen, hat Gerd Kommer, als er 2007 nach London kam, seine Frau kennengelernt, eine Norwegerin, die auch gerade nach London gekommen war. An dem Punkt hat sich Sabine Huber also nicht geirrt – er ist nicht alleine geblieben, natürlich nicht. Aber da Gerd Kommers Partnerin selbst gut verdient und die beiden keine Kinder haben, gibt es immer noch niemanden in seinem Leben, der einer Absicherung bedarf oder im Ernstfall versorgt werden müsste.

Sabine Hubers Abschied

Sabine Huber würde Indexing sicher nicht empfehlen. Daran verdient ihre Bank viel zu wenig. Aber Sabine Huber führt ohnehin keine Verkaufsgespräche mehr. Erst hat die Unicredit Bank die Vereinsbank gekauft, dann kam die schwere Wirtschafts- und Finanzkrise und dann kamen Sparmaßnahmen, Stellenabbau. So sitzt Sabine Huber eines heißen Sommertages dem Leiter der Filiale gegenüber. Ein Mitarbeitergespräch. Sabine Huber streicht bedächtig ihren Faltenrock glatt. Der Filialleiter wischt sich mit einem Taschentuch die Schweißtropfen von der Stirn. Sabine Huber ahnt, was jetzt kommt. Und richtig – er bietet ihr eine Abfindung an, wenn sie mit sechzig Jahren das Unternehmen verlässt. Sie akzeptiert. Jüngere und forschere Kollegen führen nun die Verkaufsgespräche für die Vereinsbank.

Sabine Hubers Pension ist gut – die ihres Mannes auch. Im Sommer werden sie in Island wandern gehen. Im Herbst steht Mallorca auf dem Programm und im Winter dann La Gomera. Ob sich Sabine Huber wohl darüber im Klaren ist, dass sie den Anlagenotstand verursacht hat? Natürlich nicht. Sie hat getan, was zum Wohle der Bank war. Aktien hält sie noch immer für riskant. Von der modernen Portfoliotheorie hat sie bis heute nichts gehört.

Halten wir fest

- Auf lange Sicht führen dich die meisten Bankprodukte ebenso wie Immobilien und auch Gold auf den direkten Weg in den Anlagenotstand. Um gerecht zu sein, muss eines aber klar sein: Für viele Menschen ist eine Geldanlage in eine niedrig verzinste Anlage immer noch besser als gar keine Vorsorge fürs Alter zu treffen. Lebensversicherungen sind, wie auch Riester-Verträge, genau betrachtet, ähnlich wie Immobilien, eine Form des Zwangssparens. Das ist ihr Vorteil. Wer durchhält, der hat im Alter zumindest eine minimale Rücklage.

- Aktienfonds schneiden langfristig besser ab als Lebensversicherungen und Bausparverträge, sie sind aber eine sehr teure Form Geld anzulegen. Wegen der Management- und der Transaktionskosten.

- Indexing ist die einfachste Form der Anlage in Aktien. Es ist ausgesprochen billig. Die Kosten liegen in der Regel zwischen 0,1 und 0,8 Prozent im Jahr. Die billigsten ETFs bekommst du schon für eine Gebühr von 0,07 Prozent im Jahr.

- Gerd Kommer empfiehlt in seinem Buch *Souverän investieren mit Indexfonds und ETFs* eine sehr breite Geldanlage in Form eines Weltportfolios. Das enthält eine ganze Reihe unterschiedlicher ETFs, die eine Streuung über Länder und Kontinente hinweg möglich machen.

- Der einfachste Weg, eine erfolgreiche Geldanlage in Aktien aufzubauen, ist eine sehr simple 50/50-Strategie, bei der du die Hälfte deines Geldes in den MDax legst – der schneidet in der Regel deutlich besser ab als der Dax. Die andere Hälfte liegt in einem S&P 500 ETF. Mit dieser Vorgehensweise hättest du im Jahr 2015 immerhin 18 Prozent Gewinn gemacht. Das ist nur geringfügig weniger als die 22,7 Prozent, die das Depot von *grossmutterssparstrumpf* im gleichen Jahr hatte. Noch einmal zur Erinnerung: Der Dax hatte 9,6 Prozent. Du hättest also auch mit Indexing ganz locker den Index geschlagen![5]

- Wer selber anlegt und die Banken und ihre Verkaufsgespräche meidet, der muss sehr diszipliniert sein, um tatsächlich in den Genuss der tollen Erträge zu kommen, die eine langfristige Anlage in Aktien bietet. Er muss monatlich Geld zurücklegen, um dann nach einiger Zeit für sein Geld eine der besten Aktien zu kaufen – zum Beispiel den Technologiechampion Apple. Oder um ein Indexzertifikat zu kaufen.

- Oder er nutzt Einmalzahlungen wie das Weihnachtsgeld zu diesem Zweck. In Amerika können Arbeitnehmer – steuerfrei – feste Geldbeträge ganz automatisch von ihrem Gehalt in Aktienanlagen für die private Altersvorsorge abzweigen. Wer sich festlegt und beschließt, monatlich zum Beispiel 200 Dollar zurückzulegen, der bekommt dieses Geld folglich nie zu Gesicht. Und kommt also auch nicht in Versuchung, es auszugeben.

Der untaugliche Index

Warum ist eine Anlage in den MDax eher zu empfehlen als eine in den Dax? Das hat drei Gründe. Der erste: Der Dax ist ein absolut unmöglicher Index. Viele seiner Firmen sind extrem konjunkturabhängig (Autoindustrie, Chemie) oder im Niedergang begriffen (Energieversorger, Banken). Der zweite Grund: Hier wie in den USA ist der breitere Index langfristig erfolgreicher als der Index, der nur eine kleine Auswahl an besonders großen Unternehmen enthält. Konkret bedeutet das: In den USA entwickelt sich der S&P 500 auf lange Sicht besser als der deutlich bekanntere Dow Jones. Der bei uns beinahe unbekannte Russell 2000 ist noch einmal ein wenig erfolgreicher. Er enthält, wie sein Name schon andeutet, die 2000 größten amerikanischen Unternehmen. In Deutschland steigt der MDax mit seinen fünfzig Werten in der Regel stärker als der Dax mit den dreißig stärksten Unternehmen. Der dritte Grund: Kleinere und mittlere Unternehmen haben in vielen Fällen noch deutlich mehr Wachstum vor sich als die ganz großen. Aufstrebende Firmen verbringen die starken Jahre ihres Wachstums in kleineren Indexen – bevor sie, groß geworden, im größten Index ankommen. Dann wachsen sie oft nur noch moderat.

Ist Indexing auch etwas für dich?

Du weißt unterdessen ja, wie stolz ich auf mein Anlageergebnis 2015 bin. 22,7 Prozent – das ist in der Tat ein tolles Resultat. Aber: Verglichen mit der extrem einfachen ETF-Strategie (MDax, S&P 500) ist mein Ergebnis alles andere als überragend. Es sind genau 4,7 Prozentpunkte mehr, die mein Depot erzielt hat. Das sind immerhin noch 26 Prozent mehr Gewinn, als Indexing mir eingebracht hätte.

Moment mal, könntest du an dieser Stelle einwenden. Wozu bitteschön soll ich mich mit allerlei Aktien beschäftigen und mich fragen, welche genau die besten Aktien sind, wenn eine ganz simple Anlage in gerade einmal zwei ETFs den Dax bereits um Längen schlägt? Ganz ehrlich – du hast natürlich völlig Recht. Das ist ja auch der Grund, warum Gerd Kommer von einer Anlage in Einzelaktien abrät, und auch mein großes Vorbild Warren Buffett macht das oft.

Ja, du hast richtig gelesen – der große Investor und Aktienfan Warren Buffett, der selber nichts lieber tut, als Unternehmensberichte zu lesen und sein geliebtes *Wallstreet Journal*. Derselbe Warren Buffett rät immer wieder mal von einer Anlage in Aktien ab. Von einer Anlage in Einzelaktien wohlgemerkt. Auch Buffett ist aufgefallen, dass der durchschnittliche Privatanleger mit Einzelaktien sehr viel weniger Gewinn macht als der Index selber. Und deshalb rät Buffett Anlegern nicht nur zum Indexing, sondern gleich auch ganz unverfroren zu einem konkreten Produkt. Er empfiehlt den Vanguard S&P 500 ETF. Was das ist und warum es lohnt, ihn zu kennen, erfährst du im nächsten Kapitel.

VIII

Always look on the bright side of life
Wieso Buy-and-hold siegt
und der aktive Anleger
der Verlierer ist

»Gute Strategie«, sagt der Tradingexperte Karsten Kagels in nüchternem Ton. Dann legt er schwungvoll ein Din-A4-Blatt vor mir auf den Tisch. Was meint Karsten Kagels mit »gute Strategie«? Will er mich auf den Arm nehmen? Meine Anlagestrategie ist brillant! Auf dem Blatt, das da vor mir liegt und das ich festhalten muss, damit der Wind es nicht mit sich fortträgt, ist ein Chart zu sehen. Karsten Kagels hat ihn gerade zu Hause ausgedruckt. Es ist ein Chart des S&P 500, von dem jetzt schon so oft die Rede war.[1] Das Besondere an diesem Chart ist, dass er sehr weit zurückgeht. Bis in die zwanziger Jahre des vergangenen Jahrhunderts. Gut zu sehen ist das enorme Tief im Jahr 1932.

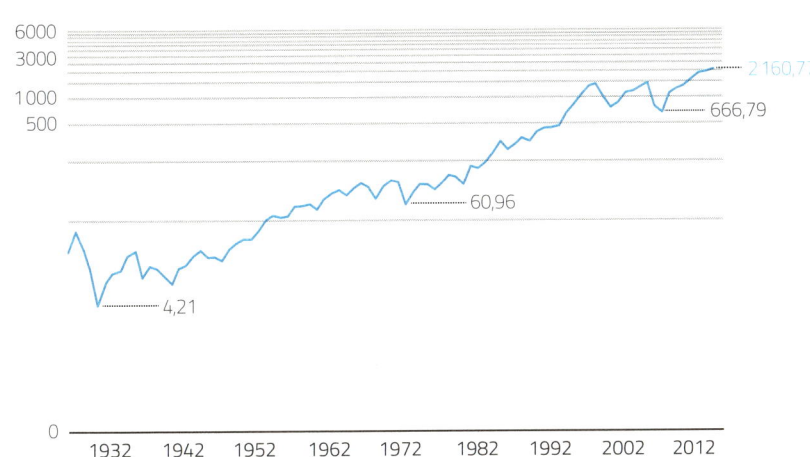

Ein Blick zurück, der gar nicht weh tut: Der S&P 500 von 1928 bis 2016 (Juli) in logarithmischer Skalierung. Bei einer logarithmischen Skalierung nimmt der gleiche *prozentuale* Anstieg des Index immer den gleichen Raum ein. Hundert Prozent Zuwachs werden also immer gleich groß dargestellt, einerlei ob der Index von 40 auf 80 Punkte steigt oder von 400 auf 800 Punkte.
Quelle: kagels-trading.de

Ein Lob der Erinnerung

So ein weiter Blick zurück ist sehr hilfreich. Bei den meisten Anlegern reicht die Erinnerung nur bis ins letzte Jahr. Manchmal wissen sie vielleicht noch, was im letzten Jahrzehnt passiert ist. Das ist der kurzfristige Blick von Anlegern. Sie tun sich damit keinen Gefallen. Ein Blick auf die Entwicklung eines Indexes über drei Monate oder ein Jahr sagt wenig aus, um zu entscheiden, was Buy-and-hold für dich als Anleger bringt. Wenn du das wirklich wissen willst, dann brauchst du einen langen Atem und die große Perspektive – und die bietet die Spezialsoftware, die Karsten Kagels für seine Analysen nutzt. Wer wie er so weit zurückschaut, für den sieht die Welt anders aus. Ganz anders.

Ein verstörendes Tief

Das Jahr 1932. Wenn du einmal ein wirklich düsteres und verstörendes Tief sehen möchtest, dann schau dir den erwähnten S&P-500-Chart an. 1932 ist eine echte Katastrophe. Die Volkswirtschaften Europas und der USA liegen schrecklich darnieder. Es ist das ist Jahr, in dem die Arbeitslosigkeit in Deutschland die Marke von unglaublichen 30 Prozent überschreitet. In den USA sind es immerhin noch 25 Prozent. 1932 – das ist auch das Jahr, in dem Howard Buffett sich als Broker selbstständig macht, sich selbstständig machen muss, weil die Bank, für die er arbeitet, pleitegeht und er mit ihrem Untergang nicht nur seine Arbeit, sondern zudem auch noch sein ganzes Geld verliert. 1932 ist der historische Tiefpunkt, nicht nur für den Index. Von hier aus wird der deutsche Faschismus seinen Siegeszug antreten. Große Teile der wirtschaftlichen und politischen Eliten versagen angesichts der seit drei Jahren herrschenden Wirtschaftskrise und beschließen, den Nationalsozialisten die Macht zu übergeben. Die Folgen sind bekannt.

Nach Norden – nur nach Norden

Der S&P 500 über mehr als acht Jahrzehnte – so ein Chart ist ein unglaublicher Anblick. Er geht tatsächlich immer und immer nach oben. Nach Norden, wie wir Börsenfans sagen. Selbst scheinbar bedeutende Krisen in den letzten Jahrzehnten hinterlassen nur geringe Spuren in dem Chart, den Karsten Kagels mir mitgebracht hat. Die langfristige Perspektive bringt für uns Dinge an den Tag, die dem kurzsichtigen Aktienanleger leicht entgehen. Etwa die Erkenntnis, dass du Aktien einfach kaufen und halten kannst – buy and hold. Und du kannst dabei hohe Gewinne erzielen. Du braucht dazu nur eine Handvoll Qualitätsaktien zu kaufen, beste Aktien eben. Danach brauchst du bloß noch die wichtigste Investoreneigenschaft überhaupt – Geduld.

Oder aber du kaufst einen einzigen ETF. Etwa den Vanguard S&P 500 ETF, mit seinem Volumen von 250 Milliarden Dollar einer der größten Fonds der Welt – und einer der billigsten noch dazu.[2] Die Fondsgesellschaft Vanguard hat ihn 1976 aufgelegt und war damit die erste Firma überhaupt, die so einen Indexfonds auf den Markt brachte. Schon damals war durch die Forschung weitgehend klar, dass aktiv gemanagte Fonds auf lange Sicht nicht besser abschneiden als der ganze Index – aber viel höhere Kosten nach sich ziehen.

Eine gute Strategie

Das Blatt mit dem Chart des S&P 500 liegt noch immer auf dem Tisch zwischen Karsten Kagels und mir. Ich habe den Zuckerstreuer draufgestellt, weil immer mal wieder eine Windböe daran zerrt. Was sagt uns das Chartbild? »Der Chart sagt, dass deine Strategie gut ist«, sagt Karsten Kagels noch einmal nüchtern. Keine Begeisterung. »Danke.« Das höre ich natürlich gerne. Obwohl ein wenig mehr Euphorie angesichts meine besten Aktien mir schon gut gefallen würde. Aber für Euphorie ist Karsten Kagels wohl nicht der Typ. Die Strategie mit den besten

Aktien ist gut, sagt der Experte, der selber seit drei Jahrzehnten an der Börse handelt, als Trader. »Fallende Aktienmärkte sind in der Regel nur von kurzer Dauer«, sagt Karsten Kagels. »Deshalb ist es sinnvoll, solide Aktien zu kaufen und sie einfach liegen zu lassen – über lange Zeit. Sie werden auf Dauer steigen.«

Und wie sie steigen! Der Chart zeigt am rechten Rand, dass der S&P 500 im Jahr 2016 (August) einen neuen Höchststand erreicht hat. Es sind 2160,77 Punkte. Und das inmitten all der Sorgen und Krisen der Welt. Aber vielleicht ist es ja hilfreich, sich klarzumachen, dass das, was wir derzeit erleben und als Krisen der Welt auffassen, Bagatellen sind im Vergleich zu dem, was die Welt bereits hinter sich hat. Verglichen mit dem Koreakrieg (rund 5 Millionen Tote) nimmt sich selbst die schreckliche humanitäre Katastrophe in Syrien (geschätzte 470000 Tote), die wir seit Jahren entsetzt und hilflos im Fernsehen verfolgen, eher bescheiden aus. Und verglichen mit 1932 war die Weltwirtschaftskrise von 2008/09 nur ein ausgewachsener Sturm – und kein Tornado. In meinem Kopf kreist eine Liedzeile. »Always look on the bright side of life«, murmele ich etwas sarkastisch.[3]

Die Weisheit des CAGR-Rechners

Und der Tiefpunkt? Bei welcher Punktzahl stand der S&P 500 damals, im Schreckensjahr 1932? Ein Blick auf den Chart von Karsten Kagels zeigt es: Der S&P 500 notierte in dem Jahr bei 4,21 Punkten. Vielleicht möchtest du jetzt gerne wissen, wie hoch die Wertsteigerung im Index für diese Zeit ausfällt. Nur zu! Du gehst einfach zum CAGR-Rechner im Internet, von dem schon die Rede war[4], und gibst dort folgende Zahlen ein:

Anfangswert: 4,21
Endwert: 2160,77
Zeitraum: 84 Jahre.
Fertig.

Ich verrate dir hier nicht, was bei der Rechnung herauskommt – so hast du mehr Spaß daran, es selbst herauszufinden (wer es doch nicht abwarten kann, der kann im Anhang nachschauen[5]). Wer einen CAGR-Rechner bedienen kann, der ist für die Geldanlage deutlich besser gerüstet als all die Anleger, die ihre Entscheidungen eher spontan und aus dem Bauch heraus treffen. Sie verlassen sich dabei auf ihr schnelles Denken, über das der Nobelpreisträger Daniel Kahneman seinen Weltbestseller *Schnelles Denken, langsames Denken* geschrieben hat.

Ich habe schon einmal, im zweiten Kapitel, vor dem schnellen Denken im Finanzfragen gewarnt. In finanziellen Dingen versagt das schelle Denken in der Regel kläglich. Der CAGR-Rechner aber nicht. Wer ihn regelmäßig benutzt, der lernt ungemein viel dazu. Er kennt die Wahrheit – und weiß sie von Annahmen und Bauchgefühlen zu unterscheiden. Mit einem CAGR-Rechner zu arbeiten, das ist eine Form des langsamen Denkens. Es zahlt sich für Anleger aus. In Heller und Pfennig.

Kursgewinne plus Dividende

Nehmen wir einfach mal an, es wären 6,5 Prozent Gewinn, die im Durchschnitt seit 1932 rauskommen. Die Performance des S&P 500 ist gut, keine Frage. 6,5 Prozent – das ist ein starkes Ergebnis. Aber das ist einmal mehr nur die halbe Wahrheit. Denn es sind ja lediglich die Kursgewinne! Die ganze Wahrheit dagegen geht so: Zusätzlich zum Kursanstieg kommen noch zwei weitere Gewinne hinzu.

Erstens. Du erhältst alljährlich die Dividende, deinen Anteil an den Gewinnen der Unternehmen also, die den S&P 500 darstellen. Ein großer Teil der Firmen in diesem Index zahlt eine Dividende. Historisch macht die für den S&P 500 um die 4 Prozent aus. Pro Jahr! In den letzten Jahrzehnten ist dieser Wert etwas gesunken und liegt derzeit leicht unter 3 Prozent. Die Dividende kannst du jetzt als Gewinn verbuchen und fröhlich ausgeben – so wie meine Frau und ich es geplant haben mit den Erträgen aus den besten Aktien – für ein Wellnesswochenende zum Beispiel. Bei einer Anlage von 10 000 Euro kannst du so Jahr für Jahr im Durchschnitt 400 Euro extra ausgeben. Wenn du das möchtest.

Die Zinseszinsen

Natürlich musst du deinen Gewinn aus den Dividenden nicht ausgeben. Du darfst ihn auch sparen. Das führt dann zu zweitens, zu deinem zweiten Extragewinn also. Legst du die Dividenden Jahr für Jahr wieder in den Index an, dann bekommst du mit der Zeit Zinsen auf die Zinsen – wir hatten das schon einmal bei der unglaublichen Wertsteigerung, die dein Geld durchmachte mit einer Anlage in den dänischen Insulinspezialisten Novo Nordisk. Die alljährliche Wiederanlage der Dividende hatte das Ergebnis dort im Verlauf von zwanzig Jahren um stolze 40 Prozent erhöht. Ganz ähnlich liegt der Fall auch jetzt, ein wenig stolzer sogar noch. Steigt der Index um 6,5 Prozent im Jahr und die Unternehmen schütten 4 Prozent aus, dann liegt dein Gesamtergebnis ja schon bei 10,5 Prozent. Der Unterschied zwischen 6,5 und 10,5 Prozent zählt. Schauen wir mal, wie das in Euro und Cent aussieht. Hier kommt die Rechnung: Eine Rendite von 6,5 Prozent macht aus 10 000 Euro in dreißig Jahren die Summe von 66 000 Euro. Tolle Sache, könntest du nun denken. Aber warte mal, was jetzt folgt. Das ist nämlich ziemlich wenig, verglichen mit dem höheren Prozentsatz, verglichen mit dem Ergebnis, dass bei 10,5 Prozent herauskommt. In dem Fall sind es beinahe unglaubliche 200 000 Euro.

Puh! 200 000 Euro – was für eine Zahl. Dein Geld hat sich in dreißig Jahren verzwanzigfacht – und das mit einer absolut simplen Anlage in den S&P 500. Durch die wiederangelegten Dividenden sind es starke 300 Prozent mehr als durch die Kurssteigerung alleine. Die Börse ist wirklich großzügig zu dir als

Anleger, deutlich großzügiger, als die meisten Menschen denken. Und das alles nur, weil du auf dein Wellnesswochenende verzichtet hast!

Solche Rechnungen enden auch für mich oft unglaublich. Wieder einmal schlägt in diesem Fall die Magie des Zinseszinses zu. Nichts bereitet uns vor auf den unglaublichen Effekt, den leicht erhöhte Prozentzahlen über lange Zeiträume auf den Gewinn einer Geldanlage ausüben. Das ist wohl auch der Grund, warum Albert Einstein einmal gesagt hat, der Zinseszins sei das achte Weltwunder.

Unser Gehirn kann keine Zinseszinsrechnung. Ein Taschenrechner schon. Er ist das zweite unerlässliche Hilfsmittel für langsames Denken in Fragen der Geldanlage. Wie das geht, das kannst du in den Anmerkungen zu diesem Kapitel nachlesen.[6] Und dann darfst du das mit der Verzwanzigfachung deines Geldes in drei Jahrzehnten gerne mal nachrechnen.

Langfristig denken

Wer legt sein Geld schon für dreißig oder gar achtzig Jahre an, schreibt ein Facebook-Nutzer, als ich den Langfristchart des S&P 500 in einer Aktiengruppe bei Facebook poste. Seltsame Frage. Viele Menschen tun das. Warren Buffett legt sein Geld jetzt schon seit über siebzig Jahren in Aktien an. Dieser lange Zeitraum ist einer der Gründe für seinen phänomenalen Reichtum. Hätte er sich mit fünfzig bereits zur Ruhe gesetzt, dann hätten wir wohl nie etwas von ihm gehört. Statt 60 Milliarden besaß er damals nur 10 Millionen Dollar.

Kaum jemand von uns will ein Warren Buffett werden. Wozu auch? Die allermeisten von uns wollen nur eine solide Vorsorge fürs Alter. Wie lange dauert so eine Anlage mit dem Ziel eines ruhigen Lebensabends? Wenn du mit dreißig beginnst und dich mit 68 zur Ruhe setzt, dann sind das immerhin schon fast vier Jahrzehnte. Und wenn du mit 68 nur einen Teil deiner Anlagen verkaufst, den Teil, den du in den nächsten Jahren wirklich brauchst, dann ist möglicherweise auch zehn Jahre später noch ein Teil deines Geldes im Aktienmarkt investiert. Das sind nun schon knapp fünf Jahrzehnte. Du siehst, es ergibt durchaus Sinn, solche Langfristcharts wie den von Karsten Kagels anzuschauen und sich die langfristige Rendite am Aktienmarkt klarzumachen. Buy-and-hold funktioniert. Das sieht auch ein ausgewiesener Trader wie Karsten Kagels so.

Scharfe Schüsse im Dreiländereck

Noch immer liegt der Chart des S&P 500 auf dem Tisch zwischen Karsten Kagels und mir. Die Bedienung bringt mir einen Salat mit Walnüssen, Avocado und Ziegenkäse. Karsten Kagels bekommt Stampfkartoffeln mit Leber (»zartrosa bitte«). Wir sitzen an einem historischen Ort Berlins, da, wo die beiden Westberliner Bezirke Neukölln und Kreuzberg mit dem Ostberliner Stadtteil Treptow ein Dreiländereck bilden. Drei Wasserstraßen stoßen hier mitten in der Metropole aufeinander. Wo vor dreißig Jahren noch eine Mauer stand und Stacheldraht und ein Wachturm mit Grenzsoldaten und Maschinengewehren, genau da ist jetzt die Terrasse von Kalle Klein. An der Stelle, wo wir beide jetzt sitzen, bei Leber (»vorzüglich«) und einem fantastischen Salat, wurde früher scharf geschossen. Auf Republikflüchtlinge.

Aktien fallen immer – denken viele Menschen

Karsten Kagels' Chart des S&P 500, der so unsagbar unbeirrt einfach nach Norden strebt, versetzt viele Menschen in Unglauben. Aktien steigen und fallen in stetem Wechsel – denken sie. Manche Menschen sind, gegen alle Fakten, sogar der festen Überzeugung Aktien würden häufiger fallen als steigen. Und damit haben sie zugleich auch ein wenig Recht, jedenfalls wenn wir uns an dieser Stelle eine weitere ganz zentrale Erkenntnis von Nobelpreisträger Daniel Kahneman vor Augen führen. Sie lautet in Kurzform WYSIATI (»What you see is all there is«). WYSIATI ist für Daniel Kahneman eine spezielle Unterform des schnellen Denkens. Kahnemans These lautet: Unser Gehirn verarbeitet immer nur die Informationen zu einer Ansicht von der Welt, über die es verfügt. Und das tut es auch dann, wenn diese Informationen für eine schlüssige Annahme völlig unzureichend sind. WYSIATI erklärt, wie Menschen zu irrigen – zu völlig irrigen – Ansichten kommen, zum Beispiel zu der Ansicht, dass Aktien öfter fallen als steigen. Oder zu der Ansicht, dass Aktien steigen und fallen und steigen und fallen – ohne eine erkennbare Richtung.

Das WYSIATI-Prinzip und die Aktien

Um zu verdeutlichen, wie WYSIATI zu vollständig unhaltbaren, faktenwidrigen menschlichen Urteilen führt, will ich einen Blick auf die turbulenten Wochen werfen, die der Dax im Juli 2016 hinter sich hatte. Wenn wir die Entwicklung von Aktienkursen zum Beispiel in einem Chart anschauen und analysieren, dann handelt es sich dabei genau genommen um eine Form des langsamen Denkens. Informationen zu suchen, die eine schlüssige

Sechs spannende Wochen – der Chart des Dax vom 14. Juni bis zum 26. Juli 2016. *Quelle:* Generiert auf Basis der Daten von *finanzen.net.*

Annahme über die Welt möglich machen, das kostet uns Zeit. Und Energie. Schnelles Denken hingegen nicht. Schnelles Denken vollzieht sich in Sekundenbruchteilen – oft, ohne dass wir das bewusst wahrzunehmen vermögen. Schnelles Denken ist so etwas wie der Energiesparmodus unseres Gehirns. Wir verfügen über diesen Modus, weil es sich im Laufe der Evolution herausgestellt hat, dass es für Menschen sinnvoll ist, sich auch in Sekunden oder Sekundenbruchteilen entscheiden zu können. Schnelles Denken sichert das Überleben unserer Art. Daniel Kahneman würde wohl sagen: Für Entscheidungen über Geld oder Geldanlage ist das schnelle Denken nicht gemacht.

Sensation – Dax steigt um 7 Prozent

Schulen wir also unser langsames Denken. Im Chart des Dax oben ist gut zu sehen, dass der deutsch Leitindex in dieser bewegten Zeit, in der Großbritannien sich für den Austritt aus der EU entschied, ein amokfahrender Terrorist in Nizza fast hundert Menschen tötete und ein Militärputsch in der Türkei scheiterte, rund 7 Prozent zugelegt hat.

7 Prozent! Lass das mal eine Weile sacken. Angesichts von Minuszinsen bei Staatsanleihen und Minizinsen für Festgeld ist das eine ziemlich starke Zahl. Die Medien hätten alle berichten können: Sensation – Dax steigt in fünf Wochen um 7 Prozent! Hätten sie gekonnt. Haben sie aber nicht gemacht. In Wahrheit haben sie sogar das genaue Gegenteil getan. In den Medien war einhellig Folgendes zu lesen: Dax fällt um 7 Prozent! Eine andere Schlagzeile aus dieser Zeit: 5 Billionen Dollar an Börsenwert vernichtet. Das klingt angesichts der unglaublich hohen Zahl fast nach einem Weltuntergang und es stand nicht einmal in der *Bildzeitung*, sondern bei *Spiegel Online*.

Fünf Billionen Dollar verschwunden

Weltweit 5 Billionen Dollar an Börsenwert vernichtet – das ist keine Lüge. *Spiegel Online* hat diese Zahl nicht erfunden. In den drei Handelstagen nach dem Brexit-Votum der Briten ist an den Börsen der Welt in der Tat genau das passiert. Von den gut 70 Billionen Dollar, die weltweit an den Aktienmärkten angelegt sind, waren drei Tage später noch rund 65 Billionen da. Die Anleger waren verunsichert und einige von ihnen haben das unerwartete britische Votum, die EU zu verlassen, zum Anlass genommen, ihre Aktien zu verkaufen.

Da es an der Börse für jeden Verkäufer auch einen Käufer geben muss, lässt sich der Vorgang auch ganz anders beschreiben: Aus der Sicht derjenigen, die kaufen. Sie haben die Unsicherheit an den Märkten und die fallenden Kurse eiskalt genutzt, um billig einzukaufen. Die Aktien sind ja nicht etwa verschwunden. Sie haben sich nicht in Luft aufgelöst – sondern den Besitzer gewechselt. Sie sind von den zittrigen Händen in die ruhigen Hände gewandert, wie Börsenlegende André Kostolany diesen Vorgang gerne beschrieb. Dass zittrige Hände Aktien in großer Zahl auf den Markt werfen und ruhige Hände sie einsammeln – so etwas passiert an der Börse ständig. Abschläge von um die 10 Prozent gibt es etwa alle zehn Monate. Ein Rückgang um 5 oder 7 Prozent in einigen Tagen ist also nicht wirklich ungewöhnlich – auch wenn der Chart von Karsten Kagels vom S&P 500 das nicht mehr deutlich zeigt. Zu klein sind diese Ausschläge für seinen Langfristchart. Sie gehen in der langsamen und stetigen Aufwärtsbewegung der Jahrzehnte einfach unter.

Auch der Dax ist nach der Brexit-Entscheidung der Briten gefallen: Der Chart zeigt das ebenfalls. Erst geht es rauf, dann eine kurze Zeit scharf nach unten – und dann gleich wieder nach oben. Von den knapp 7 Prozent Gewinn in den Wochen rund um den Brexit haben die allermeisten Menschen allerdings nichts bemerkt. Sie standen auch in kaum einer Zeitung. Die

7 Prozent Verlust auf der linken Seite des Charts in den drei Tagen, die dem Brexit-Votum folgten, haben viele Menschen registriert. Weil die Medien darüber berichtet haben. Und so sind die Gehirne der Mehrheit der Zeitungsleser und Internetnutzer mit der Information »Dax fällt um 7 Prozent« versorgt worden – obwohl der Dax in den Wochen vor und nach dem Brexit-Votum in Wahrheit um 7 Prozent gestiegen ist.

Halten wir fest

- Es ist das WYSIATI-Prinzip, das die Sicht vieler Menschen auf Aktien prägt. Wir glauben, was wir sehen. Und was wir nicht sehen, das hat auch keinen Einfluss auf unsere Sicht der Welt.

- Die Medien berichten über fallende Kurse deutlich häufiger als über steigende. Schlimmer noch – manche Medien berichten sogar beinahe nur über fallende Kurse. Die *Tagesschau* zum Beispiel. Oder die *Bildzeitung*. Oder die großen Internetportale wie *Yahoo* oder *T-Online*. Börsenkurse kommen im Leben vieler Menschen nur dann vor, wenn sie gerade fallen. Sie erfahren von ihnen, wenn sie spektakulär fallen, wie nach dem Brexit-Votum.

- Einen Chart wie den vom Dax aus den Wochen vor und nach der Brexit-Abstimmung – den bringt kaum eine Zeitung. Und einen Chart wie den, der da zwischen Karsten Kagels und mir liegt und der die Erfolgsgeschichte des amerikanischen Aktienmarktes über neunzig Jahre zeigt, haben die allermeisten Menschen schlicht noch nie zu Gesicht bekommen. Deshalb glauben viele Anleger, dass Aktien eine sehr riskante Sache sind.

Aktien können ein Kreuz sein

Fallen Aktien in drei Tagen um 5 Billionen Dollar, dann steht das in beinahe jeder Zeitung. Der anschließende Gewinn aber, wer hat den bemerkt? Die Antwort auf diese Frage lautet: die Insider. Aktienbesitzer wie ich zum Beispiel. Mein Gehirn hat diese Information verarbeitet. Ich habe mich gefreut – natürlich. Die meisten Menschen haben die Entwicklung der weltweiten Indizes aber nur in den drei Tagen zur Kenntnis genommen, an denen das Leben als Aktienbesitzer alles andere als bright war, sondern ausgesprochen schwierig. Man könnte auch sagen: ein Kreuz.

Wer an solchen Tagen auf die vielen roten Zahlen achtet, die er gegenüber dem Vortag zu verzeichnen hat, in sein Aktiendepot schaut und stündlich aufs Neue sehen kann, wie viel ärmer er geworden ist, der ist meist nicht gerade in der Verfassung, sich ein *Always look on the bright side of life* zu pfeifen. Zu solchen Zeiten scheinen Aktien tatsächlich ein Kreuz zu sein. Von denen, die in dieser Phase der Börse in Panik verkaufen in der Hoffnung, später günstig wieder einzusteigen, wird später in diesem Kapitel noch die Rede sein. Wer an solchen Tagen gerne kauft, das müsste unterdessen auch klar sein – Warren Buffett zum Beispiel, eines der ruhigsten Paar Hände an der Börse. Und die vielen anderen Profis, die sich über günstige Kurse freuen – und sie zum Einkauf nutzen.

Mir genügt ein Blick ins Depot

Wer keine Aktien hat, der bekommt von den hohen Gewinnen dieser Form der Geldanlage kaum etwas mit. Für mich ist das alles deutlich einfacher. Ich habe Aktien: Amazon, Apple, Facebook, Mastercard und Novo Nordisk – diese fünf Werte habe ich 2015 auch als beste Aktien auf meinem Blog empfohlen.[7] Wenn ich nun in mein Depot schaue (Stand: Juli 2016), dann sehe ich Folgendes: Die Aktie von Mastercard ist in drei Jahren um 87,4 Prozent gestiegen. Zudem erscheinen die Zahlen auch noch in Grün – einer ausgesprochen angenehmen Farbe für Aktienbesitzer. Rechnet man die Dividenden in den drei Jahren mit ein, steht Mastercard bei mir sogar mit mehr als 90 Prozent im Plus. In gerade einmal drei Jahren! Ist die Aktie damit eine Ausnahme? Hat sie sich vielleicht besonders gut entwickelt und andere Aktien stehen viel schlechter da? Das ist nicht der Fall. Von meinen besten Aktien ist Mastercard mit seinen 90 Prozent Plus derzeit (Juli 2016) sogar der Nachzügler. Es ist die schlechteste Aktie. Novo Nordisk ist in der gleichen Zeit um 99,9 Prozent gestiegen. Mit Dividenden ergibt sich bei der Aktie also ein Plus von etwa 104 Prozent. Und Apple steht mit 96,4 Prozent ebenfalls ziemlich gut. Inklusive Dividenden sind es auch hier über 100 Prozent Wertzuwachs. In drei Jahren.

Mit diesen starken Ergebnissen stehen die drei Konzerne nicht einmal an der Spitze der besten Aktien. In den Charts der Aktien ist leicht zu erkennen, dass die beiden Aktien, die keine Dividende zahlen, Amazon und Facebook, die höchste Wertsteigerung aufweisen.[8] Amazon hat in drei Jahren 195 Prozent zugelegt. Facebook dagegen stände, wenn ich sie die ganze Zeit über behalten hätte, gar um 361 Prozent im Plus. Du erinnerst

Meine besten Aktien, die erste: Mastercards Performance zwischen Juli 2013 und Juli 2016. *Quelle:* Generiert auf Basis der Daten von *finanzen.net.*

Meine besten Aktien, die zweite: Die starken Dänen von Novo Nordisk. *Quelle:* Generiert auf Basis der Daten von *finanzen.net*.

Meine besten Aktien, die schönste: Für Designschmiede Apple ist das Ende der Fahnenstange noch lang nicht erreicht. Sage ich. *Quelle:* Generiert auf Basis der Daten von *finanzen.net*.

dich sicher noch an meinen größten Aktienfehler, der diesen Gewinn zunichte gemacht hat – weil ich zu wenig Geduld hatte mit der Aktie. Und zu wenig von den Zukunftsaussichten des Business von Facebook verstanden habe.

Ich sehe diese Zahlen. Ich sehe sie jedes Mal, wenn ich in mein Depot schaue. Niemand vermag es, mich glauben zu machen, dass Aktien stets fallen. Oder stets fallen und steigen und

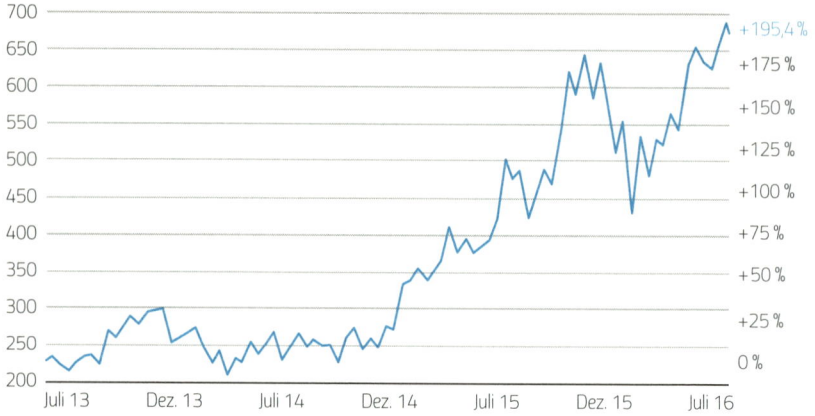

Meine besten Aktien, die vierte: Nichtdividendenzahler Amazon. *Quelle:* Generiert auf Basis der Daten von *finanzen.net*.

Meine besten Aktien, die verstoßene: Wäre ich Facebook damals doch nur nicht untreu geworden. *Quelle:* Generiert auf Basis der Daten von *finanzen.net*.

fallen und steigen. Wer aber keine Aktien besitzt – der hört häufig nur die schlechten Nachrichten.

»Apple ist gefallen«, sagt meine Frau. Sie war wieder einmal auf einem Internetportal. Stimmt. Wenn man sich den Chart genau anschaut, dann sieht man, dass die Aktie von Apple schon mal höher stand. Sie schwächelt seit einer Weile. Aber ist das wirklich schlimm, bei einer Aktie, die in drei Jahren um

100 Prozent zulegen konnte? In meinen Augen nicht. Davon, dass Apple steigt, weiß meine Frau nur, weil ich ihr den Chart gezeigt habe. Ihr Internetportal berichtet – wie die meisten – auf seiner Startseite nicht über steigende Aktien. Es zeigt nicht den Chart von Apple über drei Jahre (96,4 Prozent) oder über zehn Jahre (1053 Prozent). Stattdessen fallen Aktien dort. Und sie fallen beinahe immer. Auf den Finanzseiten der Portale sieht das natürlich ganz anders aus.

Hobbytrader zahlen in der Regel drauf

Karsten Kagels spießt das letzte Stück Leber auf seine Gabel. Dann lehnt er sich entspannt zurück. Hobbytrader, die an schlechten Börsentagen ihre Aktien kopflos auf den Markt werfen – für so etwas hat der Profi wenig Sinn.

»Anfänger«, sagt Karsten Kagels und lacht.

Wer versucht, den Markt zu schlagen, der schichtet seine Anlagen unablässig um. Und das verursacht Kosten. Transaktionskosten. Die können für Privatanleger einen erheblichen Teil der Gewinne ausradieren, so wie es den Aktienfonds ja auch ergeht. Studien über Studien belegen für Privatanleger wie für Aktienfonds immer wieder: Je mehr sie handeln, desto niedriger fallen ihre Gewinne aus. Schon der durchschnittliche Anleger muss knapp 2 Prozent des Geldes im Jahr als Kosten abschreiben. Das senkt den Gewinn. Anleger, die noch mehr handeln als der Durchschnitt, verlieren in der Regel noch mehr Geld. Day-Trader arbeiten oft alleine, nur, um die hohen Kosten ihrer vielen Trades hereinzuholen. Ohne jeden Gewinn.

Der Durchschnitt der Anleger kam in einer Studie von 1991 bis 1996 auf eine 1,8 Prozent geringere Rendite, als sie der Index bot. Je häufiger Anleger aber handelten, desto geringer fiel ihr Gewinn aus. Das Fünftel der intensivsten Trader lag bereits satte 5,8 Prozentpunkte hinter dem Index.

Man muss sich das einfach einmal ganz bildlich vorstellen: Da sitzen erwachsene Menschen – Männer zumeist – Tag für

Tag vor dem Bildschirm ihres Computers oder schauen gebannt auf ihre Smartphones. Auch mit einem Smartphone lassen sich heute ja bequem Aktien kaufen oder verkaufen. Alle diese Menschen – genauer: Männer – nutzen (wie sie denken) jede Chance, ihren Gewinn durch einen schnellen Kauf oder Verkauf zu erhöhen. Aber am Ende führt ihre Arbeit, diese mühevolle, stundenlange Beschäftigung mit den gerade aktuellen Notierungen ihrer Unternehmensbeteiligungen dazu, dass sie als sehr aktive Anleger in ihrer Gesamtheit erheblich weniger Gewinn machen als der Index. Das ist hochgradig absurd. Und erklärungsbedürftig.

Was bleibt – nach Kosten?

Machen wir unsere Rechnung aus dem letzten Kapitel doch einfach noch einmal und rechnen diesmal aus, was drei Gruppen mit unterschiedlichem Anlegerverhalten (Indexing; durchschnittliche Anleger; sehr aktive Anleger) in dreißig Jahren aus 10 000 Euro machen.[9] Netto, also nach Abzug der Inflation. Beim Indexing liegen die Kosten zwischen 0,1 und 0,8 Prozent pro Jahr – im Durchschnitt irgendwo um die 0,5 Prozent. Es ist in der Tat die billigste Form der Anlage in Aktien. Beim durchschnittlichen Anleger sind es schon 1,8 Prozent im Jahr, die für die Kosten draufgehen. Beim sehr aktiven Anleger dagegen 5,8 Prozent. Die Euro-Beträge, die sich für die drei Anlegergruppen ergeben, lauten:

1 Indexing bringt nach drei Jahrzehnten nach Abzug der Kosten, inflationsbereinigt 57 400 Euro.
2 Der durchschnittliche Anleger schafft immerhin noch ein Ergebnis von 39 700 Euro.
3 Das Schlusslicht ist der aktive Trader, der sehr aktive Anleger also. Er rangiert ganz am Ende und kommt im Durchschnitt auf 12 300 Euro. Er hat also nach den Zahlen dieser Studie in all den Jahren gerade so die Inflation reingeholt und einen winzig kleinen Gewinn erzielt, einen Gewinn, der problem-

los auch mit den allerlangweiligsten Produkten wie einer Lebensversicherung zu erzielen wäre. Im Durchschnitt! Viele Trader verdienen nichts. Keine Frage, Banken, Direktbanken und Onlinebroker profitieren einmal mehr auch vom sehr aktiven Anleger. Er lässt ziemlich viel Geld bei ihnen. Durch die hohen Transaktionskosten, die sein Anlagestil hervorruft.

Drei Anlagestile – drei Ergebnisse. Es sind Zahlen dabei herausgekommen, die für sich sprechen. Sie legen folgende Sicht nahe: Buy-and-hold erweist sich ein weiteres Mal als die erfolgreichere Strategie. Aktionistisches Kaufen und Verkaufen dagegen lässt die Gewinne an der Börse dahinschmelzen. Noch eine weitere Konsequenz lässt sich hieraus ableiten: Entweder es gelingt dir, mit deiner Anlagestrategie den Index zu schlagen – oder du lässt es sein. In dem Fall steckst du dein Geld einfach in einen Indexfonds. Wie den Vanguard S&P 500 ETF. Und freust dich über die Gewinne. Die sind ohnehin hoch genug.

Apple geht pleite

Auch die Ergebnisse von Profitradern sind nicht viel besser. Das Traden zählt zu den riskantesten Anlagestrategien überhaupt. Wir werden gleich noch mehr darüber erfahren. Es spricht für Karsten Kagels und seine Vorsicht, dass er auch nach drei Jahrzehnten noch Trader ist – und nicht pleite. Buy-and-hold hat in seinen Augen deutliche Vorzüge. Was aber hält der Tradingexperte von den Aktien, die ich halte? Ich erzähle ihm von meiner Aktienauswahl, von den besten Aktien also, die ich 2015 empfohlen habe: Apple, Amazon, Facebook, Mastercard, Novo Nordisk. Karsten Kagels denkt kurz nach.

»Apple geht pleite.«

»Oh«, sage ich. »Warum?«

»Weiß ich auch nicht«, meint er lakonisch, und es ist zu spüren, welche Freude es ihm bereitet, Aktien nicht langfristig zu besitzen – sondern nur kurzfristig Indizes zu traden. Neulich erst hat er zweimal Dax-ETF gekauft und ist nach einigen Tagen schnell mit Gewinn wieder ausgestiegen. Mit einem ETF auf Goldminenaktien hat er Anfang des Jahres in einigen Wochen sogar mehr als 30 Prozent Gewinn gemacht. Dann hat er sie wieder verkauft. Trader binden sich nicht gerne an Aktien.

Glaubt Karsten Kagels ernsthaft, dass der größte Technologiekonzern der Welt, dass die Firma Apple pleitegeht? Karsten Kagels hat die Geschichten von Unternehmen wie Blackberry und Nokia noch gut in Erinnerung. Beide Unternehmen waren einmal wichtige Unternehmen mit Weltgeltung. Und dann wurden sie beinahe zerrieben, nachdem das iPhone herauskam. Es hat ihr Geschäftsmodell in wenigen Jahren zerstört. Warum sollte es Apple eines fernen Tages anders ergehen?

»Klar geht Apple pleite«, sagt Karsten Kagels noch einmal.

Wir lachen beide. Es ist eine komische Vorstellung, dass der größte Technologiekonzern der Welt, dass die wertvollste börsennotierte Firma der Welt einmal bankrott sein könnte. In gewisser Weise hat Karsten Kagels mit seiner Sicht der Dinge aber auch Recht. Als der Dow Jones im Jahr 1884 ins Leben gerufen wurde, da enthielt dieser weltbekannte Index beinahe ausschließlich Eisenbahnaktien. Eisenbahnen erlebten gerade ihre Blütejahre. Neun der anfänglich elf Aktien im Dow Jones waren damals Unternehmen aus diesem Bereich. Heute ist mit Eisenbahnen kein Staat mehr zu machen und mit Eisenbahnaktien auch nicht. Der Dow Jones enthält nicht mehr ein einziges dieser Unternehmen. Dafür Automobilfirmen wie General Motors oder Ford. Und Technologiefirmen wie IBM, Microsoft und Apple.

Karsten Kagels steht auf. Seine Charts warten auf ihn. Fast achtzig verschiedene Indizes beobachtet er regelmäßig. Er muss Kunden mit Handelssignalen versorgen und Trader schulen. Er muss ein sehr vorsichtiger Trader sein. Die meisten Trader verdienen nur wenig mit ihren Anlagen – viele verlieren sogar Geld. Aber das ist wohl schon wieder eine ganz andere

Geschichte. Noch beim Überqueren der Straße dreht er sich um und ruft mir zu: »Und denk daran – Apple geht pleite.« Und noch bevor ich antworten kann, ist Karsten Kagels hinter der nächsten Häuserecke verschwunden.

IX

Money, get away[1]
Wieso die meisten Trader Geld verlieren – oder pleitegehen

Alex reibt sich müde die Augen. Dann starrt er wieder auf den Bildschirm. Seit Tagen schon beobachtet er gebannt die weltweiten Aktienmärkte nach dem Brexit-Votum der Briten. Der S&P 500 ist ebenso eingeknickt wie der Dow Jones, der Dax und auch der britische FTSE. Auf welchen Index soll er nun setzen? Die Märkte fallen seit zweieinhalb Tagen – aber Alex ist nicht investiert. Heute will er endlich kaufen. Er wird auf weiter sinkende Kurse setzen. Er ist sich sicher: Der Brexit-Entscheid wird die Kurse in den kommenden Tagen und Wochen weiter nach unten treiben – und er wird bei der Party mit dabei sein. Seine letzten Trades haben Alex endlich wieder Gewinne eingebracht. Dabei war er sehr vorsichtig und hat nur wenig Geld eingesetzt. Diesmal wird ihm das nicht passieren. Diesmal wird er mutiger sein und sein ganzes Spielgeld einsetzen – rund 15 000 Euro.

Alma hustet im Schlaf. Alex schaut kurz nach der Zweijährigen und kehrt dann zurück an den Computer. Alma hat Fieber, schon seit Tagen. Marie ist mit einer Freundin unterwegs. Für ihn ist das praktisch, so kann er in aller Ruhe seinem Hobby nachgehen – dem Traden.

Faktor 20

Alex hat sich entschieden, sein Geld auf einen CFD (Contract for Difference) auf den fallenden FTSE, auch Footsie genannt, zu setzen. Im Onlinehandel bekommt er den auch jetzt am Abend noch ohne Probleme. Welchen Faktor aber soll er nehmen? Bei einem Faktor von 10 gewinnt er 10 Prozent, wenn der Index um 1 Prozent nachgibt. Bei einem Faktor von 20 sind dagegen schon 20 Prozent Gewinn drin. 5 Prozent wird der Index noch fallen, das spürt er. Bei einem Faktor von 20 kann er seinen Einsatz also verdoppeln. Ein Gewinn von 15 000 Euro – in Gedanken sieht Alex schon all das Geld auf seinem Brokeraccount. Dieses Bild löst ein angenehmes Kribbeln in seinem Bauch aus. Vorfreude. In diesem Jahr ist endlich der lange versprochene Luxusurlaub in der Karibik drin! Und die sündhaft teure Erlenholzarbeitsplatte für die Küche, die seine Frau sich wünscht, auch. Marie wird staunen. Alex' Broker hat auch Zertifikate mit dem Faktor 50 oder 100 im Angebot. Faktor 100 – das bedeutet, dass der Index sich nur um ein einziges Prozent in die richtige Richtung bewegen müsste, schon hätte Alex 100 Prozent Gewinn. Doch auch das Umgekehrte trifft zu: Bei 1 Prozent in die falsche Richtung wäre er sein gesamtes Geld los. Sind es hingegen 2 Prozent, müsste er schon 15 000 Euro nachschießen. Ein Höllenritt.

Wieder hustet Alma. Sie wacht auf und weint. Alex geht hinüber ins Schlafzimmer und streichelt ihr über die Stirn. Wenn Alma krank ist, dann schläft sie immer bei ihnen, damit Marie nachts nicht so oft aufstehen muss. Almas Kopf fühlt sich heiß an, das Fieber ist sicher gestiegen. Er beruhigt sie kurz und zu seinem Glück schläft sie gleich wieder ein. Dann kann Alex wieder an den Computer.

Das Ziel: 15 K

Sein Freund Sebastian ist schon seit gestern mit einer größeren Summe aufseiten der Pessimisten engagiert. Er ist short, wie Trader sagen. Auf den Dax. Gerade erst kam eine E-Mail von ihm rein, kurz und knapp: »4 K bisher.« Das bedeutet, dass Sebastian rechnerisch bereits 4 000 Euro Gewinn gemacht hat, mit seinem Trade auf den fallenden Dax. Das Spiel läuft wieder einmal ohne Alex – Sebastian hat in diesem Jahr zwar ebenfalls nur zehn gute Trades hinbekommen, hat damit aber deutlich mehr Geld gemacht als er. Das wurmt Alex. Diesmal wird er es ihm zeigen. Er wird die 15 K machen! In diesem Jahr will Alex endlich den Index schlagen und zu den Tradern gehören, die in ihren Foren von satten Gewinnen berichten können. Die Verluste im letzten Jahr haben ihm viel Ärger gebracht. Niedergeschlagen wie er war, hat er sogar eine E-Mail geschrieben an einen Finanzblog, der sich für eine Buy-and-hold-Anlage in ETFs einsetzt, *zendepot* von Holger Grethe.

Buy-and-hold-Anleger haben in den letzten Jahren immer Gewinn gemacht, oft sogar im zweistelligen Prozentbereich. Bei Alex aber musste Jahr für Jahr ein vierstelliger Betrag dran glauben. 3 000 Euro – »3 K« – nur im vergangenen Jahr, aber immerhin. Als Regisseur und gelegentlicher Drehbuchautor verdient Alex gut – trotzdem lockt ihn das Abenteuer der Finanzmärkte und das schnelle Geld, das dort in seinen Augen zu verdienen ist. 15 K in drei Tagen – das ist sein Ziel. Oder soll er Faktor 50 nehmen und so gleich das ganz große Geld einstreichen? Er weiß, dass ein CFD mit diesem Faktor riskant ist. Aber was soll da schon passieren! Der Brexit macht die Entscheidung zu einer sicheren Sache. Und außerdem hat er seinen CFD ja mit dem Smartphone immer im Blick, auch bei der Arbeit am Set. Es ist leicht verdientes Geld. Wenn Sebastian das schafft – warum sollte ihm das nicht auch gelingen?

Marie war all die Jahre entsetzt über Alex' Verluste. Aber was weiß Marie schon von Aktien, von CFDs und Futures? Erst die Gewinne der letzten Wochen konnten sie wieder ein wenig beruhigen. Sie hat ihm schon vorgehalten, dass er spielsüchtig ist. So ein Quatsch – wenn er will, dann kann er jederzeit aufhören. Doch wozu? Ihm macht es Spaß. Mit angestrengtem Blick starrt Alex auf den Bildschirm und auf den Chart des Footsie. Arme Briten. In deren Haut möchte er jetzt nicht stecken. Das gibt für die ein böses Erwachen!

Der Schock

Als Alex am nächsten Morgen ins Büro kommt, steht sein CFD schon 5 Prozent im Plus. Na also – geht doch! Das wird ein Fest. In ein paar Tagen kann er den CFD verkaufen – mit einem satten Gewinn. Um elf Uhr dann ein Anruf von Marie.

»Komm bitte schnell«, sagt sie. »Es ist eine Lungenentzündung. Helios-Kinderklinikum in Buch. Beeil dich.«

Alex macht den Computer aus. Sein Regieprojekt muss warten. So ein Mist. Eine Lungenentzündung, das klingt gefährlich. Nervös fährt er los. Almas Anblick versetzt ihm einen Schock. Sie hängt am Tropf, liegt apathisch im Bett und scheint vor Hitze regelrecht zu glühen. Im Gesicht hat sie seltsame blass-rote Flecken. Eine halbe Stunde später übergibt sich Alma.

»Sie ist allergisch auf das Antibiotikum«, sagt die Ärztin. »Wir müssen es mit einem anderen versuchen.« Wieder vergeht Zeit – und Alma glüht.

Erst 36 Stunden später ist Alma über den Berg. Das Fieber ist gesunken. Das neue Antibiotikum hat angeschlagen – und sie hat es vertragen. Es waren die schlimmsten Stunden in Alex' Leben. Marie hat dicke Ringe unten den Augen. Sie sieht schrecklich aus – und ist doch überglücklich. Erleichtert nimmt Alex sie in den Arm und fährt übernächtigt nach Hause. Jetzt kann er endlich wieder duschen, sich rasieren und bei einem Kaffee einen Blick in die Zeitung werfen. Er holt die *Berliner Zeitung* aus dem Briefkasten, wirft einen Blick auf die Schlagzeile. Der britische Premierminister ist zurückgetreten. Oh weh – der Brexit! Den hat Alex bei all dem Durcheinander und der Angst um Alma einfach vergessen.

Finanzielle Massenvernichtungswaffen

CFDs mit Faktoren von 10, 20 oder gar 100 – Warren Buffett nennt diese Finanzinstrumente »Massenvernichtungswaffen«. Das ist nicht übertrieben. Schon ein CFD mit dem Faktor 10 kann dein gesamtes Vermögen über Nacht auslöschen. Einigen Tradern ist genau das passiert, als der Franken nach einer Ankündigung der Nationalbank am 15. Januar 2015 innerhalb von Sekunden um 13 Prozent aufwertete. Die Nationalbank sah sich außerstande, den Kurs des Franken gegenüber dem Euro weiter zu stützen. 13 Prozent Kursbewegung multipliziert mit dem Faktor von 10, das ergibt einen Verlust von 130 Prozent. So ein CFD kann dich im Handumdrehen in einen bettelarmen Menschen verwandeln – und ein Vermögen von 100 000 Euro von einer Sekunde auf die andere in nichts auflösen, mit 30 000 Euro Schulden noch dazu. 130 Prozent Verlust eben. Bei Faktor 20 wären schon 260 Prozent Minus drin – und Schulden von 160 000 Euro. Die Einzigen, die bei dieser Art Wetten auf Indizes und ihre Entwicklung immer einen Gewinn machen, das sind die smarten Onlinekollegen von Sabine Huber. Ob Lynx, Consors, Comdirekt oder OnVista – Onlinebroker verdienen immer und zu jeder Tageszeit. Sie haben beinahe rund um die Uhr geöffnet, wie ein Spielcasino, das niemals schließt.

In der Ruhe liegt die Kraft

E-Mails wie die von Alex, als es wieder einmal schlecht lief bei ihm, bekommt Holger Grethe von *zendepot* oft. »Ich schüttle dann vor allem mit dem Kopf«, sagt der 41-jährige Arzt und erfolgreiche Blogger. Was kann er ihm raten? »Ich habe ihm einen Coach empfohlen«, setzt Holger Grethe hinzu. Einen Coach zu empfehlen, das entspricht seiner zurückhaltenden Art. Einen Psychotherapeuten zu empfehlen, das fand er wahrscheinlich einfach zu unhöflich.

Wir sitzen im Düsseldorfer Ostpark. Die warme Septembersonne scheint auf den nahen See und die Bäume am Ufer. Noch ist alles grün. Nur hier und da lässt ein gelbes Blatt den nahen Herbst erahnen. Ein Teichhuhn schaut neugierig bei uns vorbei. Ich suche nach Resten von meinem Baguette. So ein Teichhuhn ist leicht glücklich zu machen, ganz ohne Luxusurlaub und Erlenholzarbeitsplatte. Ein paar Bröckchen Baguette würden ihm reichen – aber da ist nichts mehr. Es muss alleine zurechtkommen. Ich schüttele mit dem Kopf und das Teichhuhn macht sich wieder auf den Weg zurück zum See.

»Die meisten Trader sind schon froh und glücklich, wenn sie keine Verluste machen«, erläutert Holger Grethe. Aber wozu das alles, wenn es nichts einbringt? »Oft geht es um Konkurrenz. Das ist ein ganz großes Thema in Traderforen«, ergänzt Holger Grethe. Es gehe ihnen auch darum, andere Trader zu schlagen.

Ist Alex ein Spieler?

Aus welchen Motiven heraus handelt Alex? Das ist die entscheidende Frage. Geht es ihm um einen angemessenen Return für sein eingesetztes Geld? Will er die Zukunft seiner Familie absichern, die Ausbildung der Kinder, das Auskommen im Alter? Eher nicht. Sein Verhalten deutet in eine ganz andere Richtung: Es geht ihm um den Kick, den ein hoher Gewinn bei ihm auslöst. Alex ist – mit einem Wort – ein Spieler. Ein abhängiger Spieler, vermutlich im Anfangsstadium. Er daddelt allerdings nicht in einer Spielhalle an Geldspielautomaten. Er daddelt – wie auch Uli Hoeneß es getan hat – an den Märkten dieser Welt. Es ist ein Leben wie das eines Heroinsüchtigen – immer auf der Suche nach dem nächsten Flash.

Tägliche Flashs kann sich Alex allerdings nicht leisten. Die braucht er aber auch gar nicht. Dem spielsüchtigen Anleger reicht oft schon die Aussicht auf einen hohen Gewinn, die Vorfreude, um enorme Dosen an Glückshormonen auszuschütten. Erst wenn er über Wochen keinen Deal mehr machen kann, setzt bei ihm ein Kater ein. Er fühlt sich schlecht und unausgeglichen. Dann kratzt er alles Geld zusammen, das er auf seinen Konten finden kann, checkt stundenlang Aktienkurse und liest in verschiedenen Traderforen. Immer auf der Suche nach dem nächsten Kick. Weil die Vorfreude ihm schon einen erheblichen Kick liefert, ist der anschließende Gewinn weitaus weniger wichtig als für einen Anleger.

Das Trugbild des erfolgreichen Traders

Die Realität des Tradens ist düster: Mindestens 95 Prozent aller Trader gehen pleite – weil sie irgendwann an den Märkten ein zu großes Risiko eingehen. Weil irgendwann etwas völlig Unerwartetes passiert, wie zum Beispiel der plötzliche Kursanstieg des Schweizer Franken, von dem schon die Rede war. Warum denken wir dann aber, dass Trader bei ihrer Arbeit ein Vermögen verdienen? Weil die Presse voll ist mit solchen Geschichten. Weil ein jeder Trader, der ein Vermögen verdient, gleich in jeder Zeitung und auf jedem Internetportal wie ein Held gefeiert wird. Das Fernsehen und das Kino kommen hinzu. Verlieren 300 Trader all ihr Geld und drei verdienen Millionen, dann stürzen sich die Medien auf die erfolgreichen. Zugegeben, die 300 Unglücklichen drängen sich mit ihren Verlusten nicht eben ins Rampenlicht. Es ist wohl einmal mehr das WYSIATI-Prinzip, das hier am Werk ist. Wir glauben das, was unser Gehirn erfährt – und hinterfragen es nicht. Trader – das sind für uns und unsere Vorstellungen smarte Jungs, die Millionen verdienen. Wir denken so, dank Hollywood. Die Realität ist anders. Wie so oft.

Warum Drogendealer in der Regel noch bei ihrer Mutter wohnen

Vor einigen Jahren habe ich eine Geschichte von einem ganz ungewöhnlichen amerikanischen Ökonomen gelesen.[2] Es ging darum, dass die meisten Drogendealer noch bei ihrer Mutter wohnen. Diese Vorstellung ist für uns reichlich absurd. Warum sollte ein Drogendealer, der doch Tonnen von Geld verdient, noch zu Hause wohnen? Will er es auf diese Weise vielleicht den Drogenfahndern besonders schwer machen, ihn zu fangen? Oder hängen Menschen, die mit Drogen handeln, aus irgendwelchen unerfindlichen Gründen so sehr an ihren Müttern, dass sie einfach nicht ausziehen mögen? Weit gefehlt. Die Erklärung, die Steven Levitt für das Verharren im häuslichen Nest gibt, hat es in sich: Den Dealern fehlt dazu schlicht das nötige Geld. Sie verdienen bei ihrer gefährlichen Arbeit ungefähr so viel wie ein Mitarbeiter einer Fast-Food-Kette. Und davon können sie sich nun mal keine eigene Wohnung leisten. Deshalb wohnen Drogendealer in der Regel noch bei ihrer Mutter. Wirklich gut geht es nur denen ganz oben in der Hierarchie. Wie bei McDonald's.

Unglaublich? Jedenfalls, wenn du, so wie ich auch, Drogendealer nur aus Fernsehserien oder abendfüllenden Spielfilmen kennst. Dort geht es den Burschen prächtig. Sie verdienen viel Geld, schmeißen rauschende Partys in ihrer schönen Villa mit Pool, haben ein angenehmes Leben und wissen beim besten Willen nicht, wohin mit all ihrem Geld. Aber eben nur dort! Die Medien lieben den Dealer, der viel Geld verdient, und wir lieben ihn auch. Ein Dealer, der noch daheim im Kinderzimmer wohnt – welcher Hollywoodfilm würde es wohl wagen, uns mit so einem Versager zu langweilen? Keiner. Dabei kommen auf jeden Großen in der Branche auch im Drogengeschäft Hunderte, die nur den Mindestlohn einnehmen. Oder weniger. Denn einen Mindestlohn für Dealer gibt es natürlich nicht.

Nicht viel anders ist es mit dem Trader und dem Bild, das wir von ihm haben. Kaum jemand von uns hat je von Tradern gehört, die pleite gehen. Ich selber habe das erst erfahren, als ich für dieses Buch recherchiert habe. Zudem drängen die Looser nicht gerade ins Fernsehen. Für Trader wie Alex ist es eine Sucht, ein Thrill, ein Kick. Wie Heroin. Nur teurer. Dafür wird ein Spielsüchtiger kaum je als Süchtiger erkannt. Denn was er tut, das machen viele gut situierte Männer. Wie Uli Hoeneß. Auch der hat gezockt, per Smartphone und mit hohen Millionenbeträgen. So ist er tags wie nachts von einem Kick zum nächsten gehetzt. »Das war pures Adrenalin«, hat Uli Hoeneß zu dieser Phase in seinem Leben gesagt.[3]

Adrenalin und Dopamin beherrschen den Spieler

Was das Hormon angeht, das hier seine Wirkung tut, da ist Holger Grethe etwas anderer Meinung. Wie die Forschung auch, geht er davon aus, dass es das Glückshormon Dopamin ist, nach dem die Spieler gieren. Wer mehr und mehr zockt, der verliert nach und nach alle Freude an anderen Dingen, die ebenfalls Glücksgefühle auslösen können. Nur noch das Spielen zählt. Der Abhängige braucht immer größere Reize und tollere Kicks – weil sich sein Gehirn an die stets sehr großen Dopaminmengen gewöhnt. Die Abhängigkeit verfestigt sich. Der Spieler verliert die Kontrolle. Er lügt immer häufiger gegenüber seiner Partnerin und gegenüber Freunden. Er will nicht aufhören – auch wenn er oder seine Finanzen oder seine Partnerschaft sich kurz vor einem Kollaps befinden.

Die Gier nach Dopamin

Die Ruhe und Gelassenheit, die Holger Grethe ausstrahlt, sind es wohl, die ihm immer wieder E-Mails von Tradern wie Alex einbringen. Zudem fällt Holger Grethes Blog auf im Internet. Sein Blog *zendepot* ist einer der ganz Großen. Rund eine halbe Million Besucher finden sich hier im Jahr ein, um sich über Geldanlagen zu informieren. Holger Grethe schreibt lange und gut recherchierte Texte – seine Leser lieben das ebenso wie seine ruhige, unaufgeregte Art. Statt des neuesten Kicks, statt sensationsheischender Schlagzeilen über Aktien oder Finanzprodukte, die dich über Nacht angeblich reich machen können, findest du hier ruhige und gediegene Informationen. Zwei der beliebtesten Texte sind »Meine fünf größten Fehler, die ich beim Geldanlegen gemacht habe« und »Was taugen Dividendenstrategien?«.

Warum ein Arzt einen erfolgreichen Blog gründet

Wie kommt ein studierter Mediziner mit anschließender Facharztausbildung nur dazu, einen der erfolgreichsten Finanzblogs Deutschlands zu schreiben? Holger Grethe denkt kurz nach. Er denkt immer erst nach, bevor er etwas sagt, da ist er eben Arzt und sehr genau. Die Dinge müssen durchdacht sein, bevor er sich äußert. »Mir fehlte in meinem Beruf ein wenig die Kreativität«, sagt er diplomatisch. Arzt zu sein, Anästhesist genauer gesagt, setzt eine Unmenge an Wissen voraus. Kreativ aber ist es nicht. Wie viel Dopamin setzt Holger Grethes Gehirn wohl frei, wenn er als Anästhesist arbeitet? Und wie viel von dem Glückshormon geht damit einher, wenn er eine neue spannende Idee hat für einen Text auf seinem Blog? Gute Frage! Im menschlichen Leben dreht sich eine Menge um dieses Hormon. Es steuert uns und unsere Entscheidungen.

»Ich hatte in all den Jahren als Arzt ja auch schon einiges gespart«, setzt Holger Grethe hinzu. Aber da er sich keine Immobilie zulegen will – »Immobilien machen immobil« –, sucht er nach anderen Anlagemöglichkeiten. Muss man sich deshalb gleich zum Anlageexperten mausern? »Ich war durch die Ausbildung so eine Art wissenschaftlichen Blick gewohnt – und das habe ich dann bei Geldanlagen auch so gemacht.« Diesen »wissenschaftlichen Blick« bekommen Besucher seines Blogs deutlich zu spüren. Wenn Holger Grethe schreibt, Aktien brächten nach Abzug der Inflation historisch gesehen 6 Prozent Rendite ein, dann kann ich die Worte »6 Prozent Rendite« direkt anklicken – und lande bei einer sehr komplexen amerikanischen Studie mit dem Titel *Expected returns on major asset classes*, herausgegeben vom CFA Institute. Harter Stoff.

»Das hast du wirklich gelesen?« Ich bin beeindruckt. »Na klar«, sagt Holger Grethe. Ich lese auch gerne englische Texte, aber englische Fachtexte über historische Aktienrenditen – an so etwas habe ich mich noch nicht versucht. Respekt!

»Fallende Aktienmärkte sind in der Regel nur von kurzer Dauer«, hat Karsten Kagels gesagt, bei unserem Treffen im Dreiländereck auf der Terrasse von Kalle Klein. »Deshalb ist es sinnvoll, solide Aktien zu kaufen und sie einfach liegen zu lassen – über lange Zeit. Sie werden auf Dauer steigen«, sagt der erfahrene Trader, der schon seit dreißig Jahren im Geschäft und stolz darauf ist, dass er noch nie pleite war. Holger Grethe ist mit seiner akribischen, wissenschaftlichen Herangehensweise ziemlich genau zur gleichen Erkenntnis gekommen wie Karsten Kagels. Er kauft und lässt liegen. Und fertig.

Trader werfen Münzen

Aktien sind eine ausgesprochen gute Anlage – auf lange Sicht. Du erinnerst dich sicher an den Chart des S&P 500, den Karsten Kagels mir gezeigt hat. Er ging immer und immer nur nach Norden, 84 Jahre lang. Viele Trader denken und handeln aber nur kurzfristig. Manche von ihnen kaufen Aktien nur für einige Stunden. An einem einzigen Tag ist die Wahrscheinlichkeit, dass eine Aktie steigt oder fällt, ziemlich genau 50 Prozent. Man könnte genauso gut eine Münze werfen. Nicht anders ist es mit dem Index. Kurzfristig sind Aktien eine riskante Geldanlage. Der Versuch, Kurse vorherzusagen, wie Trader es machen, scheitert oft an der Realität. Was ein Trader in seinem Chart sieht, das ist eine Momentaufnahme der Stimmung der Anleger. Wie aber werden sie morgen denken? Wie werden sie morgen fühlen und handeln? Keiner weiß es. Diese Information ist im Chart nicht enthalten. Fallen die Aktienmärkte, wie nach dem Brexit-Votum der Briten, nur für drei Stunden? Gehen sie drei Tage lang in die Knie? Oder tauchen sie gleich drei Wochen lang ab? In diesem Fall kennen wir die Antwort schon. Wir schauen in den Rückspiegel. Niemand aber kann im Voraus mit Sicherheit sagen, für wie lange Anleger mit zittrigen Händen ihre Aktien an diejenigen mit den ruhigen Händen verkaufen.

Anleger und Spieler

Ein Anleger macht einen Jahresabschluss. Oder er schaut auf den aktuellen Stand seines Depots und vergleicht ihn mit dem Jahresanfang. Dann rechnet er seinen Gewinn aus – und freut sich darüber. Ich berichte dann oft auch meiner Frau von den Ergebnissen. Ein Spieler dagegen muss seine Erregung, die ihn bei der Vorfreude überkommt, vor seiner Umwelt verbergen. Alex hat nun schon fünf Jahre mit Verlusten in vierstelliger Höhe hinter sich. Das summiert sich mittlerweile zu einer Summe jenseits der 20 000 Euro. Wahrlich kein Pappenstiel. Und es ist Geld, das die beiden gut brauchen könnten. Marie weiß von diesen Verlusten – sie ist nicht begeistert. Wie sollte sie auch. Dabei ist Alex auch gegenüber seiner Frau nicht immer ehrlich. Sie weiß in der Regel nicht, was er gerade tut. Sie merkt von seinen missratenen Trades erst, wenn wieder einmal die Konten leer sind. Dann steht Alex ein schwieriges Gespräch mit Marie bevor. Hat er das überstanden, geht alles von vorne los.

Das Spiel ist aus

Alex wirft die Zeitung auf den Küchentisch, macht sich einen Kaffee und fährt den Rechner hoch. Mit leerem Blick starrt er auf den Bildschirm. Das ist doch nicht möglich! Der Index ist um 3,2 Prozent gestiegen. Wie kann das sein? Bei einem Faktor von 20 sind jetzt schon über 9 000 Euro weg. Verloren. Verschwunden. Verzockt. Mit einem einzigen Trade. Mit einer Wette auf die verrückten Briten. Das ist bitter. Und dann ist da noch der Schlag für Alex' Ego. Es kränkt ihn. Nicht nur Sebastian hat mit seinem letzten Trade gute Gewinne gemacht. Alex kennt einige, die Jahr für Jahr eine hübsche Summe nebenbei verdienen. Warum nur läuft das Geld vor ihm immer davon? Schnell tippt Alex die Verkaufsorder ein – und schickt sie los. Wartet er noch einen Tag, dann ist möglicherweise noch mehr verloren. Das will er nicht riskieren. Wieder einmal sind Tausende Euros verschwunden, genau wie im letzten und wie im vorletzten Jahr. Diesmal war es beinahe schon ein fünfstelliger Betrag. So viel ist sicher: Marie wird toben, wenn sie das erfährt.

Ehrlichkeit tut not

Ein Anleger wie ich hat es gut. Er rechnet am Jahresende seinen Gewinn aus und freut sich darüber und seine Frau freut sich mit ihm. Und wenn du eine Anlegerin bist, dann freut sich dein Partner sicher auch. Ein Spieler wie Alex dagegen muss seine Vorfreude auf den Gewinn vor seiner Umwelt verbergen. Alex lebt mit Marie zusammen – aber er führt ein Doppelleben. Er ist nicht ehrlich. Sein Spielen gefährdet deshalb nicht nur die Familienfinanzen, die Ausbildung der Kinder, die Vorsorge für die Zukunft und ihre spätere Rente. Durch die Unehrlichkeit gefährdet Alex auch seine Partnerschaft. Sie untergräbt das Fundament seiner Ehe. Eine Beziehung zu haben, das heißt nun mal auch: Dir kann ich vertrauen. Doch die Frage, die sich durch Alex' Verhalten für Marie mehr und mehr in den Vordergrund schiebt, lautet: Kann ich dir je wieder vertrauen? Die Antwort auf diese Frage kann über Wohl und Wehe seiner Ehe entscheiden.

Eine ganz andere Geschichte

Nun war so viel von Ehrlichkeit die Rede. Deshalb ist es an der Zeit, dass ich dir reinen Wein einschenke, was meine Performance im Jahr 2015 angeht. Die Sache mit den 22,6 Prozent Gewinn, die lief nämlich doch ein wenig anders, als ich es dir zu Anfang dieses Buches berichtet habe. Ziemlich anders. Aber das ist schon wieder eine andere Geschichte.

X

Act as though you have just five punches

Wieso die besten Aktien besser waren als mein eigenes Depot

Ich habe dich belogen. So – jetzt ist es raus und ich fühle mich erleichtert. Belogen ist vielleicht nicht das passende Wort. Möglicherweise bin ich in der Frage, um die es jetzt gehen wird, einfach nur etwas zu streng zu mir. Fest steht: Ich habe nicht die Wahrheit gesagt, die ganze Wahrheit. Und das ist nicht richtig. Ich sollte zu dir als meinem Leser oder meiner Leserin ehrlich sein. Genau das werde ich jetzt tun. Es geht um den Erfolg meiner Aktien im Jahr 2015, die 22,7 Prozent, die sie eingebracht haben. Mit dieser Zahl war ich nicht ganz ehrlich zu dir. Nein, nein, es ist nicht das, was du jetzt gerade denkst. Ich habe meinen Erfolg nicht etwa größer gemacht, als er war. Das Gegenteil ist der Fall: Ich habe ihn verkleinert.

Warum? Das ist leicht erklärt: Die Gewinne, die die besten Aktien 2015 gemacht haben, waren so hoch, dass ich dachte: Das glaubt mir keiner. Zumindest nicht, wenn ich das gleich am Anfang schreibe, im ersten Kapitel, bevor du das ein oder andere über Aktien weißt. Nun bist du ja schon fast ein halber Profi in Sachen Geld und Anlage und Renditen. Und deshalb sollst du jetzt die Wahrheit erfahren. Die ganze Wahrheit. Denn abgesehen davon, dass ich ehrlich zu dir sein will – du wärst mir womöglich ohnehin bald auf die Schliche gekommen. Die Performance meiner besten Aktien Apple, Amazon, Mastercard, Novo Nordisk und Facebook habe ich in Kapitel 8 offengelegt. Und sobald du nachrechnest, wie diese Aktien 2015 tatsächlich abgeschnitten haben, fliegt der ganze Schwindel ohnehin auf.

Schatz, ich habe den Index geschlagen

Rückblende. Ich war ins Wohnzimmer gelaufen und hatte meiner Frau davon erzählt, dass ich den Index geschlagen habe. Mit 21,6 Prozent gegen 9,6 Prozent. Und nachdem ich ihr das erzählt hatte, wollte sie, dass ich zu den wirklich wichtigen Dingen im Leben komme und sie küsse. Das tat ich auch. Und dann erzählte ich auch ihr von dem Ergebnis der besten Aktien.

»Das war noch nicht alles«, sagte ich also.

»Ach ja?« Mild-neugieriger Blick, sie hob leicht die Augenbrauen.

»Die Aktien, die ich auf dem Blog empfohlen habe, haben noch besser abgeschnitten.«

»Oh. Wie viel ist es denn?«

Es war nett von ihr, dass sie nachfragte. In Wahrheit interessieren meine Frau diese Zahlen nicht besonders, da sie sie nicht für real hält. Sie glaubt – tief in ihrem Inneren – dass das Geld, das wir in Aktien liegen haben, nicht wirklich da ist. Sie hält es eher für – sagen wir mal fiktiv. Sie schaute mich noch immer neugierig an. Ich holte tief Luft – und sagte ihr die Wahrheit. Du weißt, seine Frau soll man nicht belügen. Alex wird diese Lektion Nummer eins noch lernen müssen, wenn er mit Marie zusammenbleiben will.

»Es sind 47 Prozent.«

Das ist ein krasser Wert, ich weiß. Nicht, dass du denkst, meine Frau wäre an der Stelle vor lauter Freude umgehend in Ohnmacht gefallen. Sie war von dieser ungewöhnlich hohen Zahl nicht einmal sonderlich beeindruckt. Wenn ich ihr das Geld hätte zeigen oder in die Hand drücken können, dann wäre ich wohl fein raus gewesen. Dann hätten wir reales Geld besessen. Aber so?

»Ach«, sagte sie nur. »Ist ja toll.«

Ja, das war wirklich ein tolles Ergebnis. 47 Prozent – in einem Jahr. Das hat selbst der große Warren Buffett noch nicht oft geschafft. Aber er hat es geschafft!

Und die Dividenden?

Die Dividenden, die ich von Apple und Mastercard und Novo Nordisk bekommen habe, sind dabei noch nicht einmal eingerechnet. Sie fallen auch nicht so sehr ins Gewicht. Inklusive Dividenden kommen die besten Aktien im Jahr 2015 auf 47,8 Prozent. Welche Erklärungen gibt es für diese unglaublich hohe Zahl? Bin ich ein Genie? Ein unerkanntes Aktienwunderkind? Oder was ist der Grund dafür, dass ich mit meinen besten Aktien so unglaublich gut abgeschnitten habe? Die Grundannahme von Gerd Kommer zu dieser Frage kennst du ja schon von unserem Gespräch in London. »Bei Geldanlagen gibt es zwei Faktoren, die über den Erfolg bestimmen«, sagte Gerd Kommer und schaute dabei in den schwül-grauen Himmel Londons. Das Sommergewitter war im Anmarsch. »Die beiden Faktoren sind Luck und Skill«, fuhr er fort, »also Zufall und Können. Die meisten Anleger glauben, es liege an ihren überragenden Fähigkeiten, wenn sie den Index schlagen.« Und Gerd Kommer glaubt das eben nicht.

War es reiner Zufall?

Luck, das bedeutet, es war reiner Zufall. Jeder von uns kann so ein Ergebnis mal erzielen. Aber dieses Ergebnis wird sich aller Wahrscheinlichkeit nach nicht wiederholen. An dieser Sicht ist gleich in zweifacher Hinsicht etwas dran.

Erstens: Im Jahr 2015 hat der Dollar sich im Jahresverlauf stets verteuert – der Euro dagegen wurde billiger. Meine besten Aktien hat das gefreut, sie kommen ja fast ausschließlich aus den USA. 8 Prozent der enormen Performance sind also schon alleine meinem Glück zuzuschreiben, dass der Euro billiger und billiger wurde – und meine Aktien damit immer wertvoller. Mit Skill hat das nichts zu tun, ich hatte nicht die leiseste Ahnung, dass das passieren würde. Ich habe schlicht Glück gehabt.

Zweitens: Schon seit über einem Jahr war die Aktie von Amazon nicht mehr gestiegen. Die Aktie lag wie Blei in meinem Depot und erzielte statt eines deutlichen Zugewinns immer neue Tiefstkurse. Oh, wie wir Aktionäre so etwas hassen! Kaum entschließe ich mich, eine Aktie zu kaufen – schon gönnt sie sich eine anhaltende Schwächephase. Amazon hat in den letzten zehn Jahren durchschnittlich um rund 40 Prozent pro Jahr zugelegt. Nur 2014 tat sich eben nichts. Springt eine starke Wachstumsaktie am Ende wieder an, ist oft enorm viel Zuwachs drin. Wie viel? Es waren 2015 über 100 Prozent. Dass ich an Amazon trotz der schlechten Entwicklung 2014 festgehalten habe, das war meiner Meinung nach Skill. Ich kannte das Unternehmen gut – und war mir ziemlich sicher, dass es seine Aufwärtsbewegung wieder aufnehmen würde. Aber vielleicht ist Skill das falsche Wort – Patience, also Geduld, würde wohl besser passen. Ich habe bei Amazon die wichtigste Eigenschaft von Investoren an den Tag gelegt: Auf ihren Händen sitzen zu bleiben. Und nichts zu tun. Das hat sich ausgezahlt.

Amazon hat durch seine Performance mein Ergebnis ebenfalls nach oben getrieben. Alleine 20 Prozent der Performance der besten Aktien gehen auf diese Kursrallye des Onlinegiganten zurück. Das wird sich so nicht wiederholen. Wäre Amazon in jedem der letzten Jahre tatsächlich brav um 40 Prozent gestiegen, dann wäre das alles nicht passiert. Die besten Aktien wären in diesem einen Jahr um 12 Prozent weniger gestiegen. Machen wir also eine Rechnung: 47,8 Prozent minus 8 Prozent (Wechselkursgewinne) minus 12 Prozent (Amazon-Bonus), das ergibt 27,8 Prozent. Das also wäre bei den besten Aktien unter normalen Bedingungen herausgekommen. Immer noch ein starkes Ergebnis, keine Frage. Der Rest aber, die übrigen 20 Prozent, das war definitiv Zufall und Glück – Luck.

Waren es meine Fähigkeiten?

Skill – ich habe die allerbesten Aktien ausgewählt. Und weil das so ist, wird es mir auch im nächsten Jahr wieder gelingen, den Index zu schlagen. Auch an dieser Sicht ist etwas dran. Ich habe mir mit den besten Aktien schließlich besondere Mühe gegeben. Ich wollte diese Aktien in meinem Blog empfehlen. Eine Aktie zu empfehlen – öffentlich zu empfehlen –, das ist sehr riskant. Jeder kann mich auch noch Jahre später auf Fehler und Irrtümer hinweisen. Eine Aktie zu empfehlen, das setzt voraus, ein Unternehmen und seine Zukunftsaussichten besonders gut zu kennen. Zugegeben, jedes Aktieninvestment setzt voraus, dass ich das Unternehmen, in dem ich mein Geld anlege, gut kenne. Eine Aktie ist eine Unternehmensbeteiligung. Bei den besten Aktien habe ich mir meine Entscheidung aber besonders gut überlegt. Ich habe genau die Aktien empfohlen, die ich am besten kannte, mit denen ich mich am intensivsten beschäftigt hatte. Das hat sich ausgezahlt.

Luck und Skill – beides spielt eine Rolle. Ein dritter Punkt kommt noch hinzu: die Größe meines Depots. Das Depot mit den besten Aktien enthielt im ersten Jahr nur fünf verschiedene Aktien. Das ist gegen die Regeln der Diversifikation. Anleger sollten eine größere Anzahl Aktien besitzen, um so dem Risiko zu entgehen, den der Besitz einer einzelnen Aktie darstellt. So kannst du es in beinahe jedem Börsenratgeber lesen und du wirst diesen Rat auch im Internet immer wieder finden.

Setz dein Geld auf deine besten Ideen

Doch viele erfolgreiche Investoren machen es anders. Warren Buffets Firma Berkshire Hathaway hält zwar zahlreiche Unternehmensbeteiligungen. Aber wer genau hinschaut, der stellt fest, dass Buffett den größten Teil des Geldes in gerade einmal fünf Unternehmen gesteckt hat. Es sind dies: American Express, Well Fargo, IBM, Coca-Cola, Kraft Heinz. In das Unternehmen

Procter & Gamble hat Buffett gerade einmal 27 Millionen Dollar investiert, in Coca-Cola hingegen stolze 17 Milliarden Dollar. Es gab Zeiten, in denen Buffett sogar den größten Teil seines Geldes – und der Anleger – in einem einzigen Unternehmen liegen hatte.

Der Grund, warum Buffett so einseitig auf wenige Ideen setzt, ist einfach. Er folgt der Devise: Setz dein Geld auf deine besten Ideen. So etwas gilt nicht nur als riskant – so etwas ist riskant. Wer sehr genau weiß, was er tut, der kommt nicht nur heil und unversehrt, sondern mit besonders hohen Gewinnen aus einem solchen Investment heraus. Warren Buffett ist es geglückt. Aber da niemand davon ausgeht, dass du – oder ich – ein zweiter Warren Buffett bist, empfehlen eben alle Ratgeber dringend zu diversifizieren. Wer das nicht tut und zugleich eine gute Wahl trifft, der hat eine hohe Chance, den Markt zu schlagen. Wer hingegen viele Aktien kauft, zwanzig oder dreißig, der hat in der Regel Durchschnittserträge zu erwarten.

My five punches

Apple, Amazon, Facebook, Mastercard und Novo Nordisk – wie bin ich nur auf diese Zusammenstellung gekommen? Es war einmal mehr Warren Buffett, der mich auf diese Idee brachte. Er hatte wieder einmal gegen das voreilige Kaufen und Verkaufen von Aktien gestänkert und dafür plädiert, mehr nachzudenken: »An investor should act as though he had a lifetime decision card with just twenty punches on it.«[1] Nur zwanzig Mal im Leben eine Aktie kaufen zu dürfen – das fand ich eine tolle Idee für meinen Blog. Und um mir nicht zu viel Arbeit vorzunehmen, habe ich Buffetts Devise einfach auf fünf eingedampft – my five punches.

Es war wie ein Gedankenexperiment. Nur mal angenommen, die Börse schließt morgen für die nächsten zehn Jahre – und erst dann wird für deine Aktien wieder ein neuer Kurs festgestellt. Natürlich hätte sich in der Zwischenzeit unglaublich viel verändert – auch die Unternehmen selber. Nur einen Kurs, den gab es zehn Jahre lang nicht. Welche Aktien würdest du nach reiflicher Überlegung – upon thorough analysis – kaufen, wenn du dich für ein ganzes Jahrzehnt festlegen müsstest?

Das Spannende an dieser Frage war für mich: Mir war schon sehr bald klar, welchen fünf Unternehmen ich so sehr vertrauen würde, dass ich auch bei einem zehnjährigen Winterschlaf der Börse keine Bedenken hätte, sie zu besitzen. Warren Buffetts Devise und die fiktive Frage hatten ganz schnell zu einer Festlegung geführt. Und diese Festlegung war für mich sehr durchdacht. Ich traute diesen fünf schlicht am meisten zu.

Apple würde in meinen Augen auch in zehn Jahren noch die spannendsten Consumer-Devices verkaufen und damit hohe Gewinne einfahren. Das Apple-Car wäre dann lange schon Realität und ich hätte statt eines iPhones nur noch eine Apple-Watch. Mit der könnte ich mir dank des kabellosen Kopfhörers Musik anhören oder Siri, meine Assistentin, bitten, meiner Frau und mir für das Wochenende einen Flug nach Rom zu buchen. Und Siri würde mir prompt bestätigen, dass alles geklappt hat.

Mastercard wäre weiterhin einer der ganz großen Spieler im Markt des bargeldlosen Bezahlens. Immer mehr Menschen wären es leid, mit Bargeld herumzulaufen. Sie würden stattdessen ihre Smart Watches nutzen, um mit einem Fingerdruck über ihre Kreditkarte den Einkauf zu bezahlen – via eingebauten NFC-Chip (Near Field Communication).

Facebook wäre auch in einem Jahrzehnt noch das größte soziale Netzwerk, dass Milliarden von Menschen auf diesem Planeten nutzen. Auf diese Weise ist Facebook zum mächtigsten Medienunternehmen der Welt aufgestiegen.

Amazon wäre längst der größte Einzelhandelskonzern der Welt und würde mit seinen Cloud- und Streaming-Angeboten viel Geld verdienen.

Und Novo Nordisk – ja, das ist vielleicht das traurigste Kapitel in der Liste meiner five punches – Novo wäre weiterhin der Weltmarktführer für Insulinprodukte. Und die Firma würde sehr gut an all den Menschen verdienen, die Jahr für Jahr an Diabetes erkranken.

Für Apple, Facebook und Amazon, aber auch für Google als Aktie spricht noch ein weiterer entscheidender Punkt. Sie alle stellen Monopole dar. Das ist nicht in jedem Fall so leicht zu erkennen. Schauen wir also mal genauer hin.

Wieso Warren Buffett so gerne eine Brücke besitzen möchte

Nur mal angenommen, du wohnst an einem Fluss. Und weit und breit gibt es nur eine Brücke. Die steht zum Verkauf. Wenn du sie besitzt, dann kannst du anschließend die Maut erheben. Klingt das nach einem guten Geschäft? Warren Buffett hat einmal gesagt, dass er liebend gerne so eine Brücke besitzen würde. Im Grunde hält er bei allen seinen Käufen nach Brücken Ausschau, die einsam und alleine stehen und zu denen es keine Alternative gibt. Entweder ich zahle – oder ich komme nicht hinüber. Das ist ein Monopol.

Amazon, Google und Facebook ziehen ihre Vorteile aus ihrer jeweiligen Position im Internet. Es sind die drei wichtigsten Adressen, die das Netz kennt. Daraus ergeben sich vielfältige Möglichkeiten der Expansion. Alle drei haben zudem in ihren Bereichen Monopole errichtet. Das Internet neigt zu solchen *Winner-take-all*-Entwicklungen.

Amazon hat auf den ersten Blick kein Monopol auf den Onlinehandel. Immerhin gibt es außer dem Unternehmen aus dem Silicon Valley noch Tausende andere Onlinehändler. Aber Amazon erfüllt trotzdem eine der gängigen Definitionen für ein Monopol. Bei der wird die Frage gestellt, ob es einen zweiten Spieler im Markt gibt. Beim Onlinehandel gibt es aber nur Amazon als Nummer eins – und dann folgen viele, viele kleine Player. In Deutschland versuchen Zalando im Bereich Schuhe und Bekleidung und die Otto-Gruppe mit einem Komplettangebot eine echte Nummer zwei zu werden. Mit unsicherem Ausgang. Google hat ein Monopol im Bereich der Suchmaschinen erreicht. Nur in Russland und China ist das anders. Dieses Monopol ist so mächtig, dass wir den Unternehmensnamen sogar als Verb benutzen – wir googeln einen Menschen, ein Produkt oder eine Information.

Facebook hat ein Monopol auf soziale Medien errichtet. Einerlei ob wir ein Foto auf Instagram einstellen, eine Nachricht über WhatsApp schreiben oder in einer Aktiengruppe auf Facebook unsere neueste Idee für den Kauf einer richtig guten Aktie vorstellen, immer befinden wir uns auf einer Seite, die unter dem Dach des Facebook-Imperiums betrieben wird. Gleichzeitig generiert Facebook sein Geld aber durch Onlinewerbung – wie Google auch. Google und Facebook sind mithin zwar Monopole in ihren Domänen, bezogen auf ihre Einnahmen aber sind sie klare Konkurrenten. Sie bilden zusammen eine Art Duopol der Onlinewerbung. Facebook ist es in den letzten drei Jahren gelungen, das vorher bestehende Monopol von Google aufzubrechen mit enormen Wachstumsraten bei den Einnahmen. Eine spannende Entwicklung.

Hat Apple ein Monopol?

Das Monopol von Apple ist noch schwerer zu erkennen als die der anderen drei Großunternehmen. Apple ist es gelungen, ein Monopol auf die Gewinne von Smartphones zu errichten. In manchen Jahren gehen »nur« 67 Prozent aller Gewinne an Apple. In anderen aber auch schon mal 92 Prozent, wie zum Beispiel 2015. Nur Samsung machte in der Vergangenheit ebenfalls Gewinne – alle anderen Firmen stellen ihre Smartphones nach der Devise her: Dabeisein ist alles. Oder sie fahren sogar Verluste ein.

Apple wird versuchen, dieses Modell auch auf den Bereich der Smart Watches und anderer Wearables, Fitnessarmbänder oder Datenbrillen zum Beispiel, zu übertragen. 2015 machte das Unternehmen dort rund 80 Prozent aller Gewinne. Das hat zum einen mit dem Markenimage von Apple zu tun. Es ist aber auch einem Merkmal von Apple-Produkten geschuldet, das völlig einzigartig ist auf dem Smartphonemarkt. Bei Apples Produkten kommen Hardware und Software aus einer Hand. Ein iPhone und sein Betriebssystem (iOS) sind perfekt aufeinander abgestimmt. Weil das so ist, sind iPhones der Konkurrenz in der Regel in den Augen ihrer Nutzer noch immer deutlich überlegen.

Android, die Software, die von den allermeisten Smartphones genutzt wird, kommt von der Google-Muttergesellschaft Alphabet. Android hat scheinbar eine marktbeherrschende Stellung. Es ist die Software für über 80 Prozent aller Nutzer. Apples iOS aber ist sicherer und besser – vor allem bei Grafikanwendungen, die auf Smartphones immer wichtiger werden. Android läuft zudem auf allen günstigen Smartphones – wer etwas Besseres will, wer sich abheben will, der greift zu iOS. Bei dieser Marktaufteilung kann Apple auch in Zukunft nur gewinnen. Immer mehr Menschen wollen etwas Besseres und wollen zeigen, dass sie sich mehr leisten können als ein Billigsmartphone. In China ist dieser Trend gut zu beobachten. Wer etwas auf sich hält, der kauft ein iPhone – und zahlt dafür den hohen Preis.

Upon thorough analysis

Das waren meine five punches. Ich habe sie mir sehr genau überlegt. Ich habe dicke Bücher über Apple gelesen, über Steve Jobs, über Elon Musk und über Warren Buffett. Du weißt, wie viele Überlegungen für meine five punches nötig waren. Deshalb sind die 27,8 Prozent, die am Ende, nach Abzug der Zufallsfaktoren herauskommen, alles andere als Luck. Ich halte sie für Skill. Aber ich bin in dieser Frage natürlich nicht unparteiisch. Ich habe mit den fünf besten Aktien meinen Weg gefunden – upon thorough analysis. Anfang 2016 habe ich sie um vier weitere Werte ergänzt: die Google-Muttergesellschaft Alphabet, Disney, Lindt und Nike. Auf meiner Watchlist, auf der Liste der Aktien also, die ich beobachte und möglicherweise kaufe, stehen derzeit Starbucks, Fresenius und Eventim.

Nun kennst du die ganze Geschichte und alle Argumente. Es sind meine Argumente für meine Entscheidungen. Aber was machst du jetzt? Gute Frage. Vielleicht sollten wir der Frage doch ein eigenes Kapitel gönnen. Denn genau genommen ist das schon wieder eine ganz andere Geschichte.

XI

I did it my way
Warum wir Verantwortung
für unser Geld übernehmen
müssen

Eine Bekannte ruft an – sie hat 60 000 Euro geerbt. Glückwunsch! Wir leben in einer Zeit, in der viel Geld vererbt wird. Ihr Problem: Sie weiß nicht, wie sie das Geld anlegen soll. Eines aber weiß sie ganz genau: »Wenn ich damit zur Bank gehe, dann verkaufen die mir doch nur überteuerte Produkte, die nicht viel einbringen.« Sie sieht sich in Gedanken in der Filiale ihrer Bank sitzen mit einer der vielen noch aktiven Kollegen von Sabine Huber – und wendet sich grausend ab. Nur kein Verkaufsgespräch! So wie sie denken heute viele Anleger.

Sabine Huber aus Kempten im Allgäu ist inzwischen ja längst pensioniert und genießt zusammen mit ihrem Mann die Annehmlichkeiten, die das Leben mit zwei guten Pensionen so bietet: La Gomera hat ihr sehr gut gefallen, drei Wochen waren sie dort. Jetzt sind wieder die Enkel dran und wollen mit ihr Einkaufen spielen – mit ihrer neuen Spielzeugkasse. Sabine Huber mag eine versierte und überzeugende Verkäuferin gewesen sein. Viele Menschen haben aber doch gemerkt, dass es in diesen Gesprächen nicht um eine seriöse Beratung ging, sondern um den Verkauf von Finanzprodukten, an denen die Bank ausgesprochen großzügig verdient hat. Und so haben Banken, Sparkassen und Versicherungen bei vielen Anlegern unterdessen einen ausgesprochen schlechten Ruf erworben. Das Vertrauen in diese Institutionen ist dahin. Die Kunden wenden sich ab – und suchen anderswo nach Rat.

Guter Rat ist nicht mehr teuer

Manche Anleger gehen heute in einen Buchladen und stehen dann vor dem Regalfach mit Finanzratgebern. Welcher mag für sie der richtige sein? Sollen sie lieber einen der gediegenen, humorvollen Bestseller von Börsenlegende André Kostolany kaufen? Oder gleich die wuchtige Biografie des Börsenaltmeisters Warren Buffett? Andere recherchieren derweil in den Onlinebuchshops, schauen vielleicht bei Amazon nach einem passenden Titel. Amazon macht es dir als Leser durch seine Kundenbewertungen besonders einfach, ein passendes Buch zu finden. Hier erfährst du sofort, dass Buffett für deutsche Leser offenbar schwere Kost ist. Viele Details aus seinem Leben interessieren die Menschen hier in Deutschland nicht so sehr wie jenseits des Atlantiks, wo Warren Buffett zu den prominentesten Persönlichkeiten zählt. Und du erfährst bei Amazon auch, dass »Kosto« und seine Bücher viel einfacher und kurzweiliger zu lesen sind.

Wieder andere Anleger suchen im Internet nach Antworten auf ihre Fragen. Sie finden sie bei *madamemoneypenny, zendepot, finanzwesir, ETF-Blog, grossmutters-sparstrumpf* und zahlreichen anderen unabhängigen Finanzblogs. Die Autoren hier sind in der Regel nicht mit der Finanzindustrie verquickt und leben nicht von deren Versprechungen, wie es bei vielen traditionellen Medien und auch manchen Internetseiten der Fall ist. Auf meinem Blog darf keine Fondsgesellschaft und kein Broker inserieren und das wird auch so bleiben. Bei Holger Grethe ist das ganz genauso. Ob Artikel oder Podcast – alles ist gratis und werbefrei. Willst du aber ganz genau wissen, wie das geht mit der Geldanlage in ETF, kannst du bei ihm einen umfangreichen, multimedialen Onlineworkshop buchen. Der kostet dann Geld – ist aber ebenso unabhängig und frei von den Interessen der Finanzwirtschaft wie alles andere, was der Arzt und Anlageexperte auf seine Seiten nimmt.

Wer sich auf Blogs im Internet informiert, der hat anschließend allerdings kein Patentrezept an der Hand. Er muss, nachdem er sich durch zahlreiche Texte gelesen hat, selbst Entscheidungen treffen. Das wird auch meine Bekannte so machen müssen. Sie muss für ihre 60 000 Euro eine Anlagestrategie finden, die sie überzeugt und die zu ihr passt. Niemand kann ihr sagen, wie sie ihr Geld anlegen soll.

Verantwortung übernehmen

Geldanlage geht jeden von uns an. Wir sollten die Entscheidungen über Wohl und Wehe unserer Ersparnisse nicht dubiosen Verkäufern von Banken mit ihrem auf Verkaufsgesprächen geschulten Personal überlassen. Wir sollten stattdessen selbst die Verantwortung übernehmen. Lerne, dich deines eigenen Verstandes zu bedienen. Das war die Maxime der Aufklärung. Mir als Philosophen ist diese Devise sehr sympathisch. Wir sollen die Verantwortung übernehmen – doch wir tun es in Geldangelegenheiten nach wie vor nur ungern. Aufklärung in Gelddingen tut not. Dazu brauchen wir ein Minimum an solidem Wissen. Niemand muss dazu zum Finanzexperten werden oder zum Finanzblogger, nur weil er sein Erspartes selber erfolgreich verwalten will. Aber ein paar Informationen braucht es eben doch, um den eigenen Weg zu finden. Die hast du nun, nach zehn Stationen unserer Reise durch die verrückte Welt der Geldanlage, an der Hand.

Halten wir fest

- Die historischen Renditen der Aktienmärkte liegen – inflationsbereinigt – bei um die 6 Prozent. Das ist deutlich mehr als jede andere Anlageform. Auch wenn Gold, Rohstoffe und Immobilien immer mal wieder für einige Jahre Konjunktur haben – auf lange Sicht schlägt eine Anlage in Aktien sie alle mit deutlichem Abstand.

- Eine Anlage in Einzelaktien macht vielen Menschen mehr Freude als eine Anlage in Indexprodukte (ETF). Die meisten Anleger erzielen mit ihrer Auswahl allerdings Renditen, die deutlich oder sogar sehr deutlich unter dem Index liegen. Sie schlagen nicht den Index – der Index schlägt vielmehr sie. Jahr für Jahr. Ein Investment in Einzelaktien kostet sie auf Dauer bares Geld.

- Viele Anleger versuchen, zu einem ihrer Meinung nach ungünstigen Zeitpunkt Aktien (oder ETF) zu verkaufen, um sie zu einem angeblich günstigen Zeitpunkt wieder zu kaufen. Sie enden in der Regel ebenfalls mit deutlich schlechteren Ergebnissen als der Index. Sie verkaufen, wenn alle in Panik sind (Aktien aber günstig) und sie kaufen, wenn Anleger euphorisch sind (Aktien aber eher teuer). Buy-and-hold funktioniert demgegenüber für die allermeisten Anleger deutlich besser. Mit Buy-and-hold entgehst du der Falle, bei Indexabstürzen deine Aktien mit »zittrigen Händen in die ruhigen Hände« (Kostolany) abzugeben.

- Es ist möglich, den Index zu schlagen. Dazu ist entweder eine gehörige Portion Glück nötig (Luck) oder du hast stahlharte Nerven, um Aktien zu einem günstigen Zeitpunkt aus den zittrigen Händen einzusammeln. Das gelingt nicht vielen Anlegern – die meisten befinden sich selber in Panik, wenn der Index abstürzt. Die dritte Möglichkeit ist ein profundes Wissen um die Firmen, in die du dein Geld anlegst (Skill).

- ETFs sind für die meisten Anleger ganz eindeutig die beste Wahl. Jede Aktienauswahl setzt Kenntnisse des betreffenden Unternehmens und seiner Zukunftsaussichten voraus. Diese Kenntnisse haben die meisten Anleger nicht. Sie kaufen aus dem Bauch heraus (»Daimler baut gute Autos – ich kaufe die Aktie«; »Strom wird immer gebraucht – ich kaufe E.ON«). Und am Ende landen sie mit ihren Stock-Picks deutlich hinter dem Index.

- Es gibt zwei Wege, wie du auf dem Aktienmarkt sogar dein ganzes Geld verlieren kannst. Der erste: Immer wieder euphorisch Aktien kaufen (Aktien sind gerade teuer) und in Panik verkaufen, wenn die Kurse fallen (Aktien sind gerade billig). Der zweite lautet: Traden. Die meisten Trader verlieren Geld, manche ruinieren sich sogar finanziell, ganz so wie andere Spielsüchtige (Automaten, Karten, Roulette) auch. Spielsucht ist eine psychische Störung, die behandelt werden kann und behandelt werden sollte. Eine Einsicht in ihre Abhängigkeit haben Spielsüchtige, wie andere Süchtige

Auch Barbara hat geerbt

Eine andere Bekannte hat ebenfalls geerbt, Barbara. Bei ihr ist es allerdings schon ein ausgewachsenes Vermögen. Es sind 620 000 Euro – in Aktien. Noch einmal: Glückwunsch. Wir leben nicht nur in einer Gesellschaft, in der viel Geld vererbt wird, sondern in einer, in der sehr viel Geld vererbt wird. Auch Barbara weiß jetzt nicht mehr weiter. Barbara hat festgestellt, dass ihre Depotzusammensetzung eine erschreckende Negativauswahl des Dax ist. Sie hat Aktien der Commerzbank, der Deutschen Bank, Allianz, E.ON und Thyssen-Krupp. Das alles waren in der Vergangenheit industrielle Schwergewichte der deutschen Wirtschaft. Klingende Namen – nicht nur in den Ohren ihres Vaters, der die Aktien früher einmal gekauft hat, sondern auch heute noch bei vielen jüngeren Anlegern. Aber in den vergangenen zehn Jahren waren das alles keine guten Aktieninvestments. Ob diese Unternehmen eine große Zukunft haben? Ich habe meine Zweifel. Und Barbara hat sie auch.

Der Blick in den Rückspiegel lässt alle fünf Firmen als ein sehr schlechtes Investment dastehen. Für die vergangenen zehn Jahre (2006 bis 2016) kommt die Allianz auf gerade einmal 1,5 Prozent Zugewinn. Sie ist damit allerdings auch schon Barbaras beste Aktie. Thyssen-Krupp hat es auf ein Minus von knapp 20 Prozent gebracht. E.ON schafft annähernd 75 Prozent Minus. Klingt schlimm, es kommt aber noch schlimmer. Am heftigsten hat es die Commerzbank erwischt. Sie steht bei sagenhaften 96 Prozent. Minus. Zusammen sind diese fünf Aktien in zehn Jahren um 54 Prozent gefallen. Ihr Wert hat sich also mehr als halbiert – da helfen auch die Dividenden nicht viel weiter, die einige dieser Unternehmen ausschütten. Sie mildern den Schmerz nur wenig.

Der Vergleich mit dem Index

Ein kurzer Vergleich mit dem Index klärt uns darüber auf, wie Barbaras Aktien sich geschlagen haben. Der S&P 500 steht über die letzten zehn Jahre um 66 Prozent im Plus – ein jährlicher Anstieg von über 5 Prozent. Das ist deutlich weniger als die 6,5 Prozent, die der Index über längere Zeiträume geschafft hat. Aber es ist ein Plus – trotz der schwierigen Zeit, die hinter uns liegt! Hätte Barbaras Vater das Geld in einen ETF auf den S&P 500 angelegt, dann wäre Barbara inzwischen schon zweifache Euro-Millionärin. Und sie wäre zudem sehr gut diversifiziert – mit immerhin 500 Aktien. Und wie sieht es in Deutschland aus? Der Dax hat es in zehn Jahren (ohne Dividenden) auf nur 30 Prozent Zuwachs gebracht, deutlich weniger also als der S&P 500.

Wer amerikanische und deutsche Indexe und ihre Entwicklung vergleicht, der muss berücksichtigen, dass die übliche Darstellung des Dax die ausgezahlten Dividenden enthält (Performance-Index), die des S&P 500 aber nicht. Der S&P 500 ist ein reiner Kursindex, in den nur die Aktienkurse eingehen, nicht aber die Dividenden. Ohne die Dividenden ist der Dax in den letzten zehn Jahren von rund 4000 Punkten auf etwa 5200 Punkte gestiegen. Er bleibt damit weit hinter dem S&P 500 zurück. Der Kursindex des MDax hat es in dieser Zeit von 6000 Punkten bis auf 12400 gebracht – ein gewaltiger Unterschied. Der MDax hat um mehr als 100 Prozent zugelegt – der Dax nur um 30 Prozent. An diesen Zahlen zum Dax und zum MDax siehst du noch einmal, wie leicht es ist, den Index zu schlagen, auf den die allermeisten in Deutschland schauen: den Dax. Jede ETF-Strategie, die auf den MDax setzt, hat das in den letzten Jahren spielend geschafft.

Verglichen mit dem MDax (plus 106 Prozent) ist Barbaras Performance in den letzten Jahren (minus 54 Prozent) natürlich noch schlechter. Arme Barbara. Was kann sie jetzt tun?

Don't lay all your eggs in one basket

Barbara hat gerade einmal fünf Werte in ihrem Depot, allesamt deutsche Aktien zudem. Damit ist Barbara schrecklich schlecht diversifiziert. Sie sitzt auf fünf ehemaligen Schwergewichten der deutschen Wirtschaft, darunter zwei Banken, deren Zukunftsaussichten ebenso unklar sind wie die des Stromversorgers E.ON und des Stahlproduzenten Thyssen-Krupp. Kannst du einschätzen, ob es in zehn Jahren überhaupt noch ein deutsches Unternehmen gibt, das Stahl produziert? Ich jedenfalls nicht. Möglicherweise gibt es dann nur noch indische, koreanische, russische, brasilianische und chinesische Stahlunternehmen, die mit großem Erfolg dieses Segment des Weltmarktes bedienen – und keine deutschen oder europäischen Firmen mehr.

Was soll Barbara jetzt tun? Sie könnte alle ihre Aktien verkaufen. Erwogen hat sie diesen Schritt. Sie möchte eigentlich nur noch passiv investieren. Mit Indexing. Das Problem ist nur: Ihr Vater hat ihr genau diese Aktien vererbt, zusammen mit einer schönen Eigentumswohnung in Berlin-Wilmersdorf und einem ziemlich teuren Bankschließfach, in dem sich ein sauber gestanzter Goldbarren der Firma Degussa befindet. Auch dieser Goldbarren ist kein gutes Investment. Selbst wenn der Goldpreis in den nächsten Jahren steigen sollte, die Kosten für das Schließfach nehmen Barbara diesen Gewinn umgehend wieder ab. Verglichen mit den Aktien, die sie besitzt, ist das derzeit allerdings ihr geringstes Problem.

Barbaras Irrfahrt

Alles spricht dafür, dass Barbara ihre Aktien verkauft. Sie hat das in den letzten Monaten auch schon mehrfach versucht. Jedes Mal hat sie sich ins Auto gesetzt, mit dem festen Vorsatz, zu ihrer Bank zu fahren und einen Schlussstrich zu ziehen unter das unselige Kapitel »Aktiendepot«. Sie ist dort allerdings noch nie angekommen. »Ich habe es einfach nicht über mich gebracht«, sagt Barbara kleinlaut und fährt sich mit der rechten Hand durch die schulterlangen, braunen Haare. Sie nimmt einen Schluck von dem Latte Macchiato, der vor ihr steht, und spielt nervös mit dem Kaffeelöffel. Wir sitzen in Berlin im Schlosspark Niederschönhausen im idyllischen Café Sommerlust. Das ist ein Sommercafé, das aus einem mobilen Wagen heraus betrieben wird. Es hat zehn runde Holztische, vier große Sonnenschirme und einen prachtvollen Blick auf das Barockschloss, in dem seinerzeit der sowjetische Staatschef Michail Gorbatschow übernachtete, bei seinem letzten Besuch in der noch existierenden DDR.

Eine Frau mit Kopftuch fährt schwankend auf einem Fahrrad vorbei, ihr Mann läuft neben ihr und hält sie am Sattel aufrecht. Drei Kinder rennen lachend hinterher. Die Frau lernt Fahrradfahren – Schritte in ein neues Leben, fern der Heimat. Die Familie hat einen langen, einen mühevollen Weg hinter sich. Auch dies eine Irrfahrt, allerdings eine der ganz anderen Art. Gedanken über Geldanlagen, Erbschaften und die Rendite von Goldbarren müssen diese Flüchtlinge sich vorerst nicht machen. Sie haben, wie die meisten, alles verloren und nur ihr Leben gerettet.

Auch Luxusprobleme sind Probleme

Barbara aber muss sich entscheiden. Es sind Luxusprobleme, die sie hat, keine Frage. Es sind Probleme, vor die uns nur eine sehr reiche Gesellschaft stellt. Auch manche Luxusprobleme müssen und können allerdings gelöst werden. Aber wie?

»Es sind die Aktien, die mein Vater gekauft hat,« sagt sie leise. Ihre Stimme klingt brüchig.

Barbara hat sehr an ihrem Vater gehangen. Sie war dabei, als er starb, still und ruhig im Schlaf, nach einem langen, nervenaufreibenden und zähen Kampf gegen den Krebs. Barbara hat seine kalte Hand gehalten und bittere Tränen über seinen Tod vergossen. Sie war sein einziges Kind. Die Mutter war Jahre zuvor schon gestorben. Jetzt ist sie Waise. Und nun soll sie die Aktien verkaufen, die ihr Vater gekauft hat, die Aktien, für die er gearbeitet hat von morgens früh bis abends spät, als Chefarzt einer Klinik?

Wer siegt – der Verstand oder das Gefühl?

Barbara hat sich für einen eigenen Weg in der Geldanlage entschieden. Ihr Verstand hat sich entschieden, die problematischen Anlagen des Vaters zu verkaufen. Doch so einfach ist es nicht für Barbara, einen eigenen Weg zu finden. I did it my way – das ist leichter gesagt als getan. Barbara fällt es nicht leicht, eine Entscheidung zu treffen. Verkauft sie nicht, verliert sie möglicherweise weiterhin viel Geld. Verkauft sie aber, dann begeht sie einen Verrat. Einen Verrat an ihrem Vater. Bislang hält ihr Gefühlsleben Barbara von einer sinnvollen Entscheidung ab.

So ist das mit Geld – und mit Entscheidungen über unser Geld. Das alles scheint uns rational zu sein und ist es doch keineswegs. Gefühle sind unentwegt mit im Spiel, wenn wir Entscheidungen über Geld treffen. Das gilt nicht nur für Barbara. Uns allen ergeht es so.

Gefühle und Traditionen lenken unsere Entscheidungen

Viele Anleger werden auch in Zukunft noch genau das tun, was ihre Eltern für richtig hielten. Sie werden Häuser kaufen, weil man das so tut und weil schon ihre Eltern es taten. Sie werden Bausparverträge abschließen, weil man das so tut und weil es ihre Eltern auch machten. Und sie werden sich ein Schließfach zulegen, um einen Teil ihres Vermögens dort als eine angebliche Sicherheit liegen zu haben. So wie ihre Eltern es taten. Weil Entscheidungen über Geld von unseren Gefühlen gesteuert werden. Und von Traditionen. Niemand von uns legt Geld an, nachdem er zuvor einen Blick auf die historischen Renditen unterschiedlicher Anlageklassen geworfen hat. So rational sind Menschen nicht und werden es wohl auch nie sein. Wir alle folgen Traditionen, familiären Gewohnheiten und gesellschaftlichen Konventionen.

Wenn du schnell sein willst, geh langsam

An Barbaras Dilemma – behalten oder verkaufen – ist das gut zu sehen. Alle Aktien ihres Vaters auf einen Schlag zu verkaufen, so logisch richtig ihr das auch erscheint, das hat sie nun schon dreimal nicht geschafft. Sie hat sich in ihr Auto gesetzt, das sie von ihrem Vater übernommen hat, und ist am Ende doch unverrichteter Dinge wieder heimgekehrt. Mir als Berater, der Tag für Tag mit den Entscheidungen von Menschen über ihr Liebesleben zu tun hat, leuchtet das ein. Was kann Barbara tun? Welchen Weg kann sie nun gehen bei ihren Versuchen, ihre Anlagen rationaler zu gestalten? Möglicherweise muss sie einfach noch ein wenig warten, bis zum zweiten Jahrestag seines Todes. Gut möglich, dass sie sich nach dem Trauerjahr innerlich freier fühlt. Möglicherweise sollte sie sich besser auf ihr Fahrrad setzen und damit zu Bank fahren. Das Auto erinnert sie tagtäglich an ihn. Und möglicherweise kann sie auch einfach in Schritten vorgehen, auf ihrem Weg zu einer sinnvollen Geldanlage in ETFs. Wenn du schnell sein willst, geh langsam, sagt ein altes chinesisches Sprichwort.

Meine Idee: Einen Teil der Aktien behält Barbara, der Rest dagegen wird verkauft. Sie könnte sich zum Beispiel entschließen, die Hälfte der Aktien zu verkaufen. Dann legt sie das frei gewordene Geld in ETFs an, so wie sie es sich überlegt hat. ETFs überzeugen sie als Ärztin, die ausgesprochen rational denkt und sich für einzelne Aktien beim besten Willen nicht interessieren kann. Wozu auch? Nach einem Jahr kann Barbara dann wiederum die Hälfte der Einzelaktien verkaufen – oder alle, wenn sie das übers Herz bringt. Der zweite Schritt wird ihr vermutlich leichter fallen als der erste. Zum einen ist bis dahin wieder ein

Jahr mehr vergangen. Die Zeit heilt alle Wunden, heißt es. Vielleicht nicht alle, aber der Verlust der Eltern gehört dazu. Er wird mit der Zeit tatsächlich leichter. Und zum anderen hat Barbara auf diese Weise ein wenig Zeit, um die Performance ihrer Einzelaktien auf der einen Seite und die Entwicklung ihrer ETFs auf der anderen zu beobachten. Gut möglich, dass sich diese beiden Teile weiterhin sehr unterschiedlich entwickeln. Bleiben ihre Einzelaktien weiter ein so schlechtes Investment, dann wird ihr das die Trennung von diesen Aktien erleichtern.

Sechs Vorschläge für deine Geldanlage[1]

Bei aller Gefühlslastigkeit von menschlichen Entscheidungen, Barbaras Dilemma mit den Aktien ihres Vaters sollte uns zu denken geben. Es ist nicht immer ganz einfach mit der Verantwortung. Möglicherweise geht das ja auch dir manchmal so. Deshalb möchte ich dir sechs zentrale Vorschläge für die Anlage in Aktien machen – sechs Regeln, die deine Geldanlage auf eine vernünftige, auf eine rationale Grundlage stellen. Auch wenn dir der ein oder andere Vorschlag unangenehm ist – bitte, denk ernsthaft darüber nach.

1. Mach einen Jahresabschluss Ohne eine schlüssige Bilanz ergibt eine Anlage in Aktien oder ETFs wenig Sinn. Du weißt dann nie, was dir deine Strategie bringt. Möglicherweise würde schon so eine Jahresbilanz Barbara dazu verhelfen, sich nach und nach von den Aktien ihres Vaters trennen zu können.

2. Schau auf den Index Vergleiche dein Ergebnis bitte jedes Jahr mit dem Index (Dax). Viele Anleger wissen nicht einmal, dass sie dem Index hoffnungslos hinterherhecheln. Sie stellen einfach keine Bilanz auf. Und wenn sie es tun, dann vergleichen sie ihre »Erfolge« nicht mit dem Index. Es schadet zudem nicht, wenn du deine Anlageerfolge auch mit dem MDax vergleichst.

3. Wirf einen Blick auf die Benchmark Vergleiche dein Ergebnis, selbst wenn du nur in einzelne Aktien anlegst, immer auch mit einer ETF-Strategie (50 Prozent MDax – 50 Prozent S&P 500). Ich nenne das Ergebnis dieser extrem einfachen Anlagestrategie die Benchmark. An ihr messe auch ich meine Ergebnisse. Mach das bitte auch dann, wenn deine Ergebnisse gut sind und alle deine Freunde schlechter abschneiden. Möglicherweise ist eine ETF-Anlage ja noch besser.

Wenn du keine Lust hast, diese Benchmark selber zu errechnen, dann schau doch einfach im Januar auf *grossmutters-spar-strumpf* nach meinem Jahresabschluss. Dort wirst du diese Zahl immer finden.

4. Zieh deine Schlüsse Liegt dein aktiv geführtes Depot drei Jahre in Folge hinter dem Index oder hinter einer simplen ETF-Anlage, dann überdenke bitte deine Strategie. Bist du wirklich der Typ, der mit einer Anlage in Einzelaktien gut fährt? Dein Depot jedenfalls spricht eine andere Sprache – der Index ist klüger als du. Indexing bringt dir auf Dauer möglicherweise mehr.

Na und? Das ist keine Schande. Und es ist auch nicht ehrenrührig, aus der Tatsache, dass die Benchmark dich schlägt, den Schluss zu ziehen, dass eine andere Anlagestrategie dir mehr einbringt. Es ist vielmehr ein Akt der Klugheit und der Einsicht. Folge lieber der Devise: If you can't beat 'em, join 'em. Deine Finanzen werden es dir in jedem Fall danken.

Lässt dein Ego so eine drastische Entscheidung nicht zu – auch kein Problem. Dann versuch es doch bitte mit dem nächsten Hinweis und fahre zweigleisig. Vielleicht bekommt das deinem Ego besser. Ich kann das verstehen – mir würde es auch so gehen. Mein Ego wäre gekränkt.

5. Teile dein Depot auf Wenn du verschiedene Anlagestrategien ausprobieren willst, dann teile dein Depot in zwei Teile. Lass also zwei Vorgehensweisen gegeneinander antreten. Es ist einerlei, wie groß die beiden Teile sind. Auch wenn du nur 15 oder 20 Prozent in ETFs anlegen willst, kannst du die Performance beider Vorgehensweisen vergleichen. Und auch daraus solltest du deine Schlüsse ziehen.

Ich selber habe mit so einer Zweiteilung meines Depots sehr gute Erfahrungen gemacht – du hast das im letzten Kapitel gesehen. Buy-and-hold mit den besten Aktien hat mir im Jahr 2015 deutlich mehr eingebracht als die etwas weniger durchdachten Aktienkäufe im Rest des Depots. Natürlich hatte das Folgen für meine Aktienanlagen. Immer mehr Geld liegt nun in den besten Aktien. Ich habe Apple ebenso aufgestockt wie Mastercard und Nike. Gleichzeitig liegt immer weniger Geld im Rest des Depots.

6. Eine einfache ETF-Strategie Das Internet ist voll mit Musterdepots, die aus einer Vielzahl von ETFs bestehen. Du darfst das gerne auch so machen. Manchem Anleger ist das allerdings zu komplex. Mir selber auch. Deshalb folgt hier mein Tipp für ein ganz einfaches ETF-Depot: Kaufe, wenn du Geld hast, abwechselnd ETFs auf den S&P 500 und auf den MDax. Fertig. Du kennst diese Kombination ja schon von der Benchmark.

Mit dieser ETF-Strategie schlägst du ohne Probleme beinahe alle Freunde und Bekannten, die in Einzelaktien anlegen. Und den Index, der diesem Buch den Titel gegeben hat, den Dax, den schlägst du dabei ohnehin um Längen. Dann kannst auch du Jahr für Jahr nach dem Jahresabschluss begeistert ins Wohnzimmer laufen und deinem Mann oder deiner Frau verkünden: Schatz, ich habe den Index geschlagen! Und das mit einer ganz einfachen ETF-Strategie! Jahresaufwand – etwa dreißig Minuten für die Bilanz und um neue Anteile zu kaufen.

Hier folgt noch eine etwas aufwändigere Alternative: Kaufe immer, wenn du Geld hast, abwechselnd einen ETF auf den

S&P 500, den MDax und einen der beiden großen Technologie-Indizes (Nasdaq 100, TecDax). Jeder der drei Bereiche (amerikanische Aktien, deutsche Aktien, Technologieaktien) macht also ein Drittel der Gesamtsumme aus. Zumindest in den letzten Jahren hat dieses Vorgehen etwas mehr eingebracht als die einfache ETF-Strategie. Und wenn du überhaupt und gar nicht zu den »faulen« Anlegern gehörst, dann stellst du dir deine ETF-Strategie eben selber zusammen. Das Internet bietet dazu eine Fülle von Anregungen und nicht zuletzt gibt es auch noch das Buch von Gerd Kommer, der selber für eine Art Weltportfolio plädiert.

Was tun mit dem Goldbarren?

Mit diesen sechs Hinweisen für deine Geldanlage ist möglicherweise auch Barbara geholfen bei ihrer Suche nach einem gangbaren Weg in die sinnvolle Geldanlage. Eine Bilanz sollte sie in jedem Fall erstellen, und ihr Depot zu teilen ist auch richtig. Deutlich schwieriger aber wird es für sie mit dem Goldbarren. Auch der hat in zehn Jahren kaum Gewinn eingebracht, trotz des gestiegenen Goldpreises – du erinnerst dich: das teure Schließfach. Dazu kommt: Gold zahlt, anders als Aktien, keine Dividende. Schon deshalb sind Anleger in Gold gegenüber Aktieninhabern immer im Nachteil. Sie haben hohe Kosten – aber keine Einnahmen. Ihr Gold wird Barbara auch in den kommenden Jahren aller Voraussicht nach nichts einbringen. Die Aufbewahrung ist einfach zu teuer. Zuhause mag sich Barbara das gute Stück nicht hinlegen. Ich kann sie verstehen. Der Goldbarren lässt sich auch nicht einfach teilen und zur Hälfte verkaufen. Zudem hat ihr Vater ihn seinerzeit eigenhändig in dieses Schließfach gelegt. Ihn dort herauszunehmen und dann zu verkaufen – nein, diesen Verrat kann Barbara ihrem Vater nicht antun. Sei's drum. Einen Goldbarren, der ihr Verluste einbringt, den kann Barbara sich nun wirklich leisten.

Null Komma sieben

Apropos Gold. Jeder Vermögensverwalter, der etwas auf sich hält, rät dir zu einer Beimischung von 5 bis 10 Prozent der Anlagesumme in Gold. Zumindest in Deutschland ist das so. In Amerika ist es anders. Die große politische Stabilität in den USA hat dort keine so starke Angstkultur hervorgebracht wie bei uns.

Wie sehen die Fakten für Gold aus? Gold hat – über längere Zeiträume – eine inflationsbereinigte Performance von 0,7 Prozent. In Worten: null Komma sieben. Glaub jetzt bitte nicht, ich hätte diese Zahl frisch erfunden, weil sie mir so gut ins Konzept passt. Immobilien, Gold, Lebensversicherungen – alle diese beliebten Anlageformen bringen es tatsächlich in etwa auf diese hässliche kleine Zahl. Null Komma sieben.[2]

Und auch bei einer Rechnung auf Grundlage der historischen Goldkurse (in Dollar) und unter Berücksichtigung der Inflation komme ich auf keine lohnenden Werte für eine Goldanlage: Von 1914 bis 2002 bringt es Gold exakt auf 0,0 Prozent Gewinn. Die starken Jahre, die dann bis 2011 folgten, zogen Gold ein wenig ins Plus, sodass ich über 100 Jahre gerechnet – von 1914 bis 2015 – auf exakt 1,16 Prozent komme. Bis jetzt. Denn Gold kann jederzeit seinen derzeitig unterbrochenen Abwärtstrend wieder aufnehmen.

Gold ist etwas für den Katastrophenfall. Wer für die Zukunft heftige wirtschaftliche und politische Turbulenzen erwartet wie die Hyperinflation in den zwanziger Jahren oder an einen Weltkrieg mit anschließender Währungsreform glaubt, der ist mit Gold möglicherweise gut bedient. Möglicherweise! Denn auch an dieser Sicht der Dinge gibt es sehr ernst zu nehmende Zweifel. In wirtschaftlich schwierigen Zeiten haben Staaten auch im 20. Jahrhundert den Besitz von Gold ganz einfach verboten – mit teilweise hohen Strafen. In den USA gab es zum Beispiel vier Jahrzehnte lang ein solches Verbot, in Deutschland existierte schon in den zwanziger Jahren ein entsprechendes Gesetz.[3]

Gold bietet gefühlte Sicherheit

Mein Fazit für Gold: Kommt es wirklich schlimm, wird Gold dir und mir nichts helfen – auch wenn die zahlreichen Goldfans, auch Gold-Bugs genannt, das unermüdlich behaupten. Kommt es aber ganz schlimm und unsere Gesellschaft zerfällt, dann hilft dir Gold noch viel weniger. Das Einzige, was dann hilft, das ist eine Kalaschnikow – und der klare Wille, sie einzusetzen. Dein Gold aber bist du unter solchen Verhältnissen sehr schnell los. Das zeigen alle Bürgerkriege dieser Welt immer wieder. Kommt es ganz schlimm, dann hilft dir auch ein Bankschließfach nicht – oder glaubst du etwa, im Falle eines Bürgerkriegs werden die Bankmitarbeiter dich brav zu deinem Schließfach führen? Entweder sie bedienen sich selber oder eine bewaffnete Horde, ausgerüstet mit Kalaschnikows und dem klaren Willen, sie auch einzusetzen, war vor dir da. Und weg ist das Gold. Es hat dir also all die Jahre nur das beruhigende Gefühl von Sicherheit geben können – reale Sicherheit aber bietet es nicht.[4]

Barbara kann ihren Goldbarren gut und gerne behalten. Bei ihrem Vermögen kommt es auf die 20 000 Euro, die er derzeit wert ist, nicht an. Für ihre Zukunft ist ohnehin gesorgt. Das ist in deinem Fall vielleicht ganz anders. Überlege dir gut, ob es für dich sinnvoll ist, 5 oder 10 Prozent deines Geldes in eine Anlage zu stecken, die über lange Zeiträume nach Abzug der Lagerkosten und inflationsbereinigt möglicherweise ein klares Minus einfährt und im glücklichsten Fall ein kleines Plus: null Komma sieben.

Jammern auf hohem Niveau – noch mehr Luxusprobleme

Barbaras Hände spielen noch immer mit dem langen Löffel ihres Latte Macchiato. Am Nachbartisch haben sich zwei ältere Männer niedergelassen, alte SED-Genossen, wie man sie hier in Pankow oft sieht. Meist schimpfen sie lautstark auf den Westen und auf die mickrigen Renten und Pensionen, die er ihnen gönnt – und genießen die Annehmlichkeiten der neuen Zeit. Mit einem Cappuccino. Heute aber beschäftigt die beiden die kommende Wahl in Berlin. Sie halten nichts von Europa und von offenen Grenzen schon gar nicht. Sie werden wohl eine Partei wählen, die für den Schießbefehl an der Grenze ist, diesmal allerdings nicht gegen Flüchtlinge, die hinaus wollen, sondern hinein. Verantwortung haben die beiden offenbar noch nie übernommen. Erst hat der eine Staat gut für sie gesorgt, nun tut es – unter ihrem Gejammer und Gezeter über zu niedrige Pensionen – der andere.

Der Glanz des Goldes

Barbara wird ihren Goldbarren wohl behalten. Als eine sentimentale Erinnerung an ihren Vater. Einmal hat er sie mitgenommen zur Bank. Sie durfte in das Schließfach schauen, von dem sie schon so oft gehört hatte. Da lag das Gold in seinem eindrucksvollen Glanz. Sie kann sich nicht mehr erinnern, was ihr Vater damals gemacht hat, bei ihrem Besuch in der Bank. Hat er etwas in das Schließfach hineingelegt? Oder herausgenommen? Wer weiß. Alles, was sie noch vor sich sieht, das ist das Gold – mit seinem eindrucksvollen Stempel. Barbara trinkt den letzten Schluck ihres Latte Macchiato. Gleich beginnt ihr Dienst. Sie macht sich auf den Weg in die Klinik. Draußen vor dem Tor steht ihr Auto. Es ist ein dunkler, bordeauxfarbener Mercedes C-Klasse. Die Metalliclackierung glänzt in der Sonne. Noch eine Erbschaft, diesmal eine sehr angenehme. Sie freut sich jeden Tag aufs Neue daran. Auch die CDs ihres Vaters liegen noch in der Mittelkonsole. Frank Sinatra oben auf. Nachdenklich fährt sie davon.

XII

If you can beat 'em, beat 'em
Wieso Reisen bildet –
und warum diese Reise
noch lange nicht zu Ende ist

Wenn einer eine Reise tut, dann kann er was erzählen, sagt eine Weisheit. Reisen bildet, sagt eine andere. Wir sind am Ende unserer Reise durch die wundersame und verrückte Welt der Geldanlagen angekommen. Was kann ich nun noch erzählen? Vor allem eines will ich noch nachtragen: Ja, Reisen bildet. Meine Reise hat mir nicht nur sehr viel Spaß gemacht. Sie hat mich auch verändert. Ich musste neue Wege gehen und mich von einigen lieb gewordenen Denkweisen verabschieden. So soll es sein. Was ich am wundersamsten und verrücktesten fand bei dieser Reise? Gute Frage!

Das heftige Sommergewitter im schwül-warmen London beim Treffen mit Gerd Kommer unter dem Pavillondach im Portman Square, wenige Tage vor dem Brexit-Votum, werde ich wohl nie vergessen. Da lag wortwörtlich etwas in der Luft! Auch Karsten Kagels trockene Warnung – »Apple geht pleite« – ist mir immer noch im Ohr. Natürlich geht Apple in absehbarer Zeit nicht pleite. In zehn Jahren wird Apple größer und mächtiger sein, als es je ein Unternehmen gewesen ist. Trotzdem hat er mit seiner Warnung vor einer zu großen Selbstsicherheit bei der Geldanlage Recht. Das Einzige, was uns gewiss ist in dieser Welt, das ist die stete Veränderung.

Barbaras Schwierigkeiten mit ihrer Erbschaft waren spannend und berührend zugleich. Eltern geben ihren Kindern so einiges mit – Grundüberzeugungen über das Leben zum Beispiel. Oder Mut gegenüber den zahlreichen Aufgaben des Lebens. Auch angenehme wie weniger angenehme Erinnerungen gehören dazu. Barbara hat sogar den Beruf von ihrem Vater »geerbt«. Manche Eltern geben nicht nur ihre Überzeugungen an ihre Kinder weiter – sie vererben auch Geld, Häuser oder

Aktien. Manche geben ihnen ein ziemlich teures Schließfach mit auf den weiteren Lebensweg, in dem ein Goldbarren liegt, der funkelt und glänzt. Und der einen eindrucksvollen Stempel trägt. Von der Firma Degussa.

Auch Warren Buffetts Erbschaft ist leicht in einem Bild zu beschreiben: Warren, den Geldwechsler in seinen kleinen Händen, den Händen eines Sechsjährigen, mit dem Vorsatz, dem Irrsinn seiner Familie durch den Wunsch nach Geld, nach viel Geld, zu entkommen. Und dann ist da noch Alex' manische Suche nach dem nächsten Kick und seine unablässigen vierstelligen Verluste in Zeiten, in denen jeder durchschnittliche Anleger an der Börse ohne Probleme Geld verdient. Erschreckend. Dass viele Trader wie Alex mit hohen vierstelligen Verlusten aus einem erfolgreichen Börsenjahr gehen, in dem ich vierstellige Gewinne hatte, das hätte ich mir vor meiner Reise nie träumen lassen. Auch die vielen aktiven Anleger haben mich überrascht. Kaufen – Verkaufen – Kaufen – Verkaufen. Sie enden mit wenigen Ausnahmen mit ausgesprochen kläglichen Gewinnen. Oder gar ganz ohne jedes Plus, auch das haben wir gesehen. Auch im guten Börsenjahr 2015 gab es aktive Anleger, die am Jahresende mit einer schwarzen Null dastanden.

In der Ruhe liegt die Kraft

Nicht nur sehr viele Trader und die erfolglosen Hobbytrader stehen am Jahresende oft schlechter da als der Buy-and-hold-Investor, mir selber ist das ja auch passiert. Der Teil meines Depots, mit dem ich aktiv gehandelt habe, hat im Jahr 2015 deutlich schlechter abgeschnitten als der Teil, den ich im ganzen Jahr nicht ein einziges Mal angerührt habe. Auch ganz normale Anleger haben mir von diesem Phänomen erzählt. »Ich hatte 8,6 Prozent Gewinn«, schreibt etwa Ingo über Facebook. Das ist weniger als der Dax. Dann fährt er fort: »Hätte ich das ganze Jahr über nichts an meinem Depot verändert, dann wären es 11,2 Prozent gewesen.« Ingo hätte auf diese Weise zumindest den Dax deutlich geschlagen. Er hätte nur einfach mehr Geduld haben müssen und mehr Vertrauen in seine ursprüngliche Anlageentscheidung. Aktionismus schadet vielen Anlegern. Sie sollten das ganze Jahr über einfach nur auf ihren Händen sitzen bleiben. Und nichts tun. In der Ruhe liegt die Kraft.

Eine Aktie ist eine Unternehmensbeteiligung

Auch die letzte Beobachtung hat mich beeindruckt. Und sie hat meinen Anlagestil verändert. Ich handele nur noch sehr selten. Wozu auch? Ich konzentriere meine Aufmerksamkeit auf das Business der Unternehmen, die in meinem Depot sind, auf ihre Umsätze und ihre Gewinnentwicklung, auf ihre zukünftigen Wachstumsaussichten und auf das Wachstum ihrer Dividende. Eine Aktie ist eine Unternehmensbeteiligung. Ist das Unternehmen gut und sind es seine Aussichten für die Zukunft auch, dann bleibt die Aktie im Depot, einerlei, was der Markt gerade tut. Nur weil einige Investoren gerade zittrige Hände haben, muss ich nicht ebenfalls verkaufen.

Eine Anlage in den ganzen Index hat mich vor meiner Reise nicht wirklich interessiert. Jetzt, nachdem ich mir die Argumente von Warren Buffett über Gerd Kommer bis Holger Grethe genau angeschaut habe, bin ich deutlich offener für Indexing. Diese Form des passiven Investierens ist kostengünstig, einfach und bequem. Und es bringt ohne jeden Zweifel ordentliche Erträge – bei minimalem Aufwand und geringem Risiko. Wer den Index kauft, der kauft allerdings alle Unternehmen, die in ihm enthalten sind, auch wenn ihm die Geschäftspolitik des einen nicht gefällt oder er die Produkte, die ein anderes herstellt, unmoralisch findet. Mit einem ganzen Index bin ich auch an Rüstungsunternehmen beteiligt, an Zigarettenfirmen und an Firmen, die im Bereich der Gentechnik arbeiten. Diese Aussicht schmeckt nicht jedem Anleger – auch mir nicht.

Deine Entscheidung ist gefragt

Mir hat diese Reise durch die verrückte Welt der Geldanlage also sehr viel Spaß gemacht. Ich weiß jetzt besser, genauer, wie ich mein Geld anlege. Ich weiß, unter welchen Bedingungen ich mein Geld – besser: unser Geld – in Einzelaktien anlege. Und unter welchen ich dazu übergehen werde, es in ETFs anzulegen. Du weißt das alles jetzt auch. Nun bist du am Zuge. Du musst über dein Geld entscheiden. Welche Schlüsse hast du gezogen für dein Geld und für deine Geldanlage?

Natürlich darfst du dein Geld so anlegen, wie ich es mache, in die besten Aktien. Dazu brauchst du nur auf meinem Blog *grossmutters-sparstrumpf* zu schauen oder in mein Wikifolio (Global Champions), welche Aktien gerade die besten sind. Das ist einfach und bequem. Intellektuell aber ist das für dich möglicherweise unbefriedigend. Wahrscheinlich willst du viel lieber eigene Entscheidungen treffen. Gut so. Dann triff deine eigene Auswahl an besten Aktien. Informiere dich über Aktien, lege dich fest.

Wenn du unsicher bist, ob Einzelaktien für dich der richtige Weg sind oder ETFs, dann versuch es doch mit Hinweis Nummer fünf aus dem letzten Kapitel: teile dein Depot auf. Du arbeitest also für ein paar Jahre mit beiden Varianten. Du teilst dein Depot in zwei Teile. Den einen legst du in ETFs an, den anderen in ausgesuchte beste Aktien, wir haben das gerade im letzten Kapitel besprochen. Am Jahresende dann schaust du, wie die beiden Strategien abgeschnitten haben. Nach drei Jahren ist es dann Zeit, dass du aus den Ergebnissen deine Schlüsse ziehst für die Zukunft deiner Anlagen.

If you can beat 'em, beat 'em

Ich habe mich aufgemacht, die besten Aktien zu finden – und bin damit glücklich und zufrieden geworden. Ich habe viel gelesen, zahlreiche Bücher und auch im Internet auf den Seiten von *fool.com*, dem größten privaten Investmentdienst für Anleger.[1] Ob es Informationen zu einzelnen Aktien waren, zur Entwicklung ganzer Branchen oder allgemeine Finanzinformationen über typische Anlegerfehler – bei *fool.com* wurde ich immer fündig. Und ich war stets überrascht über das hohe Niveau der Texte dort. Das alles kann übrigens jeder– völlig gratis – lesen.

Ich werde weiterhin in Einzelaktien anlegen – solange das so gut funktioniert wie in der Vergangenheit. Schlagen meine besten Aktien den Index (Dax) und schneiden sie auch besser ab als eine einfache ETF-Strategie (die Benchmark), dann bleibt es für mich dabei. If you can beat 'em, beat 'em.

If you can't beat 'em, join 'em

Gelingt es mir aber nicht, dann werde ich mein Geld in ETFs anlegen – so wie ich es beschrieben habe. Das wird mir nicht leichtfallen. Mein Ego wird versuchen, mich von diesem Schritt abzuhalten – zu trübe sind die Aussichten, nie wieder am Ende des Jahres eine Bilanz machen zu können, bei der herauskommt, dass ich den Index geschlagen habe. Doch es hilft alles nichts – Geldanlage ist kein Spiel und kein Freizeitvergnügen. Also gilt: If I can't beat 'em, I join 'em.

No banks please – and no loser

Das ein oder andere mag sich also ändern bei meiner Anlage in Aktien – eines aber bleibt gewiss: Ein Bankberater wird mich auch weiterhin nicht zu sehen bekommen. Und noch etwas wird in den kommenden Jahren so bleiben, wie es ist: Eine Aktie wie die von Unternehmen A, die über Jahrzehnte zwischen 30 und 100 Euro pendelt (mit kleinen Abstechern darüber und darunter), kommt bei mir nicht ins Depot. Unternehmen A, das ist nicht irgendwer. Es ist vielmehr die Lieblingsaktie der Deutschen. Kaum ein Aktienfan, der bei Facebook seine Kaufwünsche ankündigt, hat sie nicht auf dem Kaufzettel und schwärmt von ihr.

Du möchtest gerne wissen, welche Aktie es ist? Gern, ich sage es dir: Es ist die Aktie von Daimler. Hast du auch schon darüber nachgedacht, diese Aktie zu kaufen? Dann wirf bitte noch einmal einen Blick in den Rückspiegel. Schau dir den Aktienkurs der letzten dreißig Jahre an. Und entscheide danach.

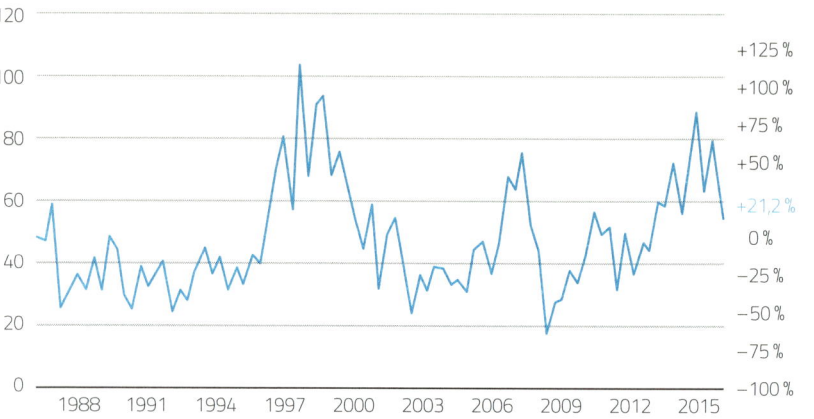

Des Deutschen liebstes Aktienkind ist alles andere als ein Wunder: Die Daimler-Aktie kommt nach drei langen Jahrzehnten nur auf ein Plus von 21,2 Prozent. Enttäuschend. *Quelle:* Generiert auf Basis der Daten von *finanzen.net*.

Ich habe manch lustige Diskussion mit Daimler-Fans gehabt in den letzten Wochen und Monaten. »Diesmal ist alles anders«, sagen sie oft, wenn man sie auf die lausige Performance ihres Lieblingsunternehmens hinweist. Kann sein, würde ich da antworten – aber gibt es dafür auch wirklich handfeste Anhaltspunkte? Unternehmen verändern sich nicht von einem auf den anderen Tag. Daimler ist ja nicht nur eine der schlechtesten Aktien im Dax, das Unternehmen ist gleichzeitig auch die schlechteste Autoaktie im Index. VW bringt es über den langen Zeitraum auf 900 Prozent Zuwachs, daran rütteln auch die Verluste durch die Skandale der letzten Jahre nicht. Mag sein, dass Daimler gute Autos baut – eine gute Aktie ist es nicht. Vor ihrem Faible für die Daimler-Aktie interessierten sich deutsche Anleger übrigens jahrelang für die Deutsche Telekom – noch so eine Aktie, die auch über mehr als zwei Jahrzehnte zu keinem nennenswerten Wertzuwachs gekommen ist. In mein Depot kommen beide nicht.

Der Überflieger

Wenn du unbedingt eine gute deutsche Aktie kaufen willst, dann schau doch bitte mal nach Fresenius. Das Unternehmen ist die beste Aktie im Dax. Das ist über fünf Jahre so und auch über längere Zeiträume. Fresenius hat in den 23 Jahren, die es gelistet ist (erst im MDax, dann im Dax), stolze 5 500 Prozent zugelegt. Die Dividende ist in dieser Zeit um 2 650 Prozent gestiegen – rund 20 Prozent durchschnittlich in jedem Jahr.

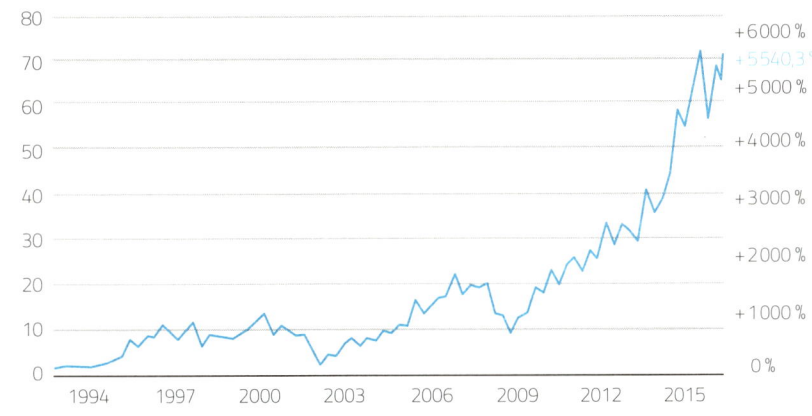

Who the X is Fresenius? Ganz einfach: die beste Aktie im Dax. Wer braucht da noch Sterne aus Süddeutschland. *Quelle:* Generiert auf Basis der Daten von *finanzen.net.*

Obwohl Fresenius eine der besten deutschen Aktien ist, habe ich nur sehr selten in einer Aktiengruppe bei Facebook von einem Anleger gehört, der von Fresenius schwärmt. Oder der der Meinung war, die Aktie gehöre demnächst unbedingt in sein Depot. Der Grund hierfür ist wohl ganz schlicht. Er lautet: WYSIATI. Das Unternehmen Daimler sieht jeder von uns Tag für Tag – im Straßenverkehr. Wer oder was aber bitte ist Fresenius?

Die meisten Anleger wissen auf diese Frage keine Antwort. Und so landet Fresenius nie in ihrem Depot.

Dabei ist Fresenius möglicherweise sogar etwas, was es in Deutschland eigentlich gar nicht gibt – ein echter 100-Bagger. Der Kurs der Aktie hat sich seit 1993 zwar »nur« um 5540 Prozent erhöht. Wenn du aber alle Dividenden immer wieder fleißig in Fresenius-Aktien angelegt hättest, dann hättest du heute, bei einer Anlage von 10 000 Euro im Jahr 1986, als Fresenius an die Börse ging, vermutlich mehr als eine Million.

Ich hätte das jetzt zu gerne ganz genau ausgerechnet. Aber weder im Internet noch bei Fresenius selber konnte ich die Zahlen für den Kurs der Aktie vor 1993 bekommen. Fresenius ist der erste 100-Bagger in Deutschland, von dem ich weiß. Gibt es weitere? Gut möglich.

Die Aktie von Fresenius steht zurzeit bei mir auf der Watchlist, auf der Liste der Aktien also, über deren Kauf ich nachdenke. Dort steht der Medizinspezialist zusammen mit dem Kaffeegiganten Starbucks. Schauen wir mal, wer von beiden am Ende das Rennen macht. Noch ist alles offen. Ich lasse mir Zeit mit der Entscheidung – das hat sich bewährt.

Neugier siegt

Noch etwas wird sich bei mir nicht ändern. Meine Neugier auf neue Ideen über das Investieren wird nicht nachlassen. Ich will noch mehr wissen über die verrückte Welt der Geldanlage.

- Warum sind Unternehmen, die von ihren Inhabern geführt werden (Facebook, Amazon, Sixt, Fielmann, United Internet, Eventim) so viel erfolgreicher als die, bei denen gut bezahlte Manager das Sagen haben?
- Wie geht es weiter mit dem Erdölzeitalter, in dem wir ja ohne Zweifel noch leben? Fahren die meisten Käufer von Neuwagen schon in zehn Jahren ein Auto, das mit Strom angetrieben wird? Und Lithium, der Stoff aus dem seine Batterien

gefertigt werden, wird zum wichtigsten Rohstoff für ein neues Zeitalter – mit Energiepreisen, wie sie die Welt noch nie gesehen hat?

- Wird Gold tatsächlich, wie von einigen Edelmetallexperten erwartet, noch über Jahre im Preis fallen und seinen Besitzern negative Renditen bescheren?
- Baut Apple das Auto der Zukunft, das Apple-Car, das es zurzeit unter dem Codenamen »Titan« entwickelt, und wirbelt damit den Fahrzeugmarkt kräftig durcheinander?

Ich werde auch weiterhin nach Antworten auf diese Fragen suchen. Finden werde ich sie im Internet und in Büchern. Bücher zu lesen, das bedeutet, mit dem Kopf eines anderen Menschen zu denken, habe ich neulich gelesen. Zurzeit liegen drei Bücher von Investmentlegende Jim Rogers auf meinem Nachtisch. Rogers ist ein ausgewiesener Rohstoffexperte. Von Rohstoffen – englisch Commodities – versteh ich derzeit noch zu wenig. Das soll sich ändern. Bei der Suche nach Antworten werden mir und meinem Blog *grossmutters-sparstrumpf* die spannenden Fragen in den nächsten Jahren sicher nicht ausgehen. Und wer weiß, vielleicht wird dann irgendwann ein neues Buch daraus. Ein Buch mit neuen Reportagen aus der verrückten Welt der Geldanlagen.

Die Jahresbilanz 2016

Halt – da war doch noch was! Was ist im Jahr 2016 aus den besten Aktien geworden? Habe ich den Index wieder geschlagen? Das werde ich dir an dieser Stelle leider nicht verraten können. Auch wenn du dieses Buch erst im Frühjahr 2017 in der Hand halten wirst, muss meine Arbeit am Manuskript schon im September 2016 enden – das Lektorat wartet, der Setzer will auch noch seinen Job erledigen, und dann muss es gedruckt werden.

Derzeit sieht es danach aus, als wenn 2016 für die besten Aktien (Wiki: Global Champions) ein ganz durchschnittliches Jahr wird. Ich schlage den Index nur leicht oder auch gar nicht. Das ist das wahrscheinlichste Ergebnis nach dem enormen Gewinn im Jahr zuvor. Aber schauen wir mal – noch ist das Jahr nicht zu Ende. Abgerechnet wird erst am Schluss. Wenn du also genau wissen willst, wie das Jahr 2016 für mich gelaufen ist, dann solltest du dir unbedingt den Jahresabschluss 2016 auf meinem Blog anschauen. Ich freue mich, wenn du vorbeischaust!

Einerlei, ob ich den Index schlagen werde oder ob der Index besser sein wird als ich – eines steht jetzt schon fest: Ich werde wiederum ins Wohnzimmer gehen, werde meiner Frau von dem Ergebnis berichten. Sie wird mir aufmerksam zuhören, wird »Ist ja toll!« sagen oder »Schade.« Oder »Sei nicht traurig, es ist doch trotzdem ein Gewinn!« – je nach Ergebnis. Und dann wird sie darauf warten, dass ich zu den wirklich wichtigen Dingen im Leben komme – und sie küsse. Und das mache ich dann auch.

Anmerkungen

Never lose money

1 »*When we own portions of outstanding businesses with outstanding managements, our favorite holding period is forever.*« Warren Buffett: *Letter to shareholders*, 1988. Sämtliche Jahresberichte an die Aktionäre von Berkshire Hathaway sind auf http://www.berkshirehathaway.com/letters/letters.html abrufbar (Stand 17.10.2016). Diese »Briefe an die Anleger«, die Buffett noch heute Jahr für Jahr selbst schreibt, genießen bei seinen Anhängern Kultstatus.

2 *Fool.com* bringt auf seinen Seiten jeden Tag zwanzig bis vierzig Texte zu zahlreichen Aktien und Investitionstrends. Kluge Informationen für Anleger, die selber entscheiden wollen, wo sie anlegen und warum. Inzwischen gibt es auch eine deutschsprachige Ausgabe: *fool.de*.

3 Joe Carlen: *The Einstein of Money. The Life and Timeless Financial Wisdom of Benjamin Graham*. New York: Prometheus Books, 2012.

4 Das Gedicht stammt aus Grahams Autobiografie *The Memoirs of the Dean of Wall Street* (herausgegeben von Seymour Chatman. New York: McGraw-Hill, 1996). Die deutsche Übersetzung ist von Michael Wenz-Peters: *So wurde ich zum Lehrmeister der Wall Street* (Rosenheim: TM-Börsenverlag, 1999).

The Einstein of Money

1 Ich habe Benjamin Grahams Werk *The Intelligent Investor* in der amerikanischen Originalausgabe gelesen (überarbeitete Ausgabe, kommentiert von Jason Zweig. New York: Harper, 2003).

2 Graham, *The Intelligent Investor*, Seite 492. (»Zudem scheint es ein wenig paradox zu sein, wenn Unternehmen mit geringerem Wachstum mit ihren Bardividenden großzügig umgehen.« *Intelligent Investieren. Der Bestseller über die richtige Anlagestrategie*. Übersetzt von Carsten Roth. 6. Auflage. München: FinanzBuch Verlag, 2013, Seite 516.)

3 Carlen: *Einstein of Money*, Seite 36.

4 Daniel Kahneman: *Thinking, Fast and Slow*. New York: Farrar, Straus & Giroux, 2011. Deutsche Ausgabe: *Schnelles Denken, langsames Denken*. München: Random House, 2012.

5 *Finanzen.net* – ein Finanzportal mit vielen Daten und Fakten und historischen Kursverläufen. Vor allem bei amerikanischen Aktien

ist *finance.yahoo.com* super, da hier die Datenreihen viel weiter zurückgehen, als bei deutschen Portalen üblich.

6 Der Investmentrechner von Novo Nordisk ist leicht zu finden: http://www.novonordisk.com/investors/Shareinformation/shareholder-tools.html. Zu Unternehmen A gibt es keinen Link – ich verrate dir ja erst am Schluss des Buches, um welchen Dax-Konzern es sich hier handelt.

7 Graham, *Memoirs*, Seite 232.

8 CAGR-Rechner unter www.finance24.org/rechner/CAGR-wachstums rechner.php#aergebnis10 (Stand: 24.10.2016).

9 Die *Newspaper Tossing Challenge* (Warren Buffett gegen Bill Gates), bei der eine Zeitung über eine Entfernung von rund 8 Metern vor die Tür eines Einfamilienhauses geworfen werden muss, gibt es auch im Internet zu sehen – auf Youtube: https://www.youtube.com/watch?v=pNlopinAjm4 (Stand: 17.10.2016).

Buy a wonderful company at a fair price

1 Warren Buffett, Darling und großes Vorbild zahlloser Anleger, ist auch Stoff mehrerer Bücher. Lesenswert sind unter anderem:
Lawrence A. Cunningham: *Berkshire Beyond Buffett. The Enduring Value of Values.* New York: Columbia BSP, 2014.
Robert Lowenstein: *Buffett. The Making of an American Capitalist.* New York 1995. Deutsche Ausgabe: *Buffett – die Geschichte eines amerikanischen Kapitalisten.* Übersetzt von Egbert Neumüller. Kulmbach: Börsenmedien, 2009.
Alice Schroeder: *The Snowball. Warren Buffett and the Business of Life.* New York: Bantam Books, 2008. Deutsche Ausgabe: *Warren Buffett – das Leben ist wie ein Schneeball.* Übersetzt von Horst Fugger. München: FinanzBuch, 2009.
Außerdem gibt es auf www.warrenbuffett.com viele Information von und über Warren Buffett.

2 Ich habe den Inflationsrechner auf *www.usinflationcalculator.com* verwendet. Dort gibt es die Möglichkeit, ab 1913 Dollarbeträge in den Wert heutigen Geldes umzuwandeln. Er zeigt dann auch die kumulierte Inflation für den gesamten gewählten Zeitraum an (Stand: 17.10.2016).

3 Warren Buffett: *Letter to shareholders*, 2008. Auf: http://www.berk shirehathaway.com/letters/2008ltr.pdf (17.10.2016).

Future perfect

1 Spannenden Lesestoff rund um das Thema Zukunftsaussichten, Wohlstandsverteilung und technische Entwicklung findest du unter anderem bei:

Erik Brynjolfsson, Andrew McAfee: *The Second Machine Age. Work, Progress, and Prosperity in a Time of Brilliant Technologies*. New York: Norton, 2014. Deutsche Ausgabe: *The Second Machine Age. Wie die nächste digitale Revolution unser aller Leben verändern wird*. Übersetzt von Petra Pyka. Kulmbach: Plassen, 2014.

Paul Collier: *The Bottom Billion. Why the Poorest Countries Are Failing and What Can Be Done About It*. Oxford, New York: Oxford UP, 2007. Deutsche Ausgabe: *Die unterste Milliarde. Warum die ärmsten Länder scheitern und was man dagegen tun kann*. Übersetzt von Rita Seuß und Martin Richter. München: Beck, 2010.

Steven Johnson: *Future Perfect. The Case for Progress in a Networked Age*. New York: Riverhead, 2012.

Michio Kaku: *Physics of the Future: How Science Will Shape Human Destiny and Our Daily Lives by the Year 2100*. New York: Doubleday, 2011. Deutsche Ausgabe: *Die Physik der Zukunft. Unser Leben in 100 Jahren*. Übersetzt von Monika Niehaus. Reinbek bei Hamburg: Rowohlt 2012.

2 *Aboveavalon.com* ist die beste Internetseite, die über die Entwicklungen bei Apple berichtet. Einige Artikel sind immer auch gratis zu lesen, die Mehrheit der Texte aber gibt es nur gegen eine Gebühr (10 Dollar/Monat).

3 Alice Schroeder zitiert Buffett in ihrer Biografie zu dieser Episode so: »Niemand geht in den Supermarkt, um Howie Buffetts Mais zu kaufen.« Schroeder, *Warren Buffett*, Seite 641. (»No one goes to the supermarket to buy Howie Buffett's corn.«, *The Snowball*, Seite 413.)

4 Lowenstein, *Buffett*, Seite 330. (»Wenn man mir 100 Milliarden Dollar mit dem Auftrag geben würde, Coca-Cola die Führung auf dem Weltmarkt für Softdrinks abzunehmen, würde ich sie zurückgeben und sagen, das geht nicht.«, Seite 554.)

5 Immer noch nicht genug von der Zukunft? Hier findest du weiteren Lesestoff rund um die Trendfirmen und -marken von morgen:
Steve Levine: *Powerhouse. Inside the Invention of a Battery to Save the World*. New York: Viking Books, 2015.
Brent Schlender, Rick Tetzeli: *Becoming Steve Jobs. The Evolution of a Reckless Upstart into a Visionary Leader*. New York: Crown Business, 2015. Deutsche Fassung: *Becoming Steve Jobs. Vom Abenteurer zum Visionär*. Übersetzt von Karlheinz Dürr, Heike Schlatterer und Martin Bayer. München: Siedler, 2015.
Levi Tillemann: *The Great Race. The Global Quest for the Car of the Future*. New York: Simon & Schuster, 2015.
Ashlee Vance: *Elon Musk: Tesla, SpaceX, and the Quest for a Fantastic Future*. New York: HarperCollins, 2015. Deutsche Ausgabe: *Elon Musk: Tesla, PayPal, SpaceX. Wie Elon Musk die Welt verändert*.

Übersetzt von Sascha Mattke. München: FinanzBuch, 2015.
Fred Vogelstein: *Dogfight: How Apple and Google Went to War and Started a Revolution*. New York: Farar, Straus and Giroux, 2013. Deutsche Ausgabe: *Google vs. Apple. Der erbitterte Kampf ums mobile Netz und die Revolution der Medienwelt*. Übersetzt von Egbert Neumüller. Kulmbach: Plassen, 2014.

My home is my castle

1 Gerd Kommer: *Kaufen oder mieten? Wie Sie für sich die richtige Entscheidung treffen*. 2. Auflage. Frankfurt: Campus, 2016. Die nachfolgenden Zahlen zur Rentabilität von Immobilien in diesem Kapitel sind sämtlich diesem hilfreichen Buch entnommen.

2 Ein spannendes Video, in dem Holger Grethe von *zendepot* die finanziellen Risiken eines Hauskaufs analysiert, gibt es übrigens auf YouTube unter www.youtube.com/watch?v=r938xokCQMw (Stand: 23.10.2016).

Money, money, money – in the rich man's world

1 Die Entstehung der amerikanischen Immobilienblase, ihr Überspringen auf Europa und die ungenügende Reaktion der europäischen Politik beschreiben unter anderem folgende sehr lesenswerte Bücher:
Robert J. Shiller: *Irrational Exuberance*. 3. Auflage. New Jersey: Princeton UP, 2015. Deutsche Ausgabe: *Irrationaler Überschwang*. 3. erw. und überarbeitete Auflage. Übersetzt von Egbert Neumüller. Kulmbach: Plassen, 2015.
Michael Lewis: *The Big Short. Inside the Doomsday Machine*. New York: Norton, 2010. Deutsche Ausgabe: *The Big Short. Wie eine Handvoll Trader die Welt verzockte*. Übersetzt von Ulrike Bischoff, Petra Pyka und Birgit Schöbinger. Frankfurt am Main: Campus, 2010.
Michael Lewis: *Boomerang. Travels in the New Third World*. New York: Norton, 2011. Deutsche Ausgabe: *Boomerang. Europas harte Landung*. Übersetzt von Waltraud Götting, Jürgen Neubauer und Petra Pyka. Frankfurt am Main: Campus, 2011.
Mark Blyth: *Austerity. The History of a Dangerous Idea*. Oxford/New York: Oxford UP, 2013. Deutsche Ausgabe: *Wie Europa sich kaputtspart. Die gescheiterte Idee der Austeritätspolitik*. Übersetzt von Boris Vormann. Bonn: Dietz, 2014.

2 Rossinis wunderbare Ouvertüre zur »diebischen Elster« kann man sich in einer Version mit Claudio Abbado und den Wiener Philharmonikern anhören unter https://www.youtube.com/watch?v=qdm8I fInaJg (Stand: 23.10.2016).

3 Gerd Kommer: *Souverän investieren mit Indexfonds und ETFs. Wie Privatanleger das Spiel gegen die Finanzbranche gewinnen.* Frankfurt am Main: Campus, 2015, Seite 20. Sämtliche Zahlen zu den Anlegerrenditen von Aktienfonds und Privatanlegern in diesem Kapitel habe ich diesem Buch entnommen.

4 Vergleichbare Zahlen über einen so langen Zeitraum gibt es für Deutschland zwar, sie sind aufgrund der zwei Weltkriege allerdings nicht sehr aussagekräftig. Für die letzten vierzig Jahre sieht es deutlich besser aus. Deshalb hier zum Vergleich auch diese Zahlen – ebenfalls aus Gerd Kommers Buch: Die durchschnittliche Aktienrendite in Deutschland betrug in diesen vier Jahrzehnten (1975 bis 2014) bei uns 7,7 Prozent. Inflationsbereinigt. In Zahlen bedeutet das bei einer Anlage von 10 000 Euro nach dreißig Jahren inflationsbereinigt 92 600 Euro (160 800 mit Inflation). Der Wert liegt in diesem Zeitraum für amerikanische Aktien etwas höher, bei 8,9 Prozent. Das ergibt inflationsbereinigt über dreißig Jahre sogar 129 000 Euro (222 800 Euro mit Inflation).

5 Das Internet bietet allen, die es genau wissen wollen, einen tollen Kalkulator für den S&P 500. Das ist wichtig, wenn du wissen willst, wie sich eine Anlage in diesen Index inklusive der Dividenden in einem bestimmten Zeitraum entwickelt hat. Beim Dax ist das anders. Er ist ein sogenannter Performance-Index, der in seinem Punktestand die Dividendenzahlungen immer schon enthält. Du findest den S&P-500-Kalkulator hier: www.dqydj.com/sp-500-return-calculator/ (Stand: 24.10.2016).

Always look on the bright side of life

1 Der S&P 500 wurde im Jahr 1957 entwickelt. Alle Zahlen in den Folgejahren gehen also auf reale Entwicklungen des Indexes und seiner Bestandteile zurück. Die Zahlen aus der Zeit davor aber sind Rückberechnungen des Unternehmens. Der Dow Jones hingegen wird schon seit seiner Entwicklung im Jahr 1884 aus den realen Bewegungen seiner Mitglieder ermittelt.
Für eine Anlage in den S&P 500 spricht zum einen die große politische Stabilität der USA verglichen mit anderen Ländern. Zudem ist kein Index der Welt vom Anlagevermögen her so groß wie der S&P 500. Die in ihm versammelten Unternehmen bringen es zurzeit auf rund 20 Billionen Dollar. Zum Vergleich: Das ist rund zwanzig Mal so viel wie der Dax. Darüber hinaus sind viele amerikanische Firmen eng mit den Volkswirtschaften anderer Länder verflochten. Deshalb ist der S&P 500 so etwas wie der Pulsmesser der Weltwirtschaft.

2   Der Vanguard S&P 500 ETF ist einer der billigsten Indexfonds der
    Welt, deshalb habe ich ihn so herausgestellt. Seine Kosten liegen bei
    gerade einmal 0,07 Prozent (Europa) bzw. bei 0,05 Prozent (USA).
    Natürlich kannst du genauso gut auch entsprechende ETFs von
    anderen Fondsgesellschaften kaufen.

3   Das großartige Lied *Always Look on the Bright Side of Life* stammt
    natürlich aus dem Monty-Python-Film *Das Leben des Brian*.

4   Den CAGR-Rechner findest du hier: www.finance24.org/rechner/
    CAGR-wachstumsrechner.php#aergebnis10

5   Hier kommt die Abkürzung für alle Ungeduldigen: Es sind über
    diese 84 Jahre insgesamt 51 295,49 Prozent Zuwachs im S&P 500.
    Das macht pro Jahr (CAGR) genau 7,71 Prozent. Da der Startpunkt in
    diesem Fall ein besonders tiefes Tief ist, liegt der Wert deutlich höher
    als die 6,5 Prozent, auf die es der Index in anderen Berechnungen
    bringt.

6   Wer eine Zinseszinsrechnung wie die mit den 10 000 Euro und den
    6,5 Prozent gerne selber machen möchte, hier kommt eine einfache
    Anweisung, wie es geht: Du multiplizierst auf deinem Taschenrech-
    ner die Summe (10 000) mit der Zahl 1,065. Die Ziffern »065« nach
    dem Komma stehen dabei für den Prozentsatz. Die »1« sorgt dafür,
    dass der Ursprungswert, die 10 000 Euro, weiterhin mit enthalten
    sind. Bei einem Prozentsatz von 10,5 gibst du mithin 1,105 ein.
    Drückst du jetzt einmal die Taste für die Ausführung der Rechnung,
    dann siehst du, wie sich dein Geld in einem Jahr entwickelt. Drückst
    du die Taste ein zweites Mal, dann hast du die Summe, die sich nach
    zwei Jahren ergibt. Für dreißig Jahre musst du die Rechnung mithin
    dreißig Mal ausführen. Geht ganz schnell. Du darfst dich nur nicht
    verzählen.

7   Diese fünf besten Aktien habe ich im Januar 2016 um vier weitere
    ergänzt: Disney, Google, Lindt und Nike. Starbucks, Fresenius und
    Eventim stehen derzeit noch auf meiner Watchlist.

8   Das ist ein deutlicher Hinweis darauf, warum die meisten Dividen-
    denstrategien weniger einbringen, als gleich den ganzen Index zu
    kaufen – mit einer ETF-Anlage. Dividendenstrategien schließen
    starke Wachstumsaktien aus dem Anlagespektrum aus. Der Index
    aber nicht. Ohne die beiden Nichtdividendenzahler Amazon und
    Facebook hätten die besten Aktien in den drei Jahren von Mitte 2014
    bis Mitte 2016 nur halb so gut abgeschnitten: Es sind 94,6 Prozent
    für diesen Zeitraum. Zusammen kommen die fünf besten Aktien in
    diesem Zeitraum aber auf 188 Prozent.

9   Die Zahlen über die unterschiedlichen Ergebnisse verschiedener
    Anlegergruppen sind einmal mehr Gerd Kommers Buchs Buch
    Souverän investieren mit Indexfonds & ETFs entnommen.

Money, get away

1 Pink Floyds Lied *Money*, aus dem die Liedzeile stammt, wurde 1973 auf dem Album *The Dark Side of the Moon* veröffentlicht. Das originale Promo-Video ist ein Kaleidoskop der Superreichenklischees, mit Luxusautos, Kaviar, Wall Street – und zwischendurch Einblendungen von Armut und Ausbeutung. Zu sehen – und natürlich hören – unter www.youtube.com/watch?v=-okcet4aPpQ (Stand: 24.10.2016).

2 Die Erkenntnis, dass Drogendealer üblicherweise noch bei ihrer Mutter wohnen, und nicht in einer Villa mit Pool, verdanke ich dem wunderbaren Buch von Steven D. Levitt und Stephen J. Dubner: *Freakonomics. A Rogue Economist Explores the Hidden Side of Everything.* New York: William Morrow, 2005. Deutsche Ausgabe: *Freakonomics. Überraschende Antworten auf alltägliche Lebensfragen.* Übersetzt von Gisela Kretzschmar. München: Riemann, 2006. Levitt ist Ökonomieprofessor an der University of Chicago.

3 Die Börse und die Sucht – kaum jemand kennt sich besser aus mit dem Thema Spielsucht als der Bremer Suchtforscher Gerhard Meyer. Dazu gibt es unter anderem den spannenden Artikel »Zocken an der Börse ist Glücksspiel« auf *faz.net* vom 3. Mai 2013: www.faz.net/aktuell/finanzen/fonds-mehr/suchtforscher-gerhard-meyer-zocken-an-der-boerse-ist-gluecksspiel-12171566.html (Stand: 24.10.2016).

Act as though you have just five punches

1 Die meisten der tradierten Weisheiten von Warren Buffett sind auf zahllosen Webseiten, Blogs, in Artikeln und Aufsätzen zu finden, so auch dieser berühmte und vielzitierte Ausspruch.

I did it my way

1 Reale Renditen für Aktien, aber auch in Immobilien oder Gold liegen in der Praxis in der Regel unter den in diesem Buch angegebenen Zahlen. Das liegt zum einen daran, dass beim Kauf und Verkauf ja auch noch Gebühren anfallen – zum Beispiel bei der Bank, bei der du dein Depot führst. Diese Gebühren senken deine reale Rendite. Bei Gold fallen möglicherweise Kosten für ein Schließfach an, was nach Studien zwischen 2 und 3 Prozent der Rendite kostet (siehe zum Beispiel den Beitrag von Holger Handstein auf www.der-privatanleger.de/studie-vergleicht-kosten-von-gold-investments/, Stand: 24.10.2016). Zudem müssen bei einer realen Renditeberechnung auch die Steuern berücksichtigt werden, die du bezahlst. Die können sehr unterschiedlich hoch ausfallen – und sind in meinen Rechnungen nicht berücksichtigt.

2 Diese Zahl ist einmal mehr Gerd Kommers Buch *Souverän investieren* entnommen.

3   In der Weimarer Republik wurde 1923 als Notmaßnahme gegen
    Spekulationen und weitere Abwertung der Reichswährung unter
    anderem eine Zwangsabgabe für Gold aus Privatbesitz eingeführt,
    dies betraf Werte über einem Betrag von 10 Goldmark. Eine ähnliche
    Anordnung erließ Göring 1936 mit seiner Ablieferungspflicht von
    Gold und Devisen. Devisenschiebung konnte fortan mit dem Tode
    bestraft werden. Viele Privatpersonen, die bis zu diesem Zeitpunkt
    noch Gold besessen hatten, verkauften dieses daraufhin rasch an die
    Reichsbank, um noch die bis Ende Januar 1937 garantierte Straffrei-
    heit nutzen zu können. Erst 1955 wurde das Verbot von privatem
    Goldbesitz in beiden deutschen Staaten wieder aufgehoben.
4   Weitere Texte von mir zum Thema Gold findest du auf meinem Blog,
    zum Beispiel www.grossmutters-sparstrumpf.de/wieso-du-von-gold-
    die-finger-lassen-solltest/ und www.grossmutters-sparstrumpf.de/
    gold-macht-dich-arm/ (Stand: 24.10.2016).

If you can beat 'em, beat 'em

1   Von der Investmentgemeinschaft *fool.com* habe ich schon mehrfach
    geschwärmt. Das liegt an den ausgesprochen fundierten Texten,
    die dort regelmäßig erscheinen. Ein großer Teil von ihnen ist gratis
    und über die Startseite von *fool.com* über den Button »Go to all fool
    articles« erreichbar. Noch präziser und durchdachter sind die Analy-
    sen der kostenpflichtigen Börsenbriefe. Die drei Börsenbriefe *Stock
    Advisor*, *Rule Breaker* und *Inside Value* belegten vor einigen Jahren
    die Plätze eins, zwei und drei im Ranking von Mark Hubert im *Wall
    Street Journal*. Bei diesem Ranking entscheiden die Renditen, die die
    Empfehlungen eines Börsenbriefes erbringt. Ich selber beziehe seit
    Jahren *Stock Advisor*, den erfolgreichsten der drei Börsenbriefe.